心理学のエッセンス
Essence of Psychology

東北文教大学心理学研究会=編

日本評論社

まえがき

　心理学は人間の心や行動を解明する学問として生まれた。こんにちのハイテク化・システム化や少子高齢化など、過去に体験したことのない急激な社会構造・生活環境の変化は、ときに人を疎外し、自己が充実して生きている実感や、他者と深いつながりをもつことを危うくしている。自己や他者への理解を深め、共によりよく生きていくためにはどうしたらよいかを知る1つの手段として、心理学を学ぶことは有効であろう。実際、大学で心理学を学んだあとに、自分の悩んでいたことの背景や未来の自己像が明確になったと、報告にくる学生も少なくない。

　本書は「心理学史」から「産業・組織心理学」まで、大学での授業回数に合わせて14の章で心理学全域が概観できるように構成されている。執筆者は、東北文教大学と短期大学部の教員を中心に、外部の大学の教員を含めた総勢8名である。各章は最初の節でその章の概要を述べたあとに、その領域の心理学として知っておきたい8つのトピックスを選び、第2節から第9節に配している。各節の最後に「課題」を設け、さらに深く学ぶことや、学んだことを日常の生活と照合できるように意図されている。学生が教科書として使用することはもちろん、一般読者が心理学の概要を知り、知見を深めるきっかけを、この本が果たすことができれば幸いである。トピックスにはいくつか重複がみられるが、各著者の意向を尊重し、あえて修正を行なわなかった。ご容赦願いたい。

　なお本書は、筆者の所属している東北文教大学の鬼武一夫学長から、「日ごろ教員が学生にわかりやすい工夫を行なっている心理学の授業内容を本の形にしたらどうですか」というお言葉をいただいたことをきっかけに誕生した。鬼武一夫学長のお勧めがなければ、このような本の形になることはなかった。そのうえ、出版に伴う大学からの資金援助も手配していただいた。こ

こに、鬼武一夫学長はじめ東北文教大学の関係者の方々に深く感謝申し上げたい。

また、日本評論社の遠藤俊夫第3編集部部長には、原稿の集まりが遅れ、限られた編集期間の中で発刊まで多大なご尽力をいただき、御礼申し上げたい。

2016年2月吉日

東北文教大学心理学研究会代表
今泉　岳雄

●目 次

まえがき　iii

第1章　心理学史
　第1節　心理学史の概要　2
　第2節　心理学の前史　4
　第3節　心理学への潮流　6
　第4節　心理学の独立　8
　第5節　比較心理学　10
　第6節　個人の研究　12
　第7節　ゲシュタルト心理学　15
　第8節　精神分析学（psychoanalysis）　17
　第9節　行動主義（behaviorism）　20

第2章　心理学研究法
　第1節　心理学研究法の概要　24
　第2節　科学によって法則を見出す　26
　第3節　仮説を立てよう　28
　第4節　変数を決めよう　30
　第5節　実験法の特徴　32
　第6節　調査法の特徴　34
　第7節　観察法の特徴　36
　第8節　検査法の特徴　39
　第9節　研究を行なう上での倫理　41

第3章　生理心理学

- 第1節　生理心理学の概要　46
- 第2節　実験心理学の誕生　48
- 第3節　生理心理学の世界　52
- 第4節　脳と言葉　55
- 第5節　生体リズムと睡眠　58
- 第6節　ストレスについて　61
- 第7節　笑いの精神生理　63
- 第8節　運動感覚と運動協調性　66
- 第9節　行動の生理的基礎　69

第4章　認知心理学

- 第1節　認知心理学の不思議　74
- 第2節　知　覚　76
- 第3節　注　意　78
- 第4節　記憶・学習　80
- 第5節　概念・知識　82
- 第6節　推論・問題解決　84
- 第7節　判断・意思決定　86
- 第8節　研究手法　88
- 第9節　さらなる発展　90

第5章　行動・学習心理学

- 第1節　行動・学習の概観　94
- 第2節　古典的条件づけ（レスポンデント条件づけ）　96
- 第3節　道具的条件づけ（オペラント条件づけ）　98
- 第4節　技能の学習　100

第5節　社会的学習　102
　　第6節　問題解決と推理　104
　　第7節　記憶と忘却　106
　　第8節　学習意欲　108
　　第9節　知　能　110

第6章　発達心理学
　　第1節　発達心理学とは？　114
　　第2節　運動発達　117
　　第3節　知覚発達　119
　　第4節　認知発達　121
　　第5節　ことばの発達　124
　　第6節　社会性の発達　126
　　第7節　自己の発達　129
　　第8節　情動発達　132
　　第9節　生涯発達　134

第7章　社会心理学
　　第1節　人を社会の中で考えよう　140
　　第2節　集　団　142
　　第3節　関係性　144
　　第4節　自己について考えよう　146
　　第5節　社会は人の行動にどのように影響するか　148
　　第6節　人は他者をどのように理解するか　150
　　第7節　人は集団をどのように理解するか　152
　　第8節　公正ってなんだろう？　154
　　第9節　流　言　156

第8章　人格心理学

- 第1節　個人差の科学　160
- 第2節　遺伝的要因と環境的要因　162
- 第3節　パーソナリティの測定方法と客観性　165
- 第4節　パーソナリティの生物学的アプローチと気質　168
- 第5節　パーソナリティの生物学的要因とパフォーマンスとの関連性　171
- 第6節　パーソナリティと個人差(1)　173
- 第7節　パーソナリティと個人差(2)　176
- 第8節　パーソナリティの生理・実験的研究　179

第9章　感情心理学

- 第1節　感情心理学の概観　186
- 第2節　感情の種別と測定の方法　188
- 第3節　感情はどのように生起するのか(1)　190
- 第4節　感情はどのように生起するのか(2)　192
- 第5節　基本感情と感情の次元　194
- 第6節　表情の普遍性と文化差　196
- 第7節　感情と認知の融接現象(1)　198
- 第8節　感情と認知の融接現象(2)　200
- 第9節　感情と認知の融接現象(3)　202

第10章　教育心理学

- 第1節　教育心理学の概観　206
- 第2節　学校教育の目標　208
- 第3節　子どものやる気はどこから来るか　211
- 第4節　不登校　213

第5節　いじめ　216
　　第6節　コンテントとプロセス　219
　　第7節　集団の何を見るべきか　221
　　第8節　児童生徒理解の落とし穴(1)　223
　　第9節　児童生徒理解の落とし穴(2)　226

第11章　臨床心理学
　　第1節　臨床心理学の概要　230
　　第2節　アセスメント　232
　　第3節　心理検査　234
　　第4節　精神分析　237
　　第5節　行動療法　239
　　第6節　クライエント中心療法　242
　　第7節　認知行動療法　245
　　第8節　トラウマ　247
　　第9節　アイデンティティ　250

第12章　家族心理学
　　第1節　家族心理学の概要　254
　　第2節　家族とは？　256
　　第3節　家族の機能とその変遷　258
　　第4節　家族アセスメント　260
　　第5節　家族ライフサイクル論　262
　　第6節　家族間暴力　264
　　第7節　精神障害と家族　266
　　第8節　家族療法(1)　269
　　第9節　家族療法(2)　272

第13章　福祉心理学・医療心理学

第1節　福祉心理学・医療心理学の概要　276
第2節　子育て支援と入所施設の子どものケア　278
第3節　障　害　280
第4節　発達障害　282
第5節　チーム医療と臨床心理学　284
第6節　精神医療・心身医療　286
第7節　母子医療　288
第8節　癌医療と終末期医療　290
第9節　高次脳機能障害・高齢者医療　292

第14章　産業・組織心理学

第1節　産業と心理学　296
第2節　産業・組織心理学の発展　298
第3節　産業・組織心理学の対象領域　300
第4節　リーダーシップ理論の変遷　303
第5節　リーダーシップ理論　305
第6節　職業興味と職業適性　309
第7節　ホランドの六角形　313
第8節　個人とキャリア形成　315

執筆者名と所属　319

第1章
心理学史

第1節＝心理学史の概要

　古代ギリシャのヒポクラテスは人間の体液について論述した。この考え方はローマ時代のガレノスによって発展し、人の気質・体質を決定づけると考えられるようになった。現代心理学では、ヒポクラテスやガレノスの体液説は否定されているが、考え方（手法）は性格類型に間接的に影響を及ぼしている。
　また、プラトンやアリストテレスは人間の心について考察したが、古代キリスト教の聖アウグスチヌスの内省主義、中世ヨーロッパの聖トマス・アキナスらを通して近世の哲学に影響を与えている。近世哲学の祖といわれているデカルトの心身二元論とその後の連合主義心理学の代表として、ホッブズ、ロック、ヒューム、ハートリー、ミルなどを「心理学の前史」（第2節）で紹介する。
　「心理学への潮流」（第3節）では、心理学に大きな影響を与えた進化論と精神物理学について触れる。前者では人間の発達過程の科学的研究へ影響を与えたダーウィン、動物と人間の知能を比較検討したロマーネス、厳密に実験を考えようとする公準を提唱したモーガン、個人差心理学の基礎をつくったゴルトンなどが有名である。後者では、さまざまな感覚についての法則を見出したウェーバー、これをさらに発展させウェーバー・フェヒナーの法則を提唱するとともに極限法、恒常法、調整法などの測定法を考案したフェヒナーなどがいる。
　「心理学の独立」（第4節）では、哲学から独立して心理学として成立させたといわれている構成主義心理学のヴント、ヴントの時代に活躍した作用心理学のブレンターノを紹介する。ヴントの研究室で学んだアメリカの心理学者としては、ウィットマー、ホール、ミュンスターベルク、キャッテル、ティチナーがいる。ジェームズは、アメリカでもヴントと同じころ心理学実験室を設立したことから、アメリカの心理学の祖といわれている。
　「比較心理学」（第5節）では、ダーウィンの進化論を契機として生まれた比較心理学について概説する。比較心理学という概念はロマーネスが用いたといわれているが、動物心理学と同じ意味で用いられることが多いし、他の内容も意味する場合もある。イトヨ（魚）の攻撃行動を研究したティンバーゲンや鳥

類の刷り込みを見出したローレンツは比較行動学として知られている。ソーンダイク、トールマン、ケーラー、ヘイズ夫妻などの心理学者は身近な動物を対象にした実験をした。

「個人差の研究」（第6節）では、19世紀のガルの骨相学、天文学における反応時間の個人差などから個人差を研究する心理学が生まれ、知能検査や性格検査は個人差の研究として位置づけられるようになった。個人の性格に関する理論として、クレッチマーやシェルドン、シュプランガーなどの類型論、オールボート、キャッテル、アイゼンクなどの特性論などがある。

「ゲシュタルト心理学」（第7節）では、メロディーの移調を例にあげ、ゲシュタルトの意味やウェルトハイマーの仮現運動（φ現象）について触れる。ゲシュタルト心理学者としては、群化の法則（プレグナンツの法則）についてのウェルトハイマー、新生児が全体としてまとまりのあるものに興味をもつことを指摘したコフカ、グループ・ダイナミックスを提唱したレヴィン、図と地の反転図形を研究したルビンなどがいる。

フロイトは人間行動における無意識の重要性に気づき、無意識を基盤にした理論を発展させた。「精神分析学」（第8節）ではフロイトの考え方を端的に示す心的装置（イド、超自我、自我などの構造と機能）と、子どもが成長するにつれて快感を求める身体部位が移動するというフロイトの発達段階、自我の崩壊から守るさまざまな防衛機制（適応機制）について解説する。

「行動主義」（第9章）では、研究対象は行動、方法は客観的観察法にすべきであると主張したワトソンの行動主義宣言に触れながら、客観主義、S-R主義、環境主義といったワトソンの行動主義の特徴、および主な行動主義者について触れる。行動主義の考え方を引き継いだ新行動主義として、トールマン、ハル、スキナーなどが知られている。

第2節 = 心理学の前史
心のはたらきについて考える

1 ギリシャ時代から中世時代

　学問として心理学が独立したのは19世紀後半であるが、人間の心については2000年以上も前から考察されてきた。現代のサイコロジー（psychology；心理学）は、ギリシャ時代に心を表わすプシュケーに由来している。ヒポクラテス（Hippocrates）は、人間にある体液が調和していると健康であるが、バランスが崩れると病気になると考えた。ローマ時代の医学者ガレノス（Galenos）がこの考えを発展させ、体液によって人の気質・体質を決定づけるとした。こうした考えは性格類型に影響を及ぼした。

　プラトン（Platon）は、心を身体の頭部にある理性、胸部にある心情、腹部にある欲望の3つに分けて考え、アリストテレス（Aristoteles）は、すべての生物が心（植物的な心、動物的な心、人間にのみ備わる心）をもっているとした。

　聖アウグスチヌス（St. Augustinus）は、内省によって神に近づくこと（真理を認識すること）ができると考え（内省主義）、修道士であった聖トマス・アキナス（St. Thomas Aquinas）は、キリスト教の伝統的なスコラ哲学と、当時、禁止されていたアリストテレスの思想を統合し、アリストテレスの『心理学』の注釈を行なった。

2 連合主義心理学

　デカルト（Descartes, R.）は、人の身体は自動機械であるが、人の心は身体に拘束されないという心身二元論を唱え、のちの連合主義心理学に影響を与えた。連合主義心理学は、意識などの心理的現象を観念と、観念などの結びつきである連合の法則によって説明しようとする立場で、主として16世紀から19世紀におけるイギリスの経験主義哲学で唱えられた。

　精神活動は最終的には感覚に還元されるとしたホッブス（Hobbes, T.）、人間は白紙の状態で生まれてくるという経験説に立ったロック（Locke, J.）、類似、

ヒポクラテス　　　　ガレノス　　　　聖アウグスチヌス

近接、因果などを観念連合の法則としたヒューム（Hume, D.）、観念のみならず身体運動まで連合を拡大して考えたハートリー（Hartley, D.）、心的化学という連合の考え方をしたミル（Mill, J. S.）などがいる。

デカルト

【課題】
　時代によって、「心」をどのように捉えているかを調べてみよう。

第3節 = 心理学への潮流
心を科学的に考える

1 進化論

　すべての生物種が、共通の祖先から自然淘汰を経て進化してきたことを示したダーウィン（Darwin, C. R.）は、長男の誕生直後から2歳時までの観察記録を「乳児の日記的素描」として発表した。これは客観主義的な人間観に基づいた観察記録で、人間の発達過程の科学的研究へ影響を与えた。

　ダーウィン進化論の影響を受けたロマネス（Romanes, G. J.）は、動物の隠れた知能に関する逸話を分析しながら、動物と人間の知能を比較検討したことから、比較心理学の創始者といわれている。モーガン（Morgan, C. L.）は「低次の心的な能力によって説明可能なことは、高次の心的な能力によって解釈してはならない」（モーガンの公準）とし、ロマネスの逸話に異議を唱えた。モーガンの公準は、心理学の実験で厳密に追究する考え方に影響を及ぼした。

　ダーウィンの従兄のゴルトン（Galton, F.）は、人間の能力、優生学、統計的研究法（相関）などを発達させ、今日の個人差心理学の基礎をつくった。

2 精神物理学

　ウェーバー（Weber, E. H.）は、重さの弁別実験を行ない、標準刺激と比較刺激の重さの相違を判断するときには、絶対的な差ではなく、相対的な差が基準となると考えた。そして、相違を弁別する最小単位（弁別閾）を丁度可知差異と呼び、弁別閾は標準刺激の重さに比例して増大することを確かめた。重さだけではなく、さまざまな感覚についても認められることから、その後、ウェーバーの法則といわれるようになった。

　フェヒナー（Fechner, G. T.）は、ウェーバーの公式に感覚の大きさを加えて、ウェーバー・フェヒナーの法則を提唱した。さらに刺激が変化したことを把握できるために、必要な最小限度の刺激強度である閾値の分析を試みた。また、閾値を調べる方法として、丁度可知差異法、当否法、平均誤差法を考案した。

現在では、フェヒナーが唱えた精神物理学の方法として、それぞれ極限法、恒常法、調整法と呼ばれている。

ダーウィンと長男のウィリアム

フェヒナー

【課題】
　自作の重りを作って（水を入れたコップ、砂を入れた箱・袋など）、どの程度まで重さの違いがわかるかを調べてみよう。

第4節 = 心理学の独立
心を実験の対象と試みる

1 ヴントの心理学

19世紀後半に、心理学を実験として研究しようとする機運が高まり、ヴント（Wundt, W.）が開設した心理学実験室が、1879年にライプチッヒ大学で公認された。

ヴントは、生理学や精神物理学などの知見をもとにして体系化し、心理学として集大成したことから、1879年は哲学から独立して心理学として成立した年といわれている。また、ヴントは感覚や単純感情によって意識が構成されると考え（構成主義）、実験と内観によって明らかにしようとした。

ヴント

2 ヴントの時代の心理学

ブレンターノ（Brentano, F.）は、意識内容よりも意識の過程に注目し、心理学では（見る・聞くなどの）心的作用を研究すべきであると主張した。こうした考え方は作用心理学とも呼ばれ、ヴントの要素主義的な意識心理学とは対極に位置づけられている。

ヴントの研究室で多くの人びとが学んだ。アメリカの臨床心理学の創始者といわれているウィットマー（Witmer, L.）、アメリカ心理学会の初代会長で児童心理学や青年心理学を開拓したホール（Hall, G. S.）、ハーバード大学で新たに応用心理学講座を担当したミュンスターベルク（Munsterberg, H.）、ペンシルバニア大学やコロンビア大学の心理学実験室を創設したキャッテル（Cattell, J. McK.）、ヴントの心理学を継承して厳密な実験心理学を発展させたティチナー（Titchener, E. B.）などがいる。

3 アメリカの心理学

1875年に、アメリカで初めて心理学実験室を設立したことから、ジェームス（James, W.）はアメリカの心理学の祖といわれている（はじめは私的な実験室だったので、ヴントの実験室が最初と認められている）。1887年には、ホールによって『アメリカ心理学雑誌』が創刊され、1892年には、国別の心理学会としては最初といわれているアメリカ心理学会が創設された。

アメリカ心理学会創設100周年を記念した挿絵
(Bringmann et al., 1997)

【課題】
　心理学の成立に影響を及ぼしたといわれている、19世紀の哲学・医学・生理学・生物学などを調べてみよう。

第5節 = 比較心理学
人間の行動と動物の行動を比較する

1 比較心理学

ダーウィンの進化論を契機として生まれた研究領域で、人間と動物の行動の共通性や差異性を研究しようとするのが比較心理学である。比較心理学という用語はロマーネス（Romanes）が用いたといわれている。動物の行動（学習や認知など）を研究することから、動物心理学と同じ意味で用いられることが多いが、精神障害者と健常者との心的過程を比較する研究、民族の文化や精神構造を比較する研究、進化論から人間行動を理解しようとする進化心理学や、発生心理学も比較心理学の中に含められることもある。

2 動物心理学の発展

ネコを対象としたソーンダイク（Thorndike, E.）の実験、ネズミを対象としたスモール（Small, W. S）の迷路実験以降、迷路やネズミを用いた（学習）実験が盛んに行なわれるようになった。図1-1はトールマン（Tolman, E. C.）が用いたネズミ用の高架式迷路である。ヤーキーズ（Yerkes, R. M.）は、ネズミを対象とした弁別箱を作り、ヤーキーズ＝ドッドソンの法則を見出した。なお、ヤーキーズはミミズやカエルやブタなどの動物実験も行なっている。

チンパンジーを対象にした実験は、洞察学習の実験のケーラー（Kohler, W.）、人間の言葉を教えたヘイズ夫妻（Heyes, K. J. & Heyes, C.）やガードナー夫妻（Gardner, R. A. & Gardner, B. T.）、人工言語を用いたプリマック（Premack, D.）、コンピュータで絵文字を操作して訓練したランボー（Rumbaugh, D. M.）、アカゲザルを対象にしたハーロー（Harlow, H. F.）などがいる。

3 動物行動学

動物心理学が環境条件を統制した室内で実験を行なっていたことに対し、動物が生息している自然環境で動物の行動を研究しようとする動物行動学、また

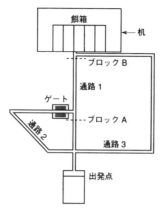

図 1-1　乳幼児と乳幼児発達心理
(Tolman, 1951)

図 1-2　布製母と針金製母（ハーローの実験）
(デボラ・ブラム／藤澤隆史・藤澤玲子（訳），2014)

は比較行動学（ethology）がある。イトヨ（魚）の攻撃行動を研究したティンバーゲン（Tinbergen, N）や、鳥類の刷り込みを見出したローレンツ（Lorenz, K.）などがいる。

【課題】
　人間を理解するために、動物を研究するのはなぜだろうか。

第 1 章　心理学史　11

第6節＝個人の研究
自分を客観的に見つめる

1 個人差・個性の研究

19世紀に解剖学者のガル（Gall, F. J.）は、頭蓋骨の形と個人の特徴を関連づけた骨相学を提唱した。天文学の分野で天体観測時の反応に個人差があることから、反応時間の個人差も研究されるようになった（14頁の図1-3参照）。

こうしたことから、人間に普遍的な特徴を研究する以外に、1人1人の特徴も研究しようとする心理学が生まれてきた。他者との相違である個人差を研究する立場が差異心理学、独自性としての個人（個性）を研究するのが個人心理学である。ゴルトン（Galton, F.）は、各種の心的能力の検査を独自に考案し、個人差の研究を行ない、その後の個人差研究に大きな影響を与えた。

2 知能の研究

ビネ（Binet, A.）は、医師のシモン（Simon, T.）と協力して、発達遅滞児と怠学による学業不振児とを識別する検査を作ったが、のちにビネ＝シモン知能検査といわれるようになった。その後、ターマン（Terman, L. M.）によって改訂されて以来、さまざまな知応検査が開発されている。

こうした検査は、ある個人の知的水準や知能の傾向を示すことから、性格検査とともに個人差の研究として位置づけられる。

3 性 格

クレッチマー（Kretschmer, E.）は、多数の精神病患者の臨床診断から、体型と精神病や気質（性格）の関係を見出した（14頁の図1-4参照）。シェルドン（Sheldon, W. H.）は、健常な一般の人のデータから体型と性格の関連性を明らかにした。シュプランガー（Spranger, E.）は、興味や価値観から6つの性格型を求めた。

クレッチマー、シェルドン、シュプランガーの性格論は、1つのタイプ

(型)に性格特徴をまとめて説明することから、類型論といわれている。

　これに対して、性格はいくつかの特性（一貫した行動傾向）の組み合わせによって構成されると考え、性格検査によって特性を量的に明らかにしていこうとするのが特性論である。オールポート（Allport, G. W.）、キャッテル（Cattell, R. B.）、アイゼンク（Eysenck, H. J.）などが有名である。

【課題】
　さまざまな性格検査を使って、自分の性格を客観的に把握してみよう。

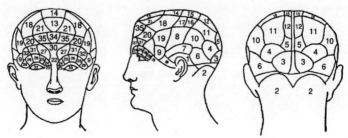

情意能力		知的能力	
傾向	感情	洞察	思慮
? 生活意欲	10 慎重さ	22 個性	34 比較能力
* 食欲	11 同調性	23 構成力	35 因果究明
1 破壊性	12 自尊心	24 大きさ	
2 好色性	13 博愛主義	25 重さ・抵抗	
3 子煩悩	14 威厳性	26 色彩感覚	
4 粘着性	15 堅実さ	27 場所感覚	
5 居所執着	16 誠実さ	28 順序	
6 闘争性	17 希望	29 計算能力	
7 秘密主義	18 奇異性	30 可能性探索	
8 所有欲	19 理想追求	31 時間感覚	
9 建設的	20 陽気	32 音楽才能	
	21 模倣性	33 言語能力	

図1-3　ガルの骨相学

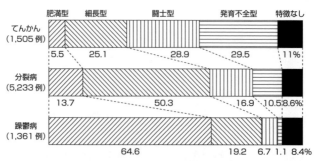

図1-4　クレッチマーの臨床診断

第7節 = ゲシュタルト心理学

すべての音が変化しても、同じメロディーとして聞こえる

1 ゲシュタルト心理学

　あるメロディーを移調すると、1つ1つの構成音はまったく異なっているのに、同じメロディーとして聞こえる。こうした現象は、1つ1つの要素として捉えるのではなく、全体のまとまりとして考えるべきであるというのがゲシュタルト心理学である。

　ゲシュタルトとはドイツ語で形態を示す言葉であるが、心理学では単なる要素の集まりではない全体としてのまとまりを意味している。静止している複数の対象を短時間のうちに出現・消失を繰り返すと、その対象が動いているように見えることがある。

　客観的には動いていないのに、動いているように見える現象を、ウェルトハイマー（Werrheimer, M.）は仮現運動またはφ（ファイ）現象と呼んだ。別々の対象による個々の刺激から生じた心理過程ではなく、連続した刺激全体から生じる心理過程とから説明したので、これまでとは異なった新しい考え方の心理学となった。

2 群　化

　物の形が見えるときには、その対象は視野の中で周囲から分離してまとまって見える（図）と同時に、他の部分が背景（地）となる。ウェルトハイマーは、他の条件が同じ場合は明確で単純で秩序ある方向にまとまる傾向（プレグナンツの法則）があり、図1-5に示したような群化の法則があることを見出した（図は一部のみ表示）。

3 ゲシュタルト心理学の展開

　全体場面で対象と自己の関係が認識されたときに洞察が生じるというケーラー（Köhler, W.）の洞察学習、新生児が単純な刺激の寄せ集めよりも人の顔な

どの全体としてまとまりのあるものに興味をもつことを指摘したコフカ (Kofka, K.)、集団と集団の成員である個人を力動的に考えるグループ・ダイナミックスを提唱したレヴィン (Lewin, K.)、図と地の反転図形 (図1-6) を研究したルビン (Rubin, E.) などもゲシュタルト心理学に位置づけられている。

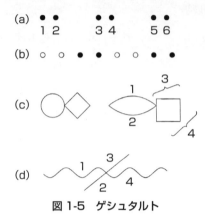

図 1-5　ゲシュタルト

図 1-6　ルビンの反転図形

【課題】
　街で見かけるポスターや広告のさまざまなデザインで、群化の法則で説明できる部分を見つけてみよう。

第8節 精神分析学（psychoanalysis）
意識しないで行動する

1 精神分析学

　フロイト（Freud, S.）は、神経症患者を治療しながら無意識の重要性に気づき、無意識を基盤にして精神分析学を創始した。精神分析学は心理学だけでなく、精神医学、哲学、教育学、文化人類学、芸術、宗教などに影響を与えた。心のはたらきを図1-7のような心的装置で説明した。

　最上部は知覚・意識の部分、前意識は注意を向けると意識できる部分、中央の境界の下は意識できない無意識の部分である。イド（エス）は無意識にあり、本能的エネルギー（リビドー）の貯蔵庫で、快楽原則に従うことから原始的自我ともいう。抑圧された観念も含む。

　超自我は倫理・道徳に従う良心的自我で、意識部分と無意識部分にあって自我をコントロールし、イドを抑制する。自我は主としてに意識的で、イドの充足をはかりながら現実世界に適応しようとすることから、現実的自我と呼ばれている。論理的・道徳的で現実原則に従い、外界にはたらきかけて適応させようとするはたらきがある。

図1-7　心的装置

2　発達段階

　フロイトは、患者の過去の体験（とくに幼児期の体験）を重視し、子どもが成長するにつれて、快感を求める身体部位が移動するという発達段階論を唱えた。

　誕生から1歳ころまでは口唇に快感を求め充足されない場合は依存心が強くなる（口唇期）。1～2歳ころの幼児期前半では、肛門に快感が生じ、葛藤が生じると執着した性格になる（肛門期）。3～6歳の幼児期後半はエディプス期で、同性の親を排除し、異性の親を求める傾向になる（男根期）。6～11・12歳ころは、潜伏期でリビドーは一時沈静化する。12歳ころに再びリビドーが活発化し、性的に成熟し、異性のパートナーを求めるようになる（性器期）。

3　防衛機制

　超自我とイドとの葛藤が極端に強くなると、自我の崩壊を招く危険性が高まる。このとき、自我が自身を守るためのメカニズムが防衛機制である。適応するためのメカニズムなので、適応機制ともいわれている（表1-1）。

【課題】
　日常生活で防衛機制をはたらかせている事例を考えてみよう。

表 1-1 防衛機制

抑圧	不快で容認できない観念や欲求を無意識の中に押し込めて、意識されないようにすること。自我が傷ついたり苦悩したりすることを防ぐために生じる心の作用で、抑圧によって意識上ではすっかり忘れてしまうのである。
合理化	自分の失敗や欠点や不快な体験などを、後からもっともらしい理由を作って正当化し、自分を納得させること。
同一化	自己以外の対象、例えば他人や集団、制度、価値観などと自分とを一体化して、自己の欲求や願望を充足すること。ままごとやごっこ遊びなどで、子どもが親の言動をそのまま自分のものとして表現したり、特定のスターやチームを熱狂的に応援する場合などがこれにあたる。同一視ともいう。
投影	性質、感情、欲求など自我の属性の一部を他者に属するものとしてみなすこと。自分が抱いている憎しみを認めず、相手が自分を憎んでいると思い込んでしまう場合などである。投映、投射、投出などと訳されている。
転位	感情や欲求の対象をAからBに移すが、この場合、意識の上ではAに対する本来の感情が消失してしまうこと。例えば、部長に対する敵意が課長に向けられたときに、部長に対する感情がなくなり課長に対する敵意だけが残るような場合である。
代償	欲求を直接充足することが困難な時に、形態的・機能的に類似した対象で間接的に欲求を満たすこと。死んだ恋人と似た新しい恋人を求めたり、子どもに恵まれない人が犬や猫などのペットを可愛がったりする場合などがこれにあたる。
補償	心身の弱点や劣等感を補おうとして、自己の持つ他の特徴を伸ばそうと努めること。普通以上の能力が発揮された場合には補償過剰という。
反動形成	抑圧した欲求や感情とは別の形で行動に出ること。例えば、好意を持っている異性に対して、攻撃的な態度や冷たい態度を示すような場合である。劣等感を克服しようとして虚栄的な行動をする場合、反動形成であると同時に、みせかけの補償と考えることができる。
昇華	衝動や感情を直接的に充足することが社会的に承認されないときに、社会的に価値のあるものに置き換えて充足することをいう。
逃避	深刻な不安や苦悩に直面したり、解決困難な状況に陥ったときに、積極的・合理的な解決行動を取らずに、こうした事態や状況から逃げてしまうこと。直接関係のないことに熱中してしまうことは現実への逃避、空想の世界で欲求充足や課題解決をはかろうとするのが空想への逃避、病気になることによって、現実の苦悩から逃れようとすることが病気への逃避である。
退行	発達段階のより低い水準に戻って適応しようとするもの。弟や妹が生まれることによって、上の子どもが幼児言葉に戻ったり、再びおねしょをしてしまう場合がこの典型例である。

注）樋口勝也（編）『改訂　心理学入門』「防衛機制」をもとに作成（一部改変）。

第9節 = 行動主義（behaviorism）
客観的に観察できる行動から、心のはたらきを説明する

1　行動主義宣言

　ワトソン（Watson, J. B.）は、1913年の論文「行動主義者からの心理学」で、心理学は自然科学の一部門であり、研究対象は行動、方法は客観的観察法にすべきであると主張した。これは行動主義宣言ともいわれているが、1904年にキャッテル（Cattell, G. M.）もワトソンと似たような講演をしたことから、ワトソンを行動主義の父、キャッテルを行動主義の祖父ということもある。
　ワトソンの行動主義の特徴は、測定可能な行動を研究対象としたこと、本人にしか経験できない方法（内観）ではなく、第三者が客観的に把握できる方法にすべきであるという客観主義、刺激と反応から行動を理解しようとするS-R（刺激－反応結合）主義、基本的には生後の学習によって人間が形成されるという環境主義といわれている。ワトソンは「1ダースの健康な赤ん坊と自由にできる環境を与えてくれれば、医師、法律家、芸術家など、どのような専門家にでも育てられる」と述べた。
　ワトソンのほかに、犬を被験体にして唾液分泌反応から条件反応の理論を構成した（レスポンデント条件づけ）パヴロフ、ネコを被験体として問題箱を考案し試行錯誤学習説を唱えたソーンダイクなどが古典行動主義の心理学といわれている。

3　新行動主義

　ワトソンが行動を生活体（O）がほとんどかかわらない反射のような行動を対象とした（末梢主義）のに対し、新行動主義は行動が刺激（S）だけではなく、生活体（O）との関数からなるS-O-Rで説明しようとしたことが特徴となっている。
　反射のような微視的行動よりも、目的をもったまとまりのある巨視的行動を研究対象と考えたトールマン（Tolman, E. C.）、習慣強度、反応ポテンシャル、

動因などの概念を用いて動因低減説を唱えたハル（Hull, C. L.）、スキナー箱でネズミを被験体としてレバー押し反応から学習行動を研究し、オペラントという言葉を用いたスキナー（Skinner, B. F.）などが新行動主義に位置づけられている。

【課題】
　行動主義（新行動主義）で説明できない心理現象を挙げてみよう。

〈参考文献〉
Blum, D. (2002). Love at Goon Park. Basic Books, a member of the Perseus Books Group.（藤澤隆史・藤澤玲子（訳）(2014). 愛を科学で測った男. 白揚社）
大山　正（2010）. 心理学史 現代心理学の生い立ち. サイエンス社
サトウタツヤ（2011）. 方法としての理学史 心理学を語り直す. 新曜社
佐藤達哉（編）(2005). 心理学史の新しいかたち. 誠信書房
サトウタツヤ・鈴木朋子・荒川歩（編）(2012). 心理学史. 学文社
サトウタツヤ・高砂美樹（2010）. 流れを読む心理学史 世界と日本の心理学. 有斐閣アルマ
高砂美樹（2011）. 心理学史 はじめの一歩. アルテ
梅本堯夫・大山正（編）(1994). 心理学史への招待 現代心理学の背景. サイエンス社

第2章
心理学研究法

第1節 = 心理学研究法の概要
心理学研究法を学ぶことの意義

1 心理学の特殊性

　私たちは、毎日の生活の中でさまざまなことを感じ、考える。また、他の人とかかわるときには、その人の心を考えながら、かかわろうとする。そういった意味で、すべての人はまるで心理学者のように、毎日、心のはたらきについて考えているといえる。

　しかし、心のはたらきを研究しようと思うと、急に課題にぶつかる。心のはたらきは、直接見ることが難しい。おそらく、表情やしぐさ、これまでの流れなどから、予想するのであろう。その結果、ときには予想が間違って、相手を傷つけたり、いざこざに発展したりすることもある。直接見ることが難しいものをどのように研究したらよいのだろうか。これまでの心理学の知見は、さまざまな研究の工夫を行ない、直接見ることが難しい心のはたらきを捉えるという課題に挑戦してきた結果である。本章では、そのような心理学の研究を行なうさいの基本的な考え方や研究法について触れる。

2 それぞれの節の概要

　「科学によって法則を見出す」（第2節）では、心理学を科学的に考えるうえで必要なことを取り上げる。人の心のはたらきをより正確に把握するためには、ただ自分の経験に基づいて予想するだけでは十分ではない。それはなぜなのか。科学のゴールを確認しながら考えてほしい。

　「仮説を立てよう」（第3節）では、研究を始めるときに立てる仮説について取り上げる。まず、仮説を立てる前に考えておかなければならないことについて触れる。そして、実際に研究を行なうさいに立てる3つの仮説について確認する。

　「変数を決めよう」（第4節）では、変数について考えながら、研究者が操作するものと、その結果測定するものとを意識する。1つの研究で、さまざまな

ことをまとめて把握することは難しい。そのため、何を明らかにするのかを明確にすることが大切である。その過程で必要になるのが変数という考え方である。さまざまな変数を意識しながら、研究の方向性を明らかにしていく過程に親しんでほしい。

「実験法の特徴」（第5節）では、心理学実験法の特徴について取り上げる。心のはたらきを科学的に研究することを目的として、実験室で研究を始めたことが、心理学が1つの学問領域として成立するきっかけとなった、そんな実験法の長所に触れる。その一方で、実験室はとても特殊な環境でもある。人の心は環境のちょっとした変化に影響を受けやすい。そこで、実験を行なう上での配慮についても触れる。

「調査法の特徴」（第6節）では、さまざまな調査を取り上げ、それぞれの特徴を確認する。また、調査を実施するさいの留意点にも触れる。質問紙を用いると、一度に大量のデータを集めることもできる。しかし、それが調査法を選択する理由になってはならない。調査法の特徴を把握したうえで、選択できるようにしてほしい。

「観察法の特徴」（第7節）では、さまざまな観察法を取り上げ、それぞれの特徴について考える。また、観察した出来事を記録する方法についてもまとめる。

「検査法の特徴」（第8節）では、知能検査、発達検査、性格検査を取り上げ、代表的な検査法を紹介する。

「研究を行なう上での倫理」（第9節）では、研究者として必要な倫理的配慮に関する考え方について取り上げる。データのねつ造、他の研究者の知見の盗用は、他の科学と同様に心理学においても倫理的に許されないことである。それに加えて、心理学は人を対象とした研究を行なうことが多い。そのため、研究に協力していただいた人への配慮が必要である。倫理的な原則を確認し、被験者の保護、リスクの最小化、インフォームドコンセント、デブリーフィング、匿名性と守秘性について触れる。

第2節 科学によって法則を見出す
科学的な説明をめざして

1 事実を扱う

　朝、太陽が東から昇ってくるのを見て、地球がまわっていると感じる人はどれくらいいるだろうか。それだけを見たら、太陽が動いていると感じても不思議ではないだろう。しかし、事実は違う。地球が太陽のまわりをまわっているのである。

　世の中で起きているさまざまな出来事を、私たちは直観的に理解する。しかし、太陽と地球の関係のように、直観的に理解したことと事実が必ずしも一致するわけではない。直観的に捉えたことが研究のきっかけになるかもしれないが、つねにそれが事実なのかどうかという疑問をもつことが大切である。それを確かめることが研究のスタートになるのである。

2 法則を見出す

　私たちの関心は、ただ「太陽が東から昇る」という出来事を知るだけで終わるだろうか。次に、「なぜ太陽が東から昇るのか」という疑問をもつだろう。原因と結果の関係を説明できなければ、その現象を理解したことにはならない。科学では、現象を表現するだけでなく、なぜそのようなことが起こるのか、つまり因果的に説明することをめざしている。

　また、さまざまな出来事に共通した原因と結果の仕組みがあるのではないかと考える。つまり、1つの出来事に当てはまるだけでなく、できるだけ一般的な因果法則を想定して、その法則でさまざまな出来事を説明することをめざす。例えば、万有引力の法則がある。これは、質量をもった物体にはたがいに引き合う力が存在するという法則であるが、この法則によってリンゴが木から落ちるという現象を説明することができる。

　このように、科学では、事実を対象として、その事実を因果的に説明することをめざす。その最終的な産物が一般的な法則である。

3 一般的な因果法則を導く2つの考え方

どのようにして一般的な因果法則を導くのだろうか。基本的な考え方は2つある。帰納方と仮説演繹法である。

(1) 帰納法

リンゴが木から落ちるのを見た。そして、そこから質量をもった物質はたがいに引き合う力をもっているという法則を導き出した。これは万有引力を発見したニュートン（Newton, I.）の伝記に出てくる一場面である。このように、特定の経験的事実から一般的な法則を導き出そうとする考え方を帰納法と呼ぶ。

(2) 仮説演繹法

帰納法によって導き出された法則が事実であることを確認しなければならない。そのときに、「その法則が正しいのであれば、どのようなことが起きるのか」を推論し、実際にそれが起きるかどうかを確かめようとする。このように、一般的な法則から起こりうることを考え、仮説を立て、その仮説が実際に証明されることで、一般的な法則が真である可能性を高めていく考え方を仮説演繹法と呼ぶ。

実際の研究では、帰納法と仮説演繹法の間を行き来しながら、より事実に当てはまる法則をつくりあげていく。

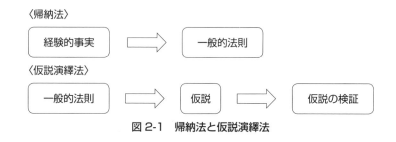

図2-1 帰納法と仮説演繹法

【課題】

人の歴史を振り返って、直観的に理解したことと事実とが異なっていた出来事を探してみよう。

第3節 = 仮説を立てよう
研究のスタートは仮説を立てることから

1 仮説を立てるまで

　仮説を立てるためには、文献を読んだり、実際の場面を観察したりしながら、課題を見つけ、研究の目的を絞り込むことが必要である。
　（1）　調べたいこと、目的を明確にする
　研究の課題を見つけるには、さまざまな方法が考えられる。1つは、過去の文献を読み、これまでに明らかになっていることを整理することである。自分が関心をもったテーマについて、すでに明らかになっていることは何かを知り、そのうえでまだ明らかになっていないことを考えるのである。1回の実験や調査では、多くのことを知ることはできないが、その積み重ねで私たちはさまざまな知識を得ることができた。研究の大きな流れを捉えることで、自分がやるべきことが見えてくる。
　また、観察など現場経験を通して課題を見つけ、研究に発展させるという方法もある。現場で新たに生じた課題など、まだ研究が行なわれていないこともあるだろう。過去に似たようなテーマで研究が行なわれていないか確認したうえで、これまで行なわれていない研究を始めることも意味のあることである。
　なお、すでに似たような研究が行なわれている場合でも、研究の対象や方法を変えることで新たに有益な成果が得られる場合もある。すでに行なわれている研究の目的が何なのか、明らかになったこと、明らかにならなかったことは何なのかをしっかりと読み解くことが大切である。
　（2）　目的を決める
　調べたいこと、問いが明確になったら、目的を決める。まずは、目標を明確にすることが大切である。例えば、「性差を見る」といっても、どの部分の性差を研究のテーマとするのか、また「見る」とはどのような方法を用いることなのか、明確にはなっていない。それでは実際に測定を始めることはできない。
　また、どの領域の研究なのか、今回の研究で何を達成しようとしているのか

を示すことも大切である。他の研究者が行なった研究を発展させるものなのか、追試なのか、ある理論に基づいて立てた仮説の検証を行なうのか、独自のアイディアの検証なのか、さまざまな立場が考えられる。自分の研究がどの立場に当たるのかを明確に示そうとすることは、自分の研究がもっている価値について確認することでもある。

2 仮　説

仮説とは、支持されるか、却下されるかを検証するための予測である。研究を行なうときには、研究仮説、対立仮説、帰無仮説の3種類の仮説を立てる。

（1）　研究仮説

研究仮説は、研究の初期段階で立てる仮説で、結果の方向性を示す予測である。

（2）　対立仮説（実験仮説）

研究仮説を操作的に説明したものを対立仮説（実験仮説）と呼ぶ。例えば、「短期記憶は年齢とともに衰退する」という研究仮説を立てたとしよう。しかし、何をどのように測定するのか、衰退するとはどのようなことなのかが明確になっていないため、実際に研究を始めることはできない。例えば、「70歳以上の人が記憶できる数字の桁数は20歳以下の人が記憶できる桁数より少ない」というように、実際に何を測定するのか詳しく述べるものが対立仮説である。

（3）　帰無仮説

帰無仮説は、統計的検定を行なうときに検証される仮説である。研究では、2つ以上のグループの間に差があることを示すことが目的となる場合が多い。しかし、差があることそのものを統計的に示すことはできない。そこで実際には、2つのグループに「差がない」という帰無仮説を立て、その仮説がありえないことであることを統計的に示す（帰無仮説を棄却する）ことで、差があることを示す。実際に示したいことは、この帰無仮説に対立する仮説という意味で、対立仮説と呼ばれるのである。

【課題】
あなたの知っている研究の実験仮説と対立仮説を立ててみよう。

第4節 = 変数を決めよう

研究で明らかにしたいことは何か？

1 変 数

　変数とは、変化する数、定まっていない数や対象を表わす記号のことをいう。例えば、相手に掛ける声の大きさによって、どれくらい相手が驚くのか、その関係を調べたいとしよう（あくまで、架空の研究テーマである）。相手に掛ける声の大きさを、小さい声から大きい声まで少しずつ変化させながら、それぞれどれくらい驚いたかを測定することになるだろう。つまり、声の大きさを変化させて、その結果、驚き具合いも変化するのである。このような声の大きさや驚き具合いが変数ということになる。

　心理学では、研究の目的に合わせて、さまざまな変数を変化させたり、測定したりする。その場合、すべて数字で表わせるものとは限らない。例えば、乳児がヒトの顔を長く見ることを示した実験では、いくつかの図版を用意して、その図版のペアをつくり、どちらを長く見るかを測定した。顔の図版と文字の図版、顔の図版と色の塗られた図版、文字の図版と色の塗られた図版というように、図版の組み合せを変えながら、どの図版をいちばん長く見るのかを測定した。このように、見せる図版が変数となることもある。

2 独立変数と従属変数

　科学では原因と結果の関係を説明することをめざしている。そのため、扱う変数についても、それが原因に当たる変数なのか、それとも結果に当たる変数なのかを区別しておくことが必要である。

　原因であると推定される変数のことを、独立変数と呼ぶ。研究では、この変数を操作して変化させる。最初に考えた架空の研究テーマでは、掛ける声の大きさが独立変数ということになる。

　それに対して、結果であると推定される変数のことを、従属変数と呼ぶ。研究では、この変数を実際に測定する。最初に考えた架空の研究テーマでは、驚

き具合いが従属変数ということになる。

つまり、研究では、独立変数を変化させて、その結果得られた従属変数を測定することになる。独立変数は研究の意図によって操作することができる、まさに独立した変数であるのに対して、従属変数は独立変数が変化するのに従って変化する従属した変数である。

3　剰余変数と統制

研究を始めるときに、独立変数と従属変数以外にも意識しておかなければならない変数がある。例えば、掛ける声の大きさだけで、驚き具合いが決まるだろうか。正面から声を掛けられた場合と、後ろから突然声を掛けられた場合では、驚き具合いに差は出ないだろうか。とても静かな環境と、騒音で溢れている環境とでは差は出ないだろうか。このように、従属変数に影響を与える変数は1つとは限らない場合もある。

研究で取り上げる独立変数以外の変数で、従属変数に影響を与えると推定される変数のことを剰余変数と呼ぶ。本来、独立変数を操作しながら従属変数への影響を測定することで、原因と結果の関係を説明することを目的として研究は行なわれるが、剰余変数も従属変数に影響を与えるということになると、明解な原因と結果の関係を示すことはできなくなってしまう。

それでは、どうすればよいのだろうか。研究では、剰余変数が独立変数と一緒に変化しないようにすることで、独立変数の影響だけを測定しようとしている。これを統制と呼ぶ。統制を行なうためには、さまざまな方法が用いられる。剰余変数をすべて取り除くことができればよいが、実際には難しい。その場合には、剰余変数がつねに一定になるように保つことで、独立変数の影響のみを測定する。また、研究に参加する人がこれまでに経験したことも剰余変数になるだろう。しかし、この変数は個人差が大きく操作することが難しい。そのような場合は、少なくとも研究に参加する人を無作為に選ぶ（無作為抽出）ことで統制を行なう。

【課題】
あなたの知っている研究の、独立変数と従属変数を挙げてみよう。

第5節＝実験法の特徴
それぞれの実験の特徴を把握しよう

1　実験とは

　実験とは、実際に験すことである。そのなかで、1つの要因、あるいは変数（独立変数）を操作して変化させ、別の変数（従属変数）に何らかの効果が生じるかを調べる。実験には実験室で行なう実験のほかに、現実の生活のなかで行なう現場実験や社会にもともとある独立変数を利用して行なう自然実験がある。ここでは、実験室で行なう実験の話を中心にまとめる。

2　実験室での実験

　実験室での実験の大きな特徴は、環境を統制できるということである。外部から隔離されているため、独立変数を操作しやすい。また剰余変数を排除すること、あるいは一定に保つことも行ないやすい。しかし、実験室には日常的な現実性が乏しいということも事実である。実験室で得られた結果をもとに、日常的な環境で実験室と同様の行動が見られるかどうかということに、つねに配慮することも大切である。
　また、独立変数を操作しやすいといっても、倫理的に操作してはいけないものもある。例えば、かつて行なわれた「ミルグラムの服従の実験」のような実験は、実験協力者に多大な不安と緊張を強いる研究であるため、倫理的立場から実施は不可能であろう。そのため、実験室で意図的に操作するのではなく、社会にもともとある独立変数を利用して行なう自然実験という方法もある。

3　準実験

　実験の中には、発達の特徴を捉えるために、3歳児と5歳児に同じ課題を実施し、その結果の差から3歳児と5歳児の違いを見るという方法がとられる場合がある。これも実験といえるだろうか。実験であるというためのポイントの1つに、独立変数を操作することがある。独立変数以外の変数を排除、あるい

は一定に保ち、独立変数だけを変化させることで、その独立変数の効果を示すことができる。これが実験の基本的な考え方である。しかし、年齢は自然にとるもので、実験者が操作できるものではない。そのため、年齢を独立変数とした研究は純粋に実験と呼ぶことはできない。このように、もともとある年齢のような変数を独立変数として実験を行なうことを準実験と呼ぶ。

4　実験者としての配慮

　実験を実施する場合には、実験者として配慮しなければならないことがある。それは、実験者がいることによって生じる実験者効果である。実験に参加した実験協力者は、実験者の態度や構え、言葉などに何らかの影響を受ける可能性がある。例えば、実験者がどのような反応を期待しているかを探ろうとしたり、逆に実験者の期待を裏切るようなことを意図的にしようと考えたりするかもしれない。そのような実験者の影響を最小限に抑えるために、次のようなさまざまな配慮が必要である。

- ・被験者に敬意をもって接する
- ・教示を正確、ていねいに
- ・被験者の反応に対して表情を変えない
- ・つねに落ち着いて、冷静にふるまう
- ・約束時間は正確に、ただし被験者の時間の遅れには寛容に
- ・実験者が期待する反応を誘導するような態度に注意

　また、仮説を知らない実験助手が実施する方法や、実験者が別室で待機し、実験協力者はコンピュータ画面に提示された刺激に対して反応を行なうなど、実験協力者に実験者の意図が伝わらないようにする方法もある。

　これらの配慮や工夫の根底にあるのは、実験協力者への感謝の気持ちや、自分の期待に関係なく正確なデータをとり分析したいという基本的な姿勢である。それがあって初めて、正確なデータを得ることができるのである。

【課題】
　実験室実験への協力を依頼するときに、どのようなことに配慮するとよいだろうか、考えてみよう。

第6節＝調査法の特徴
回答者自身の考えや思いを聞き取る

1　調査法とは

　調査法とは、人間の意識や行動についてのデータを、回答者自身に報告してもらうことによって収集する方法である。すべての対象者ができるだけ同じ条件で回答できるように質問の形式や順序を統一することで、多くのデータを集めることができる。
　実際に体験してもらうことが難しい場面をイメージしながら、そのとき感じるであろう心の動きを報告してもらうことで、幅広い現象を対象とすることができる。また、研究の対象となる出来事が起きるまで待つ必要がないことも、調査法の特徴の1つである。

2　調査の方法

　調査法には、面接調査、留置き調査、電話調査、郵送調査、集合調査がある。
（1）　面接調査
　直接回答者に面接をしながら回答を記録していく方法である。他の調査に比べ、回答者の質問を受けながらできるので、回答者の理解を確認しながら進めることができる。また、対面して調査を進めることで、回答漏れを防ぐことができる。一方、匿名性が低いので広く調査協力者を集めることが難しい場合がある。また、時間や人件費（面接者）が他の調査法に比べて必要になる。
（2）　留置（とめおき）調査
　調査票を渡し、一定の期間で回答してもらい、その後回収する方法である。回答者は自分で時間を決めて回答することができる、面接者と対面で回答しなくてよいなど、調査への負担感を減らすことができる。
（3）　電話調査
　電話をかけ、本人であることを確認し、質問を行ない、記録する方法である。面接の依頼や調査票の配布などを行なわないため、短時間で実行することがで

きることが特徴である。政治・社会問題など、なるべく早く回答者の意見を集めることが求められるような場合に有効である。ただし、長時間にわたる調査は困難なため、調査内容を吟味し、絞り込むことが求められる。

（4）　郵送調査

調査票の配布・回収を郵送で実施する方法である。時間や人件費をあまりかけずに、多くのデータを集めることができる方法である。また、匿名性を高めることができ、比較的回答者の負担感を減らすことができる。一方、回答漏れや、記入ミス、調査内容の理解が不十分な状態での回答の恐れがある。

（5）　集合調査

一箇所に集合してもらい、調査員の指示に従い、一斉に調査票に回答してもらう方法である。指示内容を統一することができ、回答者の質問にも適切に対応することができる。また、時間や人件費をあまりかけずに多くのデータを集めることができる。ただし、回答者は調査を実施する場所に集まれる人に限られるので、集まったデータに何らかの偏りが含まれる可能性がある。

3　調査を実施するさいの留意点

（1）　調査法を選ぶ必然性があるかどうか

短時間で多くのデータを集めることができる点は、調査法の魅力の1つである。しかし、他に適切な研究法があるかどうかを考えることを忘れてはならない。調査法は回答者に報告してもらうため、回答者の主観が入る可能性を含んでいる。とりあえず調査を実施してみるということのないようにしたい。

（2）　質問の量は多すぎないか

調査では、たくさんの質問を一度にすることが可能である。しかし、質問が多ければ、それだけ回答者への負担が増え、正確なデータを集められない可能性も高まる。研究の目的を踏まえ、最小限に質問を整理することが大切である。

【課題】

調査法に適した研究テーマを考えてみよう。そして、どの調査法を用いるのがよいかを考えてみよう。

第7節=観察法の特徴
日常的な行動の中に心を知る手掛かりがある

1 観察は目的をもって行なう

　観察とは、ある特定の対象を何らかの目的をもって見る行為である（松浦, 2008）。私たちは意識せずに、目や耳からたくさんの情報を得ているが、とくに印象深い出来事や個人的に興味のあること以外は、よほど注意していないと気付かずに過ごしてしまいがちである。見る対象を明確にして、その対象について詳細な情報を集めることで、普段は気付かない行動の特徴や法則性を解明するためには、日常的に見ることと、観察することを意識して区別することが大切である。

　心理学では、観察法を用いて人間や動物の行動を観察、記録、分析し、行動の特徴や行動の法則性を解明していく（中澤, 1997）。

2 自然観察法、実験的観察法

　目的とする行動を意図的に発生させるかどうかで、自然観察法と実験的観察法に分けることができる。

　自然観察法は、自然な状況で発生する行動を観察する方法である。例えば、子どもの遊びについて観察を行なう場合、遊びを誘導するなどの不自然なはたらきかけを行なわずに、発生するのを待って観察する。その結果、比較的いつもと変わらない姿を観察することができる。

　実験的観察法は、目的となる行動が発生する状況を観察者が用意し、そのなかで発生した行動を観察する方法である。出現頻度が低い行動を観察する場合は、自然観察法ではデータを集めるために多くの時間が必要となる。また、自然に発生した行動にはさまざまな変数がかかわるため、説明が難しくなる場合がある。それに対して、実験的観察法は行動が発生する状況を観察者が整えることで、変数をある程度コントロールし、限られた時間でまとまったデータを得ることができる。

3　参与観察法

　参与観察法は、集団の一員になって観察する方法である。例えば、子どもの遊びについて観察を行なう場合、観察者も一緒に遊びに参加しながら観察を行なう。ヒトは親しい関係の相手に見せる姿と初対面の相手に見せる姿は必ずしも同じではない。また、相手と同じ立場に立って初めて気づくことがある。集団の一員になることで、距離を置いて観察しただけでは見ることができない事象を捉えることが期待される。

表 2-1　自然観察法、実験的観察法、参与観察法の特徴

自然観察法	・日常的に生活している環境の特徴を活かした観察ができる ・操作的に作り出すことができない事象、あるいは倫理的な配慮から作り出してはいけない事象についても、自然な状況で発生した場合、観察の対象となりうる ・自然な状況で観察を行なうため、そこで見られた行動には、さまざまな変数が影響していることを考慮する ・同じ行動を意図的に繰り返し観察することができないため結果の信頼性について慎重に検討することが求められる
実験的観察法	・統制した環境で発生した行動を観察することができる ・特異な環境で見られた行動について、どの程度一般化できるのかということについて検討することが求められる
参与観察法	・集団の理解が深まり、データが豊かになる ・研究者が加わることで、集団が変化する可能性があることも踏まえて、集団との関わり方について検討することが求められる

4　事象見本法、時間見本法、場面見本法

　記録をどのタイミングでつけるかによって、事象見本法、時間見本法、場面見本法に分けることができる。事象見本法は、事象が起きるたびに記録する方法である。ターゲットにしている行動の生起頻度を把握することを目的とする場合などに用いる。

　時間見本法は、あらかじめ設定した時間帯に事象が起きたら記録する方法である。生起頻度よりも時間の流れに伴う行動の変化を把握することを目的とする場合などに用いる。一定の時間で区切り、その区切りごとに生起した行動を

記録するインターバルサンプリング法や、例えば5分に1回というように、一定の時間間隔で観察を行なうポイントサンプリング法がある。

場面見本法は、事象が起きやすい場面をあらかじめ選び、その場面で行動を観察する方法である。見通しをもって場面を選ぶことで、研究に必要な事象を的確に捉えることが期待される。その一方で、場面を選ぶ時点で研究者の意図がデータに反映されるため、選んだ場面から得られたデータがどの程度一般化できるのかを十分に検討する必要がある。

5　記録の方法

記録の方法には、ノートなどに自由記述形式で記録する方法や、あらかじめチェックリストを作成し観察しながら見られた行動をチェックする方法がある。また、見たことをその場ですべて記録することは困難であるため、録音機材や録画機材を併用する場合や、その場での記録はせずに、録音あるいは録画したデータをもとに記録する場合もある。録音や録画を確認することで、観察しているときに聞き漏らしていたことや見落としていたことに気付くことができる。

しかし、複数の子どもが遊んでいる場面で、聞きたい発言が他の音にかき消される場合や、カメラのフレームの外で子どもの行動に影響を与える重要な出来事が起きている場合もあり、機材を用いれば安心というわけではない。研究の目的に合わせて、記録の方法も十分に検討が必要である。

【課題】
　観察法に適した研究テーマを考えてみよう。そして、どの観察法を用いるのがよいかを考えてみよう。

第8節 = 検査法の特徴
検査を用いて心の特徴を捉えよう

1 心理検査法

　ある特定の能力、知識、性格特性などがあるかないか、またあるとすればどの程度かということを知るために、ある一定の場面で一定の作業を行なわせ、その成績や、そのときの行動を一定の基準と比較して記述する方法を心理検査法と呼ぶ。一定の作業には、質問紙に回答する方法や課題を実施する方法などがある。心理検査には、知能検査、発達検査、性格検査などがある。

2 知能検査

　知能検査では、知能指数を測定する。知能指数は、検査の結果示される精神年齢と、実際の年齢である生活年齢をもとに算出する。

　　知能指数（IQ）＝精神年齢÷生活年齢×100

　例えば、検査の結果示された精神年齢が60カ月、実際の年齢である生活年齢が60カ月だった場合には、知能指数は100となる（知能指数を算出する場合には、月齢に換算して計算する）。

　知能検査には、田中ビネー知能検査やウェクスラー知能検査がある。田中ビネー知能検査は、検査によって総合的な精神年齢を測定するものである。測定の対象年齢は2歳から成人までである。

　ウェクスラー知能検査は、言語性IQと動作性IQ、そして全体性IQを測定することができる。対象年齢ごとに分かれており、WAIS（成人用）、WISC（児童用）、WPPSI（幼児用）がある。

3 発達検査

　発達検査は、発達指数を測定する。発達指数は、検査の結果示される発達年齢と、実際の年齢である生活年齢をもとに算出する。

　　発達指数（DQ）＝発達年齢÷生活年齢×100

知能検査と同様に、発達年齢と生活年齢が同じ場合、発達指数が100となる。

発達検査には、遠城寺式乳幼児分析的発達検査法、津守・稲毛式乳幼児精神発達診断法、新版K式発達検査法、MCCベビーテスト、日本版デンバー式発達スクリーニング検査などがある。遠城寺式乳幼児分析的発達検査法と津守・稲毛式乳幼児精神発達診断法は、チェックリストに基づいて、子どもの行動をチェックし、その結果から発達の状態を把握する検査法である。

それに対して、新版K式発達検査法やMCCベビーテストは検査用具を用いて、発達年齢を測定する方法である。日本版デンバー式発達スクリーニング検査も、検査用具を使いながら、スクリーニングテストを行なう。

4 性格検査

性格検査には、質問紙法、投影法、描画法、作業検査法などがある。

質問紙法は、複数の質問に対する回答をもとに性格の特徴を捉える方法である。MMPIやYG検査などがある。

投影法は、人によってさまざまに解釈することができる曖昧な刺激を示し、それに対する反応をもとに分析を行なう検査法である。例えば、ロールシャハテストは、インクを垂らした紙を二つ折にしてできたような左右対象の図柄を提示し、そこに見えるものについて話してもらう。また、TATやCATは、絵を提示し、そこから話をつくってもらう方法である。

描画法は、描いた絵の内容を分析する検査法である。木を描くバウム検査や、家と木と人を描くHTP法などがある。

作業検査法は、実際に作業を実施し、その遂行状況をもとに分析を行なう検査法で、内田クレペリン検査がある。

【課題】

幼児や児童を対象として知能検査や発達検査を実際する場合に、配慮しなければならないことは何だろうか、調べてみよう。

第9節 = 研究を行なう上での倫理
研究協力者に対して研究者が配慮しなければならないこと

1 社会との契約の上に成り立つ研究

　研究を行なうさいに、なぜ研究協力を求めることができるのか。それは、次のような暗黙の契約が私たちの意識の中にあるからではないだろうか。
・心理学は科学的知識を生み、社会に還元する
・知識に基づき、よりよい社会や人間をめざす
・社会は研究が可能になるように支援をする
　たとえ学部の学生が行なう研究であっても、その成果が社会に還元されることを目標に研究を行ない、それをまとめ、報告するという意識が大切である。

2 倫理的な原則

　河原（2010）は、心理学と、その関連分野の倫理規定を概観し、実験実施についての原則を主要な2つにまとめた。1つは、実験で生じうるリスクの回避である。ここでのリスクとは、専門性の低い研究の実施や単なる自己利益の追求、データのねつ造、社会的意義の低い研究の実施、実験後も含めて心身の安全を脅かすような実験手続きなどである。
　もう1つは、人権の尊重と自発的参加である。これが守られない状況では、個人情報が漏れたり、実験参加を強制したりするようなことが起きる。
　以上2つの原則は、実験にかぎらず、研究を実施するさいに考慮しなければならないことである。

3 倫理的な配慮

　実際に研究を行なう場合は、さまざまな点に配慮が必要である。
（1）被験者の保護、リスクの最小化
　研究協力者を心身の苦痛から守り、リスクは最小限にしなければならない。そのため、研究を実施する前に研究協力者に多大な心身の苦痛を与えることが

予想される場合には、研究計画そのものを見直す必要がある。また、研究目的を達成するための方法が複数考えられる場合には、リスクをより抑えられる方法を選択すべきである。

（2）インフォームドコンセント

研究協力者が研究に参加するかどうかを判断するために、必要な情報をあらかじめ説明することをインフォームドコンセントという。あらかじめ説明することで、研究協力者が自発的に研究に参加することを保証することを目的としている。あらかじめ伝える情報としては、研究の目的や研究にかかる時間、研究で得られたデータの扱い方、個人情報の保護の仕方、研究結果の公表の仕方などが挙げられる。

ただし、研究結果に影響するような情報をあらかじめ伝えることは難しい。例えば、研究の目的を詳細に伝えてしまうことで、研究協力者は研究者が期待する反応を想像するかもしれない。そのため、研究に影響のない範囲で情報を伝え、研究協力者から協力を得なければならない場合もある。研究協力者が違和感を感じたときにはいつでもやめられるように、研究への参加が自由意志であることや、いつでも中止できることを明確に伝えておかなければならない。

（3）デブリーフィング

研究終了後に、あらかじめ説明できなかった手続きや研究の背景、仮説をすべて説明し、研究協力者が抱いている疑問や苦痛を解消することをデブリーフィングという。理想は、心身ともに研究に参加する前の状態で研究を終了することである。丁寧に説明をすることは、次回の研究への募集に快く応じてもらうことにもつながる。なお、研究協力者のなかにはデブリーフィングを無駄な時間と感じてしまう場合もあるが、研究内容についての誤解を避けるという意味でもデブリーフィングは大切な時間なので、説明の仕方などにも工夫が必要である。

（4）匿名性と守秘性

研究協力者の匿名性を保証し、研究で得られた情報はすべて守秘しなければならない。研究協力者の情報がまとめられている記録用紙や電子ファイルの扱いに注意するとともに、口頭での意見交換のさいにも配慮が必要である。また、研究の途中で中止を申し出た研究協力者の情報を、速やかに破棄することも忘

れてはならない。

> 【課題】
> 卒業研究で調査を行なうために、ある授業の先生に許可をいただいて授業の受講者を対象とした質問紙調査を依頼することにした。どのようなことに配慮しますか。

〈参考文献〉

河原純一郎・坂上貴之(編)(2010).心理学の実験倫理.勁草書房

松浦 均・西口利文(編)(2008).心理学基礎演習 vol.3 観察法・調査的面接法の進め方.ナカニシヤ出版

中澤 潤・大野木裕明・南 博文(編)(1997).心理学マニュアル/観察法.北大路書房

大野木裕明・渡辺直登(編)(2014).改訂新版 心理学研究法.放送大学教育振興会

高野陽太郎・岡 隆(編)(2004).心理学研究法 心を見つめる科学のまなざし.有斐閣

第3章
生理心理学

第1節=生理心理学の概要

　心理学を学ぶ学生は、脳や身体に目を向けないことが多いかもしれない。しかし、脳のはたらきによって思考が支えられ、感情が駆動されるのである。もちろん、感情が抑制されるのも脳内機能ゆえである。
　さて、身体が弱まると気持ちも沈みがちになる。生理心理学は、心理と生理の関係を調べるが、裾野は非常に広い。生理は脳であり、手足であり、身体であり、内臓であり、汗を含んでいる。
　今世紀の心理学は「心理と生理」に、さらに目を向けていくだろう。ロボット技術がさらに発展しようとするときに、心理と脳内過程の関係はますます探求されなければならない。
　この章の節構成は以下の通りである。
　第2節は、生理心理学の源流でもある「実験心理学の誕生」について触れる。19世紀に科学的心理学が起こり、当時は感覚と心理の関係から研究に入っている。感覚は体験的に扱いやすい事象だからである。重さの感覚は、身近なテーマである。一方、感覚情報なくしては生命は維持されない。生理心理学の役割は大きい。
　第3節は「生理心理学の世界」を紹介している。身近の興味深い実験を取り上げている。まず生理心理学の実験的枠組みを提示し、その枠で、身近なテーマを取り上げている。入試前の心境は人それぞれであるが、入試はストレッサーである。生理的指標を長期にわたって採取する方も大変であるが、当事者はさらに大変であろう。貴重なデータである。
　スライドを見せられて瞳孔反応（虹彩の直径）を調べる実験は意外性がある。隠しておきたい気分を開示させられてしまう感覚になりかねない。
　胎児は外界の音に反応する。胎内環境で学習しある判断をしている。
　最後に、ミルクを飲む乳児が飲みを止め、じっと母親の目を見る行動である。蛇足だが、乳首が男性のようであったら、乳児が母親を見るとき、首をずっと後ろに反らすことになり、乳児は首を痛めてしまいそうである。豊かな乳房に

なった経緯に、このような進化の事情もありそうである。

　第4節は、「脳と言葉」を取り上げる。神経心理学、ないしは認知神経心理学の領域である。高齢者が増え、認知症、脳血管障害、糖尿病等と、それに伴う生理心理的問題が前面に出てくる。

　第5節は、「生体リズムと睡眠」を取り上げる。体内時計は1日のスタートを切るためにある。生体リズムを無視することは、体内時計を無視することである。ある睡眠研究者は、不登校の生徒が夜更かし・昼夜逆転といった生活リズムを普通に戻せば必ず治ると言っている。カウンセラーにも生理心理的知識が必要になろう。

　第6節は、「ストレスについて」と題して、ストレス学説のセリエの基本的な立場を紹介し、現在の心理的ストレス論に代わっていく推移を紹介する。ストレスという言葉は、安易に使われるほど市民権を得て、手軽に使われる。うまくいかない本当の自分に出会うきっかけになればよいと思う。自分の内面の足かせを見つめ直してみよう。

　第7節は、「笑いの精神生理」である。笑いは昔から「よいもの」とされている。幸運が舞い込むとされる。1990年前後から、笑いと疾患についての研究が盛んになった。落語鑑賞が免疫系の活性度を増すという報告が相次いでいる。結局、このことは前節のストレスの問題ともかかわる。未来に希望がもてなく暗い毎日ではやるせない。「笑い」を身にまとう感じになればと思う。

　第8節は、「運動感覚と運動協調性」を取り上げる。私たちの行動・動作は、無意識的で常識的な予測で行なわれている。それに気づくのは意外に難しい。紹介していることを試してみるとよい。身体は物的でなく、心理的である。心理が身体に組み込まれ、身体の中で心理が動いているといったイメージである。身体に組み込まれた心を覗く機会でもあろう。

　第9章は、「行動の生理的基礎」としたが、脳神経の話はあまり興味がもてないかもしれない。書く側の力量も問題になるが、脳で何が起こっているのだろうか。脳のような小さなものが世界を動かしている。人も動かしている。脳という小さな世界が、身体を動かせるのはどうしてなのか。その基盤としての知識を羅列したが、構造的な名前のみでは興味がもてないかも知れない。

第2節=実験心理学の誕生
生理心理学の源流でもある実験心理学

1 実験心理学の誕生──実証的な心理学の萌芽

哲学領域にあった心理学は、19世紀に入り、哲学的心理学と実験的心理学の大きな2つの流れに分かれた。当時の生理学や物理学の科学的方法を心理学に適用する実証の時代に入ったのである。代表としてヴント（Wundt, W. M.）とフェヒナー（Fechner, G. T.）を取り上げる。表3-1から、当時の心理学と隣接領域の動向を見ることができる。

2 ヴントの生理学的心理学

1979年、ヴントにより、ライプチッヒ大学に心理学実験室が開設され、実験心理学が誕生した。誕生の背景には、ヴントの「自然科学の立場からの心理学」の講義（1862）、同年完成の著作『感覚知覚論』、『人間と動物の心についての講義』（1863）、『生理学的心理学綱要』（1873-74）などがあり、科学的方法が盛んな時代精神と相まって実験心理学が構想されていった。

ヴントの目的は、統制された刺激環境下で、経験される意識内容の統合過程を内省（内観）によって明らかにすることである。つまり、訓練された被験者の内観を通して、所与の感覚を統合する過程（統覚）を解明する直接経験の科学の確立にあった。感覚、知覚、反応時間を実験材料に用いた感覚生理学的過程の実験であったことから生理学的心理学と呼ばれた。

3 フェヒナーの精神物理学

物理学者ウェーバー（Weber, G. T.）は、重さとそれらの弁別に関する感覚判断には一定の比例関係があることを提示した（1834〜, $\Delta S/S = k$（k：定数））。フェヒナーは、ウェーバーの考えを発展させ定式化し（1860、ウェーバー＝フェヒナーの法則、$R = k \log S$（k 定数、R 感覚、S 刺激強度S））、精神物理学的方法を基礎づけ後世の心理学研究法の1つを打ち立てた。エビングハウス

(Ebbinghaus, S. H.) は、精神物理学的手法を用いて記憶の保持率についての優れた実証的研究を行なった (1885年)。

表 3-1 実験心理学の成立と隣接領域

年	名前	国	専門分野	関連領域の業績メモ	現代の関連領域・発展領域
1826	ミュラー	独	医師、生理学、解剖学	感覚は与えられた刺激の種類ではなくどの感覚受容器が興奮したかで決まる特殊神経エネルギー説主張。／ヴントは医師資格取得後、ミュラーの生理学研究室に入る。	神経科学／感覚心理学
1834〜	ウェーバー	独	生理学・解剖学	刺激強度（重さ）と感覚判断の間に一定の比例的関係があることを発見。	精神物理学
1860	フェヒナー	独	物理学、哲学	刺激量と感覚量の関係に関するウェーバーの法則を定式化（ウェーバ・フェヒナーの法則）／精神物理学の提唱／『精神物理学綱要』	精神物理学／知覚心理学
1861	ブローカ	仏	内科・外科・解剖学・人類学	言葉の発現に左大脳半球前頭葉の下前頭回下部領域が関係（運動性言語中枢）／運動性失語	神経心理学／ミラーニューロン
1862	ヴント	独	生理学、心理学	『感覚知覚論』／実験心理学の必要性説く	ハイデルベルグ大学（〜1874）
1862	ヴント	独	生理学、心理学	医学部で「自然科学の立場からの心理学」（講義）。後に「生理学的心理学」と改題（1967〜）して講義。	
1863	ヴント	独	生理学、心理学	『人間と動物の心についての講義』	
1866	ヘルムホルツ	独	物理学・生理学	3原色説の発展（ヤング＝ヘルムホルツ説）	知覚心理学

年	名前	国	専門分野	関連領域の業績メモ	現代の関連領域・発展領域
1870	フリッチュとヒッチヒ	独	生理学	犬の大脳皮質に電気刺激を与え、皮質部位と運動感覚部位の対応を示す	大脳皮質の働き（構造と機能）
1873-74	ヴント	独	生理学、心理学	『生理学的心理学綱要』／その後改訂	1875年チューリッヒ大学哲学教授、翌年ライプチッヒ大学哲学教授
1874	ウェルニッケ	独	外科、神経学	頭頂葉と接する側頭葉の上側頭回後部は話す言葉を理解する中枢（感覚性言語中枢）／感覚性失語	脳の構造と機能／神経心理学
1878	ホール	米	心理学	アメリカ初の心理学の博士号／心理学実験室の整備・研究プログラムの開発／『アメリカ心理学雑誌』発刊に尽力／アメリカ心理学会設立・初代会長（1892）	アメリカの心理学普及に多大な影響／アメリカ心理学会創設
1879	ヴント	独	生理学、心理学	ライプチヒ大学に世界初の心理学実験室開設／統制された刺激の直接経験を内省する自己観察的な実験心理学／この方法は当時の感覚生理学と密接に関係し「生理学的心理学」と呼ばれた	心理学を経験科学とする方法論的なもの
1881	ヴント	独		心理学の専門誌『哲学研究』を創刊／後に『心理学研究』（1905）と改称	心理学関連の専門雑誌
1884	ゴルトン	英	優生学	世界健康博覧会会場に人間測定実験室を作り、来場者の身体や感覚の計測／相関係数	個人差研究／優生学

年	名前	国	専門分野	関連領域の業績メモ	現代の関連領域・発展領域
1885	リボー	仏	心理学	パリ大学で実験心理学を講義／『現代イギリス心理学』(1870)、『現代ドイツ心理学』(1879)	科学的心理学の流布
1885	エビングハウス	独	心理学	フェヒナーの精神物理学的方法をモデル／記憶しているものの忘却度の実証実験（保持曲線）／『記憶について』	記憶・学習心理学・教育心理学
1886	ベルリン大学	独		心理学実験室開設	科学的心理学の拡大
1887	ミュラー	独	心理学	ゲッチンゲン大学に世界で2番目の心理学実験室開設	科学的心理学
1888	元良勇次郎	日本	心理学	帝国大学文科大学（後の東京大学）で「精神物理学」を講義	
1888	フェレ	仏		通電法による皮膚電気活動を記録	虚偽試験で用いられる指標の一つ
1890	タルハノフ	露		電位法による皮膚電気活動を記録	皮膚電位水準は意識水準と対応する考え方が出る
1890	ジェームズ	米	哲学、心理学	『心理学原理』	アメリカ心理学界への影響
1896	ヴント	独	生理学、心理学	実験心理学施設：大小の実験室10室、図書室、工作室、準備室、大小講義室を備えた規模／『心理学概論』（ただちに英訳される）	
1898	ソーンダイク	米	心理学	動物の比較研究から『動物の知能』著す／ネコの問題箱の実験	比較心理学／学習心理学／教育法

第3節 = 生理心理学の世界

認知と生理、認知と行動の関係を知る

1 生理心理学はどのような領域か

生理心理学は、認知系と生理系および認知系と行動系の関係を研究する（図3-1）。

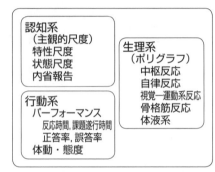

図3-1　生理心理学的研究における3種の反応系
（藤澤他，1988）

2 認知系と生理系の関係例

（1）　試験と分泌型免疫グロブリンAの一例実験（図3-2）

試験ストレッサーと分泌型免疫グロブリンA（s-IgA／粘膜免疫防御系）の関係を大学院受験学部生で実験観察を行なった（山田ら，1995）。毎日午後2～3時の安静下5分間に唾液を採取し、試験前1カ月間のs-IgA値の平均を基準値として他と比較した。試験直前のs-IgA量は低下、試験当日は急激に上昇、試験直後はピーク値、試験10日後はベースラインに戻った。現象の説明は難しいが、試験ストレッサー（心理）とs-IgA（生理）の関係を示している。

（2）　視覚刺激と瞳孔反応（図3-3）

ヘス（Hess, G. H.）は、スライド刺激（知覚）と瞳孔反応（生理）に男女差があることを示した。瞳孔の縮小散大は目への光量自動調節機能の自律神経反射

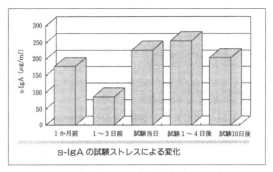

図 3-2　試験ストレスと分泌型免疫グロブリン A
（山田他，1995）

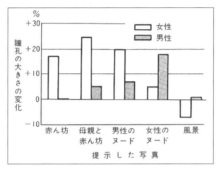

図 3-3　スライド刺激と瞳孔の大きさ
（ヘス，1965）

である。しかし、興味や好ましさにより瞳孔散大が引き起こされる。心理要因に無関係なはずの自律神経系活動は、実は感情・情動認知に影響されるのである。情動・ストレス時の自律神経系反応は重要な身体反応である。

3　認知系と行動系の関係例

（1）胎児は外界音に反応する（図3-4）

胎児は上手な落語家の噺に活発な胎動を示す。胎動は、落語家の言葉の間合い、リズム、強弱などの質により誘発される。母体内は、母親の言葉・身体振動・血流音・母体のストレス反応等が常時繰り返され、母子間関係を築く複雑な生体環境要因といえる。

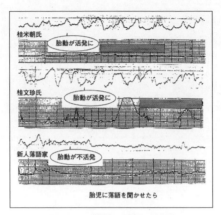

図 3-4　落語と胎児の胎動

（2）　授乳と母親注視（写真1）

授乳時に母乳を飲むのを止め（行動）、母親の顔を注視する（心理）のは乳児が、人間特有の行動である。授乳時の身体接触や母親注視は、乳幼児心理学で扱われる母子間愛着行動の相互形成に重要である。

写真1　授乳時の注視行動
（NHK, 1986）

【課題】
「心理と生理」「心理と行動」の枠で、周囲にどんな例があるだろうか。

第4節 = 脳と言葉
言葉の機能は脳部位の局在性ネットワークから成る

1 言葉の理解と発話中枢の発見

19世紀に入り、脳のはたらきは局在論的か全体論的かの論争が起こる。

医師ガル（Gall, F. J.）は、骨相学の創始者で脳機能局在論者である。脳は、はたらきの異なる27カ所で営まれ、より多く使われる箇所の脳髄は隆起し骨相に表われるとした。それに対しフローレンス（Florence）は、動物の脳のある箇所を切除しても行動に変化が観察されなかったことから局在論に異を唱え全体論を主張した。

大脳半球表面は前頭葉、側頭葉、頭頂葉、後頭葉の4領域に分けられ、ブローカ（Broca, P.）は、言葉の発現には左大脳半球前頭葉の下前頭回下部領域（運動性言語中枢）が関係することを報告した（1861年）。1874年、ウェルニッケ（Wernicke）は、頭頂葉と接する側頭葉の上側頭回後部に話し言葉を理解する中枢を示した（感覚性言語中枢。図3-5）。

ブロードマン（Brodman）は、大脳新皮質を細胞構築学的違いから52の領域に分け（ブロードマンの脳地図。図3-6）、脳の役割局在性を示した。

2 ブローカ失語（運動性失語）とウェルニッケ失語（感覚性失語）

ブローカ失語は、言語表出の障害で発話が断片的で文法構成も崩れ、あいまいで、ぎこちなく、語形も変化する。発話例を挙げておく。
［発話例］あのねえ　けさの新聞で見た　やつ　あの一番の課税　対象になったろう　あのー 33億円　ねえ？　ナガセ　トク　トクト……。（笹沼, 1994）

ウェルニッケ失語では、話し言葉の理解が困難になり、発話は一見流暢で言葉のサラダのようでその実、意味は不明である。
［発話例］えーと　それから　あのー　なん　なんでしょう　あのー　とあ　それで　なんかはぞ　あの　は　えーと……。（笹沼, 1994）

言語中枢の位置は、大方大脳左半球にある。ウェルニッケーゲシュビントモ

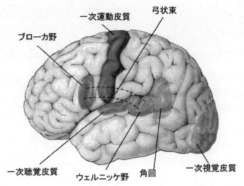

図3-5　言葉の理解と発言（ゲシュビントの7要素）
（ピネル，2005）

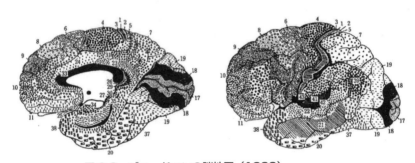

図3-6　ブロードマンの脳地図（1909）
注）　若い番号ほど細胞構築度が速いことを示す。

デルは、言語の皮質局在モデルであるが、言葉の理解・発話に必要な7カ所を挙げている（図3-5）。

図3-7は、耳で聞いた質問に答えることと音読のときの、領域の相互関係を示している。聞く（一次聴覚皮質）、見る（一次視覚皮質）、話す（一次運動皮質）、そして人が言葉を交わすときの脳内過程（一次中枢と各言語中枢－弓状束－角回）の相互関係が示されている。

現在、測定技術の進歩でfMRIなどを用いたペア画像減算法により、言語処理過程にかかわる特定部位の神経活動を描き出して研究が進められている。

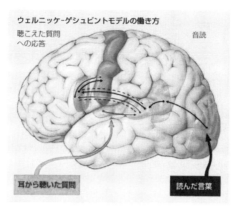

図 3-7 ウェルニッケ-ゲシュビントモデル
（ピネル，2005）

【課題】
　言語中枢は、ブロードマンの脳地図ではどの位置（番号）にあるのだろうか。

第5節 = 生体リズムと睡眠
体内時計、睡眠、生活習慣は密接に関係している

1　日常生活における生体のリズム

　ここでは日常生活を彩る生体リズムに触れる。
　いくつかの例を挙げる。睡眠は体内時計によるものである（ハルバーグ, 1972；大塚, 2015）。駅までは一定の繰り返し歩行運動である。昼になるとお腹がすいてくる。脈を計ると75拍／1分だった。これら繰り返すリズム現象の源は、視交叉上核の体内時計にあるとされる。脈拍と睡眠－覚醒リズムとには時間レベルで大きな違いがあるものの、脳内と細胞内にある体内時計による繰り返しリズム現象である。
　生体にはこのようなリズム現象が観察され、おたがい干渉しすぎることなく調和状態で機能している。逆に、その調和を乱す生活習慣は、非常に興味深い。身近すぎてその重大性に気づかない就寝－起床時間の後退シフトや、その時刻が不規則で変動が大きい場合、心身に大きな影響を与えることが明らかになっている（大塚, 2015）。また服薬の時間が異なると、薬理効果に大きな差が大きく出てくることもわかっている。
　生体は、脳内にある体内時計（親時計）と細胞内にある体内時計（子時計）の発現・協調によって営まれている。親時計は、朝の光に反応してリセットされて時を刻み始める。子時計は、朝食が大きな引き金となって親時計と同調してくるとされる。生物的・心理的・社会的存在の人の生活習慣は生体時計と密接に関係している。

2　睡眠と覚醒のリズム

　睡眠－覚醒は、1日を単位に繰り返される現象から、概日リズム（サーカディアン・リズム）の1つである。日本人の概日リズムは約24時間10分である（三島・川端, 2014）。
　人工的明かりを使わない遠い昔、生活は地球の自転による明暗に依存するも

のであったろう。地球上の長い歴史で、自然のリズムが体内に取り込まれて体内時計になったといわれる。自然に影響される生活スタイルと、現代の生活スタイルとは時間の使い方が大きく異なり、現代生活にさまざまな問題を引き起こしている（大塚, 2015）。

　睡眠研究には、脳波、筋電図、眼球運動の記録が必要である（図3-8）。睡眠は、ノン・レム睡眠（N-REM／Non-Rapid Eye Movement）とレム睡眠（REM／Rapid Eye Movement：急速眼球運動）で構成され、N-REM睡眠を初発としてREM睡眠と交互に数回出現する。N-REM睡眠は、睡眠が深くなるにつれ大きな波の脳波の割合が増え（徐波化）、その程度を基準に睡眠深度が判定される。REM睡眠は、夢を見る睡眠相で、眼球は左右上下に早く動き、同時に抗重力筋は低下し、意識レベルは低くない状態（浅い脳波レベル）と合わせ3つの特徴で判定される。

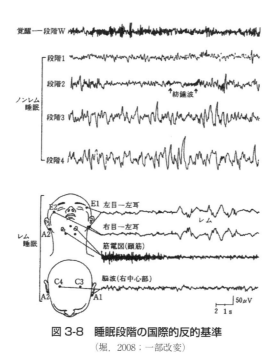

図 3-8　睡眠段階の国際的反的基準
（堀, 2008；一部改変）

強いストレス環境下などに置かれていると、寝入りばなに REM 睡眠様状態が出現することがある。抗重力筋が低下して体が動かず、夢見体験的な情動状態になるため、いわば金縛り体験をすることがある。体内時計をベースに生活習慣と睡眠の関係を見ると、時差ボケ、不登校、朝起きられない、朝の不機嫌、生活習慣病との関係で睡眠時無呼吸症候群といった心身状態に睡眠習慣を含む生活習慣の重要性が指摘される（大塚，2015）。

　睡眠と意識状態の連想から、坐禅時の脳波について触れておく。脳波による意識水準の研究から、1960 年代に坐禅の脳波研究が行なわれた（笠松・平井，1966）。アルファ波は、閉眼時に観察されるが、半眼の坐禅中にも振幅の大きなアルファ波が見られ、坐禅瞑想の特徴とされた。瞑想がつづくとさらに大きなアルファ波が出現し、周波数は減ってシータ波に近くなる（図3-9）。

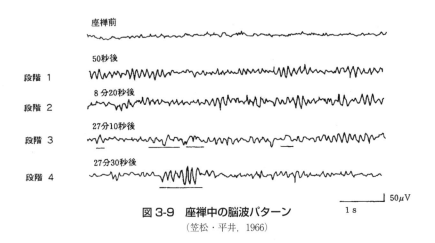

図 3-9　坐禅中の脳波パターン
（笠松・平井，1966）

　坐禅時の脳波は、外界音に対し、α－ブロッキング（α波が一時的に消える現象）が起こらず、ヨーガ時はα－ブロッキングが起ることが報告されている。瞑想の一種とされる坐禅とヨーガとでは意識の在り方が異なると推定される。一般の人では、閉眼時のα波は、外界音に対し、α－ブロッキングが起こる。

【課題】
　生活習慣と体内時計（親時計と子時計）の関係を調べてみよう。

第6節 ストレスについて
セリエの生体ストレスから心理的ストレスへ

1　セリエのストレス実験と汎適応症候群

「外力(ストレス/原因)とひずみ(結果)」という物理的ストレス概念を、「外界の有害刺激(ストレッサー/原因)に対する生体の非特異的反応(ストレス反応/結果)」とする生体にストレス概念を適用したのはセリエ(Selye, H. 1907-1982)である。セリエの記念碑的論文(1936)には、以下のことが記述されている。ラットは、低温環境、外傷、過度の強制運動、アドレナリン他の致死量に近い量を注入するなど、有害刺激が急性に与えられると、特徴的な非特異的生体反応を示した(汎適応症候群)。汎適応症候群の時間経過には3期あり(第1期の警告反応期、第2期の抵抗期、第3期の疲はい期)、共通的な生理的反応経過を示し、有害刺激と非特異的な汎適応症候群の枠組みがある。

林(2005)は、「セリエのその後の膨大な研究の主題は、個々の反応ではなく有害刺激に対する生体の一般的な適応努力(汎適応症候群)で、個々の有害刺激の性状により変化する個別反応(局所適応症候群)ではなかった」と総括している。しかし、セリエのストレス概念は、従来の心理臨床の理解にも使われ、心理的・社会的ストレス研究の道を拓く大きな契機になった。

2　心理的・社会的ストレスは広範に取り上げられていた

精神分析医のフロイト(Freud, A. 1856-1939)は、家族や配偶者の死のような対象喪失時のストレス問題を取り上げている(「悲哀とメランコリー」)。

ハンガリー出身の医師アレキサンダー(Alexander, 1891-1964)は、渡米して十二指腸潰瘍、神経性皮膚炎などの患者に精神分析的治療を行なった。中心の研究領域は心身相関で、臨床経験をもとにアメリカの心身医学の誕生と発展に多大な貢献をした(福西, 2005)。

ウォルフ(Wolff, 1898-1962)は、生理学者のキャノンやパブロフに学び、コーネル大学の神経学の教授になって広範な臨床的・実験的・疫学的研究を行な

った。心身医学の指導者として、主宰する「人間生態学研究プログラム」で社会的ストレスと疾病について広範に研究を行なった（中川，2005）。

3　心理的・社会的ストレス研究

ブレディ（Bredig）ら（1958）は、同じ強度と量の有害刺激をサルに与えても、死に至るサルとそうでないサルがいることを報告している。このことから、ストレス研究に個人差を導入する要因になったといえる。

ホームズ（Holmes）ら（1967）は、マイヤー（Meyer）の「生活カルテ」（生活歴や病気の過程等を記述）やウルフ（Woolf）の「ストレスフルな生活事象の役割（病気の原因を担う）」の考え方と方法に影響を受けた。5,000人以上の患者の生活記録と病気発症と関係から「社会的再適応尺度」を作成した。尺度は「個人のライフスタイル」と「個人の生活事象」の2軸に配当された43項目で構成され、項目には「結婚」を50として0～100の範囲のストレス値を配している。「配偶者の死」は100でもっとも高く、「離婚73」「配偶者との離別65」……とつづき、ストレス値の低いほうからは「軽微な法律違反行為11」「クリスマス12」「休暇13」……となっている。対処可能性や健康を害する可能性などを評価するライフイベント法である。

ラザラス（Lazarus）ら（1991）は、日常の苛立ちごと尺度を開発し、「ストレッサーは変化ではなく一定パターンの生活で継続的かつ慢性的に繰り返される生活些事への"感じ方"」としている（夏目・花谷，2005）。ラザラスの心理的ストレス論は、1次的認知評価と2次的認知評価とから成る。1次的認知は「無関係」「無害－肯定的」「ストレスフル」が区別され、認知評価は個人の価値意識、目的、信念などで「危ういかどうか」「脅かされているかどうか」が決められる（小杉，2002）。2次的認知はストレスフル（「害－損失」「脅威」「挑戦」）であるときに、コントロール可能かコーピングの選択が可能かを評価するものである。

【課題】
　　自分が避けて通ろうとする心の在りかを探ってみよう。

第7節＝笑いの精神生理
　　　笑いは心身の薬である

1　笑いと測定

　新生児には、生後2カ月頃まで新生児微笑が見られる。寝ているときに起こるが、対象のはっきりしないニヤッとした微笑は、本能的で生理的微笑と呼ばれる。通常、笑いは顔の左右対称に見られるが、乳児の生理的微笑は左右非対称であり、大頬骨筋（笑いをつくる表情筋）をピクピクッと痙攣させるように動かすことがある。そのうち、左右対称の表情になってくる（角辻, 1996）。生後2～4カ月頃になると表情は発達分化して、対人関係や嬉しいことで意識的な笑顔が出てくるようになる（社会的微笑）。

　笑顔には、生理的要因、感覚的要因、情動的要因、認知的要因、社会的要因が関与している。参考までに、精神科医の角辻による"表情と感情の立体モデル"を載せた（図3-10）。「緊張－弛緩、快－不快、接近－逃避」の直行3軸に感情、交感系と副交感系の自律神経系優位エリア、および種々の笑いを位置づけている（図3-10の①～⑦）。

　感情・情動状態の評価には、自律神経系活動（呼吸、脈波、その他）の測定や表情筋の筋電図測定が行われる。図3-11に表情筋の種類と布置を示す。

　泣く、笑う、驚く、怒る、恐れるといった情動は、表情筋群の筋緊張布置により区別されるが、笑いの表情筋は眼輪筋と大頬骨筋の筋電図として現われる（志水他, 1994：角辻, 1996）。また、笑いのときのサルとヒトの呼吸は、前者が単調なリズムであるのに対し、ヒトは大きく振れる呼吸になる（角辻, 2006）。

2　笑いの心身に与える効果

　筑波大名誉教授村上和雄は、2型糖尿病患者21名に対し、講義受講後と漫才鑑賞後の血糖値変化を比較検討している（図3-12）。

　笑いの効果研究は、落語や漫才鑑賞を通して、NK細胞活性、唾液中クロモグラニンAなどの免疫系やストレス関連指標を用いた研究が多い。

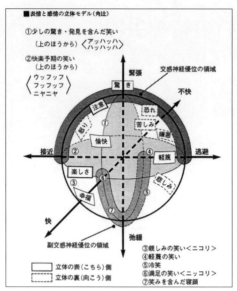

図3-10 表情と感情の立体モデル
(角辻, 1996)

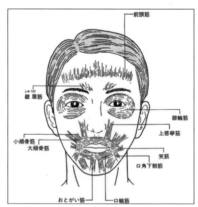

図3-11 表情筋とその場所
(角辻, 1996)

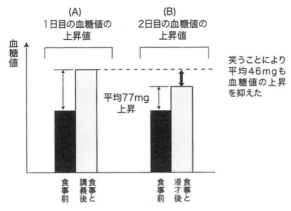

図3-12　2型糖尿病患者の血糖値変化：
　　　　講義受講後と漫才鑑賞後の違い

(村上，2003)

注）　被験者：中高年の2型糖尿病患者21名。実験デザイン：繰り返し実験。第1日目は、食前空腹時血糖値測定（A）、昼食＋40分の講義（糖尿病について）、血糖値測定（食後2時間後）（B）。第2日目は、食前空腹時血糖値測定（C）、昼食＋40分の漫才鑑賞、血糖値測定（食後2時間後）（D）。結果：第1日目は（B）－（A）が123mg/dl、2日目は（D）－（C）が77mg/dl。すなわち、両日の血糖値の上昇差は、1日目の講義受講時の血糖値上昇に対し、2日目の漫才鑑賞時の食後血糖値が46mg/dl低かった。2型糖尿病患者の笑い体験は、血糖値の上昇を抑える効果があった。

【課題】
　朝、家を出るとき、意識的に笑顔をつくって出かけてみよう。

第8節 = 運動感覚と運動協調性
身体動作の臨床性

　ここでは、運動感覚と運動協調性に焦点をあてる。瞑想や身体そのものへのアクセスとして運動感覚に注目し、運動協調性を高めることの可能性について述べる。

1　基本的動作

　われわれの日常は、基本動作の運動協調で行なわれている（長崎, 2004）。基本動作は、坐る、歩く、飲む、手を挙げる、蹴る、食べる、持つ、洗顔する、拭く、字を書く、横になる、読むといったものである。

　意識せずに身体を動かせるありがた味は身体に障害を受けて初めてわかる。脳梗塞で右片麻痺が残っている場合を考えてみる。右麻痺側で箸が使えないので慣れない左手で箸を使う。坐るのも慎重にしないと転びそうになる。身体を自由に動かせなくなって初めて不自由な身体を意識する。姿勢保持も意識しなくてはならなくなる。写真2は左にバッグをかけて歩くが、本人にはこの姿勢がもっとも安定している。しかし、身体をかなり歪めてバランスをとっているように見える。

写真2　肩掛け姿勢

2 身体に埋め込まれた社会的動作は「無意識に意識している」

写真3は、2人組で、肩・腕の力を抜いた相方の肘上を軽く手前に引いてみる（右の人）。すると、多くの人は、引いてくれるのに合わせて無意識に腕を上げてしまう（左の人）。無意識に行なってしまう挙げ動作は、学習された無意識の社会的関係性動作を現わす。

同様の例で、寝ている人を起こしてあげるとき、意外にうまく起こせ、重さをあまり感じない。腕挙げ動作の相方と同様、起き上がされる人は意識せずに自分でも起き上がろうとしているからである。今度は寝ている人が、顎を突き出す姿勢をとると、相方はその人を相方は起こせなくなる。これは、向き合う対人関係的で共働的な身体を意識的に無視した結果である。

われわれの身体には、学習され無意識的になった対人関係様式や文化コードが埋め込まれているとすると、身体の扱い方は大きく広がる。

写真3　2人組で腕の持ち上げワーク

3 動作や動きに随伴する動作感覚に目を向ける

姿勢や動きは、基本的には固有受容器を通して反射的に制御され発達の過程で統合された行動反応系を形成している。姿勢保持、対人距離、避ける・よけるといった動作も、自動的に無意識に処理されている。

立位姿勢で足裏の接地感覚に注目すると足底の感覚が明瞭になる。同様に頭

から足先まで意識的にボディスキャンしてみる、身体の硬くなっている場所を探す、静かに歩くといった、いままで無意識的だったことに目を向けてみると身体はどうなるか。

日本の伝統的考えに、「調身・調息・調心」がある。競技前に上がっている自分を鎮めるために、ゆっくりした深い深呼吸を何分か行なうと心が落ち着く。この戦略を使う競技者は多い。息も意識しながらゆっくり行なうことは、ゆっくりした深い呼吸そのもののフィードバック効果があるかもしれない。そのとき、姿勢も自然なものになっている。つまり、ゆっくり動かす、ゆっくりの深呼吸、それれらは調心そのものにつながる。生理心理学の新しい展開となろう。

ある種の動作法の臨床から、例えば仰向けで顔の左右向き動作を5分程ゆっくり行なうと身体の体軸の柔軟性が増すことが確認されている（石井，2014）。運動感覚に意識を置いてゆっくり動かすことにより、それまでの運動協調性を再組織化する可能性を示す。

写真4　学会ワークショップ
注）座位でのワークから立位でのワークに（ヨーガセション）

【課題】
　肩こりがひどいとき、仰向けに寝転んで顔を左右に振り子状にゆっくり動かす（5分）。肩こりの程度が変わるかチェックしてみよう。

第9節 = 行動の生理的基礎
行動の基盤としての脳

　脳神経系は、全体がネットワーク化して機能する。個別箇所と全体を見る視点から理解するようにする。
　（1）　脳の形成
　発生初期に胚の背側部に神経板が形成されて神経管になり、中枢神経系の原基になる。中枢神経系は、頭足軸の前部から前脳、中脳、後脳に分化し、前脳は終脳（大脳）と間脳に、中脳はそのまま、後脳は橋・小脳・延髄となり、延髄下端に脊髄が連なる。
　（2）　終　脳（図3-5、3-6、3-7を参照）
　終脳は、大脳皮質、大脳辺縁系、大脳基底核、大脳交連で構成され、中心構や外側構などで前頭葉、側頭葉、頭頂葉、後頭葉の4葉がある。中心構を挟んで前方に運動系（出力系）機能、後方には感覚系（入力系）機能が配置されている（原則）。辺縁系は大脳新皮質に押しやられ、間脳を取り囲むかたちに位置する。自律神経中枢である視床下部と関連が深い。性行動、情動行動、記憶、認知、対人関係等の機能を担う。大脳基底核は、大脳皮質と視床・脳幹を中継し、運動調節、感情調整、動機付け、記憶機能、学習行動の維持に関連する。
　（3）　間　脳
　視床、視床下部、下垂体等で構成される。自律神経中枢の視床下部は内分泌系でも重要である。視床は、感覚情報など下位中枢と上位中枢を繋ぐ重要なはたらきをもつ。
　（4）　中　脳
　中脳視蓋の視覚 – 反射機能、網様体や黒質・赤核など運動をスムーズにするはたらき、種々の運動反射系に関係する。
　（5）　橋、延髄、小脳、脊髄
　顔の筋肉・眼球運動・味覚等に関連する橋、嘔吐・呼吸・嚥下などの運動、ないしは反射系活動の延髄、運動系や認知に関連する小脳、末梢神経系の情報の出入をコントロールする脊髄などがある。

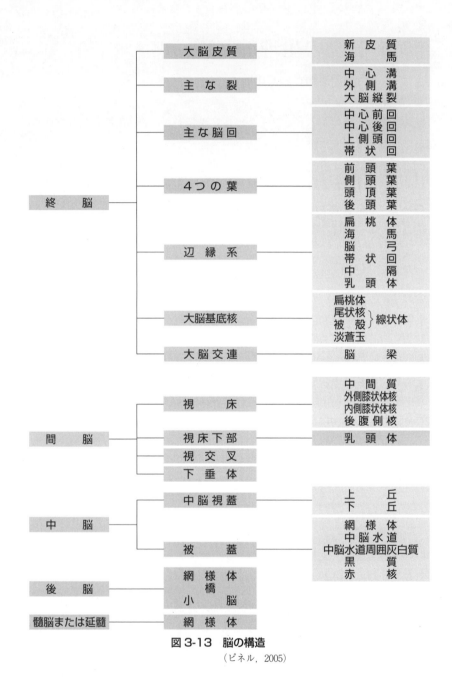

図3-13 脳の構造
(ピネル,2005)

〈参考文献〉

安保　徹（1997）．未来免疫学．インターメディカル

アンドレアッシ，J. L. 今井晃（監訳）（2012）．心理生理学―こころと脳の心理科学ハンドブック．北大路書房

大塚邦明（2015）．時間医学とこころの時計―心身ともに老化を遅らせ，健康に導く．清流出版

岡田　隆・廣中直行・宮森孝史（2015）．生理心理学（第2版）脳のはたらきから見た心の世界．サイエンス社

河野友信・石川俊男（編）（2005）．ストレスの事典．朝倉書店

久保千春（編）（2009）．心身医学標準テキスト（第3版）．医学書院

角辻　豊（1994）．笑いのちから―ストレス時代の快笑学．家の光協会

仲谷正史・筧　康明・三原聡一郎・南澤孝太（2016）．触楽入門―はじめて世界に触れるときのように．朝日出版

ピネル，J. P. J.（2003）（佐藤敬・若林孝一・泉井亮・飛鳥井望（訳）（2005））．ピネル　バイオサイコロジー―脳‐心と行動の神経科学．西村書店

福田一彦（2014）．「金縛り」の謎を解く―夢魔・幽体離脱・宇宙人による誘拐．PHP研究所

堀　忠雄（2008）．生理心理学―人間の行動を生理指標で測る．培風館

宮田　洋（監）藤澤清・柿木昇治・山崎勝男（編）（1998）．新生理心理学 1巻　心理学の基礎．北大路書房

宮田　洋（監）柿木昇治・山崎勝男・藤澤清（編）（1997）．新生理心理学 2巻　生理心理学の応用分野．北大路書房

宮田　洋（監）山崎勝男・藤澤清・柿木昇治（編）（1998）．新生理心理学 3巻　新しい生理心理学の展望．北大路書房

吉野槙一（2004）．笑いと免疫力―心とからだの不思議な関係．主婦の友社

リタ・カーター（1998）養老孟司（監）藤井留美（訳）（2012）．ビジュアル版　新・脳と心の地形図―思考・感情・意識の深淵に向かって．原書房

第4章
認知心理学

第1節 = 認知心理学の不思議
認知度は低いが、心理学の主流

1　認知心理学の不思議さ

　心理学を学んだことのない人が「心理学」の例を挙げるように言われたとき、認知心理学が挙げられることはほぼないだろう。そもそも、その存在すら知られていないかもしれない。多くの場合、カウンセリングのような臨床心理学や心理テスト、性格・人格心理学、気持ちや思いといった感情心理学などが出てくるのではないかと思う。しかし、認知心理学は、現代心理学の歴史の中で主流の研究分野を継承するものである。ただ、その研究テーマが広く、抽象的なものが多いため、理解しづらいところがある。

2　認知心理学の特徴

　古代ギリシャの心理学は「思考とは何か」「話すとはどういうことか」などの問題を、哲学者が頭の中だけで考えていた。これに対して、現代の心理学は、物理学や化学のような自然科学の手法にならって実際に人を対象にして実験を行なってデータを集め、そのデータをもとにした主張を行なう。認知心理学の研究もこのスタイルで進められている。ただし、必ずしも人を対象にするわけではなく、コンピュータ上でシミュレーションを行なう場合もある。

　現代の心理学は、1800年代後半にドイツで実験心理学として始まり、それを受け継いだ行動主義心理学（学習心理学）、さらに発展した認知心理学という流れがある。かつての行動主義心理学では、行動やその行動の変化といった観察可能なもののみを研究対象としていた。しかし、観察可能なものだけでは説明しきれない現象が数多く出てきた。ここから認知心理学が誕生した。

　認知心理学の大きな特徴は、人が何かを知る、考える、記憶する、推理するといった心理学的能力について、コンピュータや脳をモデルにして、その能力の中身や、作動メカニズムを解明しようとする点にある。例えば、数学の問題を解いているとき、頭の中では何が起こっているのだろうか。近年、問題を解

いているときに、脳のどの部位がどの程度活動しているかを測定できる装置が開発されている。しかし、装置でわかるのはここまでである。ある部位が活動すると、どうして解決方法を思いついたりするのかということまではわからない。そこで、認知心理学の出番となる。認知心理学では、まず調査協力者に数学の問題を解いてもらい、回答を分析・分類したり、解いている間に考えていることの発話を求めたり、解いているときに考えていたことを解き終わったあとに尋ねたり、解いている姿を観察したり、解いているときの視線を追跡したりと、さまざまな方法を用いてデータを集める。その集積されたデータを統計処理したり、画像処理したりし、データと合致した思考のモデルを作る。

このモデル化には、かつてはコンピュータが使われていた。最初期のものは「入力→処理→出力」といった単純なものだったが、徐々に複雑なものとなっていった。最近では、脳の神経ネットワークがモデルとなることもある。もちろん、実際の認知過程が、モデルの通りであるかどうかは確認できない。確認できないからこそ、得られたデータとより多く合致する得られたデータを、より多く説明できるモデルを模索しつづけている。

3 本章の構成

各節は認知過程の流れを考慮して設定されている。認知の基本は、まず五感を通して世界を知覚することから始まる（第2節）。知覚した数ある対象のうち、特定の対象に注意を向け、それ以外の対象は無視する（第3節）。注意を向けたものをさまざまな過程を経て記憶することで、情報を蓄えたり（第4節）、知識・概念を獲得したりする（第5節）。また、獲得している概念や知識を活用して、問題解決に役立てたり、推論したり（第6節）、判断したり、何かをしようと決定したりする（第7節）。ここまでの各節のテーマが標準的な認知心理学の研究対象である。さらに、認知心理学では、上述したようにコンピュータや脳になぞらえて、人間の認知過程がなぜ、どのように生じるのか説明する。第8節では、この点について、より詳しく紹介する。加えて、認知心理学は、脳科学や人類学、哲学といった学問諸領域が学際的に研究を進める認知科学や、感情、社会性、発達といった他の心理学と結びついて、さらなる発展を見せつつある。最終節ではこの点についても紹介する（第9節）。

第2節 = 知　覚
認知の基礎となる情報源

1　五感、それ以上

北岡の著書『知覚心理学』(2011) の副題が「心の入り口を科学する」となっているように、知覚とは、世界を心で理解するさいの基礎となる情報源を提供するものである。

感覚は、かつては視覚、聴覚、嗅覚、味覚、触覚の五感と呼ばれてきた。しかし最近では、触覚の代わりに皮膚感覚、運動感覚（自己受容感覚）、平衡感覚、内臓感覚を加えた8つが挙がる。皮膚感覚は、さらに触覚、圧覚、温覚、冷覚、痛覚に分かれる（下条, 2008）。また、それぞれの感覚は、情報源が異なる。例えば、視覚は光、聴覚は音などである。これらの情報源が、目や耳といった器官、視神経、聴神経を通り、脳の視覚野や聴覚野に到達したときに、何かが見えたり聞こえたりする。この最後の状態を知覚と呼ぶ。

8つの感覚の中でも、人間において、とくに発達しているのが視覚である。人間が得る全情報の約8割は視覚からのものである。こう考えると、人間において視覚がいかに重要であるかがわかる。

2　視覚で捉えられるもの

目で見えるものは、色、形、大きさ、奥行き、運動などさまざまな特性をもつ。この中で興味深いと思われるトピックを紹介する。

図4-1の図形を見ていただきたい。何に見えるだろうか。

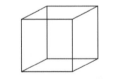

図4-1　ネッカーの立方体

たいていの人は、この図形を立方体と見る。しかし、本来であれば、平面の紙に線が引かれた、平面の図形である。これは錯視図形の1つである。錯視である証拠に、中途視覚障害で、手術によって目が見えるようになった人の場合、最初は立方体に見えず、三角形や四角形が複数組み合わさったように見えるそうである。

　このことは、視力があっても「見る」ことの学習が必要であることを示している。実際、手術によって目が見えるようになった人は、「何かがどこにあるのかはわかるけど、どんな形かはわからない」といった状態で、そもそも最初は単純な三角形や四角形ですらその全体像を把握できず、図形全体が見えるようになるには、その図形の部分部分を目でなぞり、探索する必要がある。

3　顔の知覚

　人間は他者とかかわる社会的動物であり、顔の知覚能力は人間にとって重要なものである。例えば、数学の証明で「なぜならば」を表わす「∵」という記号を、顔のように感じてしまうほどである。このような目と口の配置になっていれば、自動的に顔と感じとってしまう。

　その起源はすでに新生児期にあり、新生児ですら、このような配置に対しては他の模様よりも長い時間見ようとする。一方で、脳の特定部位の損傷により、顔は見えるけれども、それがだれなのかがわからなくなる相貌失認という障害もある。

【課題】
　色、形、大きさ、奥行き、運動、それぞれが見えなくなったら、どのような不便が発生するだろうか。

第3節 = 注　意
無数の情報から必要な情報を選び出す

1　注意とは

　あるTV番組で、次のようなクイズが出されていた。まず、司会者が「今から、男性がサッカーのリフティングをするので、回数を答えてください」と回答者に伝えた。映像視聴後、回答者たちは同じ回数を答えた。実は、回数を数えることは難しくなく、司会者が言うには回数はどうでもよい。司会者はつづけて「実は、映像の中で、ありえないことがいくつか起こっています。見つけてください」と言った。その観点で再度映像を見てみると、少しずつ階段がスロープに変化したり、建物の屋根の色が変わっていったりといった変化が起こっていた。指摘されてから見てみると、気づかなかったのが不思議なくらいに明確に変化している。このような現象を、非注意による見落としという。

　なお、心理学実験でも同様の結果が示されている（Simons & Chabris, 1999）。

　この事例からわかるように、注意とは、特定に何かに意識を向けることである。知覚から入ってくる情報は無数にあり、すべてを意識することは人間にはできない。代わりに、特定のものに意識を向け、それ以外のものを無視することになる。その機能が注意である。

2　選択的注意

　注意は、日常生活の中でもしばしば起こっている。例えば、教室の中でクラスメートがいくつかのグループに分かれて雑談しており、他のグループが何を話しているかわからないくらい教室内はとても賑やかである。自分も、自分のグループの友だちと談笑している。そんな状況でも、ふと他のグループから自分の名前が聞こえてきて、「何か言われた？」とそちらのほうに顔を向ける。このような現象はカクテルパーティ現象と名付けられている。

　カクテルパーティとは立食形式のパーティで、出席者がさまざまな場所で会話が行なわれている。騒がしいはずなのだが、別の場所で自分が話題になって

いたり、自分が関心をもつ話になったりすると、それらが耳に届く。注意を全情報に向けるのではなく、数ある情報の中から自分に関連のあるものにふと向けることを選択的注意という。なお、選択的注意とは反対に、特定のものに集中することを集中的注意、複数のものに注意を向けるものを分割的注意という。

3　集中的注意

『ウォーリーを探せ』や『ミッケ！』といった書籍をご存知だろうか。いずれの書籍でも、各ページには人やものが無数に描かれており、その中からターゲットとなるものを見つける。このような注意は集中的注意の例であり、より詳しくは視覚探索という。

視覚探索の例として、図 4-2 を見ていただきたい。同じ図形がたくさん並んでいる中から、1 つだけ違う図形を見つけ出す（Takano, 1989）。a のほうは、いわれるまでもなく違う図形が目に飛び込んできたと思う。しかし b のほうは、a と比べて時間がかかったはずである。a のように、違うものが目に飛び込んでくる現象をポップアウトという。この場合、図形の数が増えても見つけ出すまでの時間は変化しない。また、注意を向ける前から見つけ出しているということで、前注意過程ともいわれる。一方、b のほうは 1 つ 1 つの図形を見て、違うものがどれかを探索する過程が含まれる。1 つ 1 つ調べていくため、図形の数が増えれば増えるほど、違う図形を見つけ出すために時間がかかる。

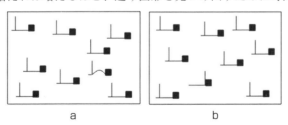

図 4-2　ポップアウトする図形(a)としない図形(b)の例
（Takano, 1989 をもとに作成）

【課題】
　今日、最初に出会った人は、何色の服を着ていただろうか。

第4節＝記憶・学習
これも記憶？　あれも記憶？

1　たくさんの記憶

　一夜漬けで覚えたことを試験で書く。しかし、数日経って、試験で書いた内容をもう忘れているということは多々ある。一方で、幼いころに友達と遊んだことは鮮やかに思い出すことができる。一夜漬けで覚えたことも、幼いころの思い出も、どちらも記憶である。このように、記憶にはたくさんの種類がある。

2　感覚記憶

　人は、聞いたことのない音、見たことのない物など、感覚に入ってきた情報をそのままのかたちで短時間だけ感覚記憶として覚えていることができる。ただし、視覚情報で約1秒以内、聴覚情報で約5秒以内しか記憶できない。街を歩けばたくさんの物が目に入り、たくさんの音が聞こえる。これらすべてを記憶していては目的地に着くまでに頭が疲れきってしまう。都合のよいことに、これらの情報に意識を向けなければ即座に勝手に忘れられていく。そして、これ以上長い時間記憶するためには、これらの情報に注意が向かう必要がある。

3　短期記憶

　感覚記憶に入ってきた情報のうち、注意が向けられたもののみが短期記憶に保存される。その保存時間は約15～30秒と、やはり短い。
　この短期記憶の情報を長期記憶に保持するためには、種々のリハーサルを行なう必要がある。リハーサルには、例えばある単語を覚える場合、単語を声に出して繰り返し言うといった維持的リハーサルと、その単語を自分の知識と関連づけながら覚えるといった精緻化リハーサルがある。長期記憶に送られやすいのは、精緻化リハーサルを行なった場合である。なお、この短期記憶は、リハーサルに見られるように、意識的に操作できる唯一の記憶である。最近では、この操作という側面に焦点をあて、作動記憶と呼ぶこともある。

4 長期記憶

　短期記憶から送られてきたものは長期記憶として保存され、必要な場合に呼び起こされる。その記憶期間は数分から永続的と広範囲である。また、保存できる量に限界はない。

　長期記憶には、いくつかの種類がある。まず、大きくは宣言記憶と手続き記憶に分類される。手続き記憶とは、自転車の乗り方のような体の使い方の記憶であり、言葉にして他者に説明することが困難なものである。一方、宣言記憶とは、その単語のとおり、言葉で他者に説明できる記憶である。宣言記憶は、さらにエピソード記憶と意味記憶に分かれる。エピソード記憶は、思い出記憶とも呼べるものであり、自分が過去に経験したことの記憶である。一方、意味記憶は「フランスの首都はパリである」といったような、物の名前や言葉の意味、辞書に載っているような内容などが含まれる。

5 TOT現象

　人名や事物の名前など、思い出しかかっているのに思い出せないという状態がある。この状態は、日本語では「喉まで出かかっている」と言い、英語では「TOT (Tip-Of-the-Tongue)」現象という。直訳すれば舌 (tongue) の先端 (tip) ということであり、日本語とほぼ同じ意味である。

　このような現象の原因は、残念ながらわかっていない。実験的に、この現象を引き起こすことは困難だからである。ただ、1つの解釈としては、思い出す手掛りが不適切なことが原因なのではないかという説がある（高橋, 2005）。そして、思い出そうとして、その手掛りに固執してしまい、結果的に思い出せないことになる。

【課題】
　自分が思い出せる、もっとも幼いころの記憶は、何歳ごろに何をしていたものだろう。（幼児性健忘）

第5節=概念・知識
周囲の世界を把握するために必要不可欠な道具

1 概念とは

地球のことをよく知らない地球外生命体が犬を指して、「あれは犬ですか」と尋ねたとしよう。この問いには「犬です」と簡単に答えられる。しかし、「あれは犬そのものですか」と尋ねられたら、どうだろう。質問の意味がわからなくて戸惑うかもしれない。また、意味がわかったとしても、犬そのものであると答えることには、抵抗感や違和感をもつのではないかと思う。これらの感覚の正体が概念である。

概念とは、特定の事物について、その事物にあてはまる個々のメンバーに共通し、抽出された特徴をもつものである。例えば、犬について見てみると、犬にもチワワ、コーギー、シェパード、秋田犬など、さまざまな犬種がある。また、チワワでも、自分の飼っているチワワと友達の飼っているチワワは別物である。しかし、いずれも見ればすぐに犬と判断できる。それは、どの犬にも共通の一般的な特徴があるからである（4本足、隠せない犬歯など）。

上述の問い「あれは犬そのものですか」という問いに違和感があるのは、この「一般的」特徴のためである。犬そのものとは、犬概念のことである。言い換えれば、「あれは、犬概念ですか」と問われているということである。個々の犬は存在するが、犬そのものというものは存在しない。

ちなみに、犬は動物というより一般的な概念に含まれる。言い換えれば、動物概念の詳細な分類として犬概念があり、犬概念の詳細な分類として犬種がある。このような集合をカテゴリーといい、カテゴリーは階層構造となっている。

2 心の中での概念の状態

概念が心の中で、どのような状態で存在するかということについては、いくつかの理論がある。例えば、プロトタイプ理論では、その概念に典型的なもの（プロトタイプ）が存在し、プロトタイプは過去に出会った個々の事物から平均

化してつくられると考える。

　しかし、普段、自分の中にある犬の典型を意識しているわけではなくても、街で犬を見かけたときに、それを犬と判断できる。そのようなことから、人は個々の概念に関する事例の集まり（すなわち、いろんな犬）の情報があり、その情報に基づいて、それが犬かどうかを判断しているだけである、と考える理論もある（事例理論）。その他にも、定義的特徴理論、説明ベースの概念理論などがある。

3　知識の種類

　知識とは、外界に関して記憶している情報であり、大別すると事実に関する宣言的知識（なんであるか知っていること）と、行為に関する手続き的知識（どうすればいいかを知っていること）がある。ここでは宣言的知識について紹介する。

　宣言的知識の基本単位は、前節で紹介した概念であるが、概念を含めていくつかの種類がある。例えば、スキーマと呼ばれるものがある。これは、概念同士が結びついてできあがったものであり、例えば「顔」スキーマは、目鼻口といった概念同士が結びついてできあがる。

　スキーマの中でも、日常生活の中での習慣的で一般的行動をスクリプトという。スクリプトの例としてよく挙がるものは「レストランでの食事」である。レストランでの食事は、大きくは入店、注文、食事、退店という4つの行動場面に分けられる。また、各場面は、例えば入店では店に入る、空いたテーブルを探す、席を選ぶといったより細かい行動に分けられる。人がスクリプトを用いていることを調べた実験では、例えばレストランで食事をする文章を読ませたあと、文章の中でどのようなことをしていたか思い出させたり、行動リストから判断させたりした。その結果、実際には文章に出てこなかったようなスクリプトの行動をしていた、といった反応を示した。このようなことから、人はスクリプトのような知識を用いていると推測されている。

【課題】
　概念とカテゴリーの違い、概念と個々の事例の違いを自分の言葉で述べてみよう。

第6節 = 推論・問題解決
心理学と論理学の融合

1 問題解決

次のような問題がある。あなたなら、どう解決するだろうか？

> 治療が困難な悪性の腫瘍がある。少量の放射線では効果がなく、大量の放射線を当てれば腫瘍を破壊できるが、周囲にある健康な細胞まで痛めてしまう。周囲にある細胞を痛めず腫瘍を破壊するにはどうすればよいか。

これだけでは、なかなか回答が思いつかないかもしれない。では、次の文を読んだあとであればどうだろう。

> 堅牢な要塞がある。大軍で一気に攻め入れば陥落させることはできるが、要塞に辿り着くいくつもの道には地雷が仕掛けられており、大軍でその道に入ると地雷が作動し、近隣の家にも被害が及ぶ。しかし、少人数が通るのであれば地雷は作動しない。このような状況で要塞を陥落させるには、少人数で複数の道を通って地雷を作動させずに、一斉に道を通りぬけ、大軍となって攻め入るという方法が有効である。

この問題の場合、要塞への攻め入り方の構図と、腫瘍の放射線治療の構図は同じものとなっている。要塞の例をもとに考えれば、腫瘍の治療も答えを導ける。すなわち、機械を複数用意し、患部にのみ少量の放射線が照射されるようにすれば、少量が合わさって治療が可能となるわけである。

このように、要塞への攻め入り方をヒントに、より専門的には攻め入り方から類推（アナロジー）を行なって、腫瘍の放射線治療に当てはめて考えることができる。実際、ガンの放射線治療だけで出題された場合の正答率は10％台であったが、要塞の例を読んだあとだと30％台に上昇した。さらに、「要塞の話は腫瘍の問題を解くのに役立つ」というヒントをもらうと、70％台まで上昇した（Dunker, 1945; Gick & Holyoak, 1980; 1983）。

2 演繹的推論

人間が問題解決のさいに使う思考の道具は、類推だけではない（詳しくは箱田ら，2010を参照のこと）。ここでは、代表的なものとして演繹的推論を紹介する。まずは次の問題を解いていただきたい。

> 片面にアルファベット、もう片面には数字が書いてある4枚のカードがある。このカードについて、以下のルールが成り立っているかを確かめるためには、最低どのカードをめくってみる必要があるだろうか。
> 「カードの片面に母音が書いてあったら、その裏には偶数が書いてある」
>
>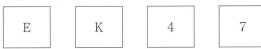

これは条件文推論と呼ばれる問題であり、4枚カード問題と命名されている（Evans, 1966）。注目すべき点は正答率で、4％程度である。正答は「Eと7」であるが、多くの人は7の代わりに4を選んだのではないかと思う。

1枚ずつ検討してこう。Eは問題文そのものであり、裏に奇数が書かれていてはルールが成立しないので調べる必要がある。Kはルールには関係ない。裏に奇数が書かれていようと偶数が書かれていようと、ルールは成立するため、めくってみる必要はない。4は、もしめくってみて母音が書いてあればルールが成立することになる。表に子音が書いてあったら、1つ前のKの解説が当てはまる。したがって、4はめくってみる必要がない。一方、7はめくってみて母音が書いてあったら、ルール不成立となるため、めくってみる必要がある。

このように、論理学的に正しい答えに多くの人が辿り着くことができない、しかもその間違い方には傾向があることから、心理学の研究対象となるわけである。

> 【課題】
> このような条件文推論の正答率を上げるには、正答の導き方をどのように教えればよいだろうか。

第7節 = 判断・意思決定
人は計算通りにはならない

1 意思決定

次のような選択肢があるとして、あなたはどちらを選ぶだろうか。

> A　100％の確率で80万円もらえる。
> B　85％の確率で100万円もらえるが、15％の確率で1円ももらえない。

では、次のような選択肢の場合はどうだろう。

> C　100％の確率で80万円支払う。
> D　85％の確率で100万円支払うが、15％の確率で1円も支払わない。

実際に選択を求めてみると、AとBではAを、CとDではDを選ぶ人が多い。しかし、期待値を計算してみると、AとCの期待値は80万円であるのに対して、BとDの期待値は $100 \times 0.85 = 85$ 万円となる。すなわち、数学的な計算ではBとCを選んだほうが合理的なのだが、人は必ずしもそうしない。利益を得る状況では、たとえ利益が少なくなっても確実にもらえるほうを、損失を被る状況では、たとえより多く損失が発生しうるかもしれなくても、損失がより少なくなる可能性を選択している。このような非合理的な選択傾向を説明するものとして、プロスペクト理論 (Kahneman & Tversky, 1979) や後悔理論 (Loomes & Sugden, 1982) といったものが提唱されている。

2 さまざまな状況での意思決定

あらためて意思決定とは、複数ある選択肢の中から、特定の物を選ぶことをいう。そのタイプを大別すると3つになる (山, 2010)。第1のタイプは、どのような結果が得られるかが明らかな確実性下での意思決定である。これは、いつも行っている食堂で何を食べるかを決める場合などが相当する。

第2のタイプは、リスク下での意思決定である。これは、本節の冒頭に挙げ

たような状況である。各選択肢の利益と損失の確率がわかっており、損失がありうるという点で、リスク（危機）が含まれた状況での意思決定である。

第3のタイプは、不確実性下での意思決定である。これは、第2のタイプと同じくリスクを伴う上に、その確率も明らかでない状況での意思決定である。例えば、ある手術が日本で初めて行なわれるとして、初めてであるがゆえに、成功する確率すら不明である状況などが当てはまる。

3 ヒューリスティック

人が意思決定するとき、確率が明確なときもあれば、不明なときもある。確率がわからないから意思決定しない、というわけにはいかない。そのため、人は過去の経験などに基づいたヒューリスティックと呼ばれる、いくつかの簡便な方法を用いて意思決定を行なう。

ヒューリスティックは、必ずしも正答となるわけではないが、素早くある程度の正答を導けるものであり、いくつかのものが発見されている。以下に、一例を挙げておく。ちなみに、冒頭に挙げた期待値計算のように、確実に正答を導ける方法をアルゴリズムという。

> 硬貨を5回投げたとして、次のうち、どちらのような目になることが多いだろうか。
> A　表　裏　裏　表　裏
> B　表　表　表　表　表

本来、各試行は独立であるため、確率的にはどちらも同じである。しかし、表と裏はほぼ同数出るという経験や、その出方がランダムになるという知識から、ついAのようになることが多いと判断する。このような判断はギャンブラーの誤謬というヒューリスティックの一種である。

> 【課題】
> 数学的に合理的ではない自分の行動を挙げてみて、なぜそのような行動をしているのか考えてみよう。

第8節＝研究手法
観察できない「心」は、どうすれば捉えられるか

1　認知心理学のアプローチ

　本節では、個々に調べた研究内容をまとめあげるモデルなどを紹介することを通して、認知心理学のアプローチの特徴をより詳しく見ていく。

　心理学は「心の理（ことわり）」、すなわち心の法則を明らかにすることをめざす学問である。しかし、心は直接観察できない。それゆえ、認知心理学より以前は、行動主義が心理学の主流であった。行動主義は、観察できない「心」を研究対象から除外し、観察可能な「行動」が心の表われであるとみなして研究対象とした。しかし、行動主義は行き詰まる。その行き詰まりのなかで台頭してきたのが認知心理学である（詳しくは本書第1章「心理学史」を参照）。認知心理学では、心を直接捉える代わりに、コンピュータや脳をモデルとしたり、コンピュータでシミュレーションしたりして、心を捉えようとしている。また、脳科学分野で開発された機器を用いた研究も行なわれている。

2　認知機能のコンピュータ・モデル

　認知心理学では、別分野で用いられているものをモデルとして人間の認知活動を説明しようとする。例えば、認知心理学初期には、情報科学の分野からコンピュータをモデルとして用いた。コンピュータでは、キーボードの操作による入力があり、それを内部の装置が処理し、画面上にその結果を出力する。そして、人間の認知活動でも同様の流れが生じているとみなすわけである。例えば、記憶する場合、単語や人名など覚えるべき対象が入力となり、それを頭の中で覚えやすいように符号化するなどの処理をして記憶し、必要なときに思い出すというかたちで出力する。

　さらに、認知心理学では、モデルをつくるだけでなく、コンピュータでプログラムを組み、各テーマで扱う問題を解かせることもある。これを、シミュレーションという（後述するニューラルネット・モデルでも同様である）。

3 認知機能のニューラルネット・モデル

コンピュータ・モデルは、ある程度の説明力をもつものの、形としては単純すぎるという問題があった。人間の脳内では、実際にはより複雑な活動が生じている。そこで、脳をモデルとして、ニューラルネット・モデル（PDPモデル、コネクショニスト・モデルなど）というものも考案された（図4-3）。

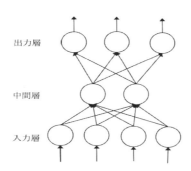

図4-3 ニューラルネット・モデル

脳内では、無数の神経細胞がネットワークを作り、情報のやりとりをしている。その特徴は、先ほどのコンピュータと対照的に、同時進行で、並列的に情報処理しているところにある。入力・処理・出力というかたちは同じであるものの、それぞれの層に複数の円が描かれている。これが神経細胞を模したノードと呼ばれるものであり、それぞれのノードが情報の受け取りや処理などを担っている。また、各層をつなぐ矢印は情報の流れを表わすだけではない。各矢印でノード間のつながりの強さも表わすことになる。実際、脳の神経細胞ネットワークは、つねにどの場所でも均一の情報量が流れるわけではない。ニューラルネット・モデルも、このことを採り入れている。

【課題】
　数を計算しているとき、脳のどの部位が、どの程度活動しているか、文献を調べてみよう。

第9節 = さらなる発展
他分野を巻き込んで、さらなる広がりを見せる

1 認知心理学内でのその他のトピック

　これまで見てきた内容は、認知心理学の基礎的な内容であり、日常生活とのつながりがあまり感じられない部分があったかもしれない。しかし、認知心理学の研究分野は、これらにとどまらず発展しており、日常とより結びついた応用的なものもある。

　まず、知覚の分野では音楽の知覚がある。本来1つ1つの音を知覚しているはずだが、それらが連なって聞こえると音がメロディー、音楽となる。このような現象のメカニズムを解明する（詳しく知りたい方は、谷口, 2000 を参照）。

　また、身のまわりの物の使いやすさを解明する分野もある。例えば、ドアノブを見れば、人は自然と回して、押したり引いたりしようとするし、ドアに長い棒が縦に取り付けられていれば、ドアを横にスライドしようとする。これが逆だと使いにくく戸惑ってしまう。このような現象の不思議を取り上げるのがこの分野である（ノーマン, 1990 を参照のこと）。その他に、においと記憶のつながりの研究や、芸術などを理解する感性知覚の研究などがある。

　次に、注意や記憶の分野で注目されているのが、目撃証言の研究である。その内容は記憶内容の正確性や確信度、証言時の質問形式の影響、ニュースなど事後情報の影響、子どもや高齢者の証言の信憑性など多岐にわたる。詳しく知りたい方は、一瀬ら（2000）をご覧いただきたい。その他、見たもの、聞いた音を一瞬にして記憶する瞬間記憶能力や、その能力をもつサヴァン症候群の研究、体験していないことを鮮明に「思い出す」偽りの記憶の研究、医療・福祉分野での認知症やPTSDによるフラッシュバックの研究などもある。

2 心理学の別分野とのつながり

　まず、大きなつながりがあるのが感情の分野である。かつては、感情は認知と無関係のものか、認知を阻害するものと考えられていた。すなわち、感情に

よって、冷静で客観的な認知が妨げられるとみなされていた。しかし、近年ではその関係性が見直されており、感情から注意や記憶、思考への影響が調べ始められている。例えば、何かを体験して感情が動いたときに、その同じ感情が動いた別の出来事を思い出すといったこと（気分一致効果）や、ポジティブな感情のときは簡便なヒューリスティック（第7節参照）を用いて思考しやすいといった研究結果が得られている。

もう1つ重要な分野が、社会の分野である。本章で見てきた認知活動は、基本的に物や出来事を対象にした内容であった。しかし、人を対象にした認知活動も存在する。例えば、ステレオタイプや印象形成、自分に対する他者の行動の原因推論などである。ステレオタイプとは、特定の社会カテゴリー（例えば男性、女性など）に対して社会的に知られている見方や信念（例：「男性より女性はおしゃべりである」）であり、これらの見方・信念を個人に無条件に当てはめることをステレオタイプ化という。

その他の分野として、例えば発達分野は種々の認知活動を発達の側面から問い直すことができる。認知活動といえば大人を対象に研究するものである。しかし、子どもから大人にかけて、認知活動がどう変化するかという点から認知に迫ることもできる。また、臨床の分野として、精神的に不適応を起こした人の認知（物事の捉え方）の歪みを対象とした認知行動療法という心理療法もあるし、発達障害や知的障害、認知症なども関連してくる。

3　心理学以外の学問とのつながり

とくに注目されるのが脳科学との対応である。1990代以降の機器の開発により、脳を傷つけることなく、さまざまな認知活動中に脳のどの部位が活性化しているかを調べられるようになった。また、認知心理学は認知科学という学際領域の一部をなす。認知科学は心の科学とも呼ばれており、哲学、脳科学、心理学、人類学、言語学、計算機科学などから構成され、これらの領域とともに心の解明に挑んでいる。

【課題】
日常生活を振り返り、改めて認知活動と思われるものを挙げてみよう。

〈参考文献〉

一瀬敬一郎・仲真紀子・厳島行雄・浜田寿美男（2000）．目撃証言の心理学―法と心理学の架け橋をもとめて．北大路書房

北岡明佳（2011）．知覚心理学：心の入り口を科学する．ミネルヴァ書房

守　一雄・都築誉史・楠見　孝（2001）．コネクショニストモデルと心理学―脳のシミュレーションによる心の理解．北大路書房

ノーマン D. A.（1990）．誰のためのデザイン？．新曜社

Simons, D. J., & Chabris, C. F. (1999). Gorillas in our midst. Sustained inattentional blindness for dynamic events. 28, 1059-1074.

谷口高士．（2000）．音は心の中で音楽になる―音楽心理学への招待．北大路書房

鳥居修晃・下条信輔・河内十郎・重野純・鹿取廣人・杉本敏夫（2008）．感覚・知覚．鹿取廣人・杉本敏夫・鳥居修晃（編）心理学　第3版．東京大学出版会

山　祐嗣．（2000）．私たちはどのように考えるのか？思考と問題解決．仲真紀子（編著）．認知心理学：心のメカニズムを解き明かす．ミネルヴァ書房

第5章
行動・学習心理学

第1節＝行動・学習の概観

　この章の構成を述べる。「古典的条件づけ」（第2節）では、パヴロフの実施した条件づけの実験について解説する。パヴロフは空腹のイヌを被験体として、餌や音刺激（メトロノーム音など）を組み合わながら、唾液の分泌反応を測定した。そして、条件反応を強めていく強化と、反対に弱めて消し去る消去、さらに似たような刺激に対して同じような反応をするようになる汎化や類似の刺激を区別できるようになる弁別などの現象を明らかにした。

　「道具的条件づけ」（第3節）では、ソーンダイクの問題箱やスキナー箱を用いた実験例を取り上げる。最初は失敗を重ねるが、しだいに失敗をする回数が減少していくという試行錯誤、強化子によって反応を強めたり（強化）、消し去ったりすること（消去）や、定率（FR）、変率（VR）、定時隔（FI）、変時隔（VI）といった強化計画などが研究されている。

　「技能の学習」（第4節）では、上達の程度を示す学習曲線、自分がはたらきかけた結果を知る「結果の知識」について触れる。結果の知識としては正誤だけの情報よりも量的な情報が有効であるといわれている。学習の方法としては、休憩の有無によって集中学習と分散学習、課題をまとめて練習するかどうかによって全習法と分習法があり、さらに分習法には完全分習法、累進分習法、反復分習法がある。

　「社会的学習」（第5節）では、私たちが「見よう見まね」で実行する代理経験、代理経験による社会的学習、観察対象を見て同じ動作や行動をするモデリングについて触れる。ネズミを被験体にした実験では、モデルがどのような結果になるかによって、モデルを模倣する学習と模倣しない学習が生じる。また、人間を対象にした実験では、観察者の反応に影響を及ぼす代理強化（または代理罰）が認められている。

　「問題解決と推理」（第6節）では、チンパンジーを被験体にした実験を紹介しながら、突然の閃きによって問題解決をするという洞察学習について、ケーラーの考え方を紹介する。問題解決のときの思考方法として推論、演繹的推理、

帰納的推理などがあげられる。また創造的思考として、ギルフォードの拡散的思考、ワラスの創造的思考の過程が知られている。ワラスは準備期、孵卵期、啓示期、検証期の4段階説唱えている。

「記憶と忘却」（第7節）では、記銘（コード化または符号化）、保持（把持または貯蔵）、再生・再認（想起または検索）の3過程、記憶の再生については系列位置効果、孤立効果、重畳効果などに触れる。記憶のモデルとしてアトキンスとシフリンたちの情報処理モデルがある。また主な忘却説として、抑圧説、減衰説、干渉説、検索失敗説などがあげられる。

「学習意欲」（第8節）では、ネズミを被験体にして報酬の与え方によって3群を構成したトールマンの実験を紹介し、無報酬のときは表面に現われなかったが、報酬が得られるようになると学習が顕わになる潜在学習について説明する。学習の動機づけとしては、失敗の原因を能力不足にするか努力不足にするかによって、その後の学習意欲が異なってくるという原因帰属、ローゼンソールとヤコブソンが小学校で実験したピグマリオン効果などがある。

「知能」（第9節）では、知能の定義、知能の要因を究明する知能因子説について触れる。スピアマンの2因子説、サーストンの多因子説、ヴァーノンの階層群因子説、ギルフォードの知能構造モデルなどがある。知能を測る道具である「知能検査」には、種類として言語式検査と非言語式検査、実施方法として個別式検査と集団式検査、知能水準を表わす方法として知能指数、知能偏差値、偏差知能指数がある。日本で用いられている主な知能検査としては、鈴木ビネー知能検査や田中ビネー知能検査、ウェクスラーが開発したWISC、WAIS、WPPISIなどが広く知られている。

第2節 = 古典的条件づけ（レスポンデント条件づけ）
新しい反応を獲得する

1　古典的条件づけ（classical conditioning）

　パヴロフ（Pavlov, I. P.）は、イヌを被験体として唾液の分泌量を測定できる装置（図15-1）をつくった。空腹のイヌに音刺激（メトロノーム音など）を与えただけでは唾液を分泌しなかったが、音刺激と餌を対提示する手続きを繰り返すと、音刺激だけでイヌは唾液を分泌するようになった。パヴロフは、最初、条件反射と名づけたが、のちに条件反応と呼ばれるようになった。なお、刺激に対して誘発され応答するという意味で、レスポンデント条件づけ（respondent conditioning）ともいわれている。

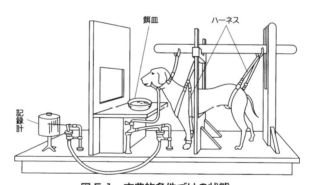

図5-1　古典的条件づけの状態
（Yerkes & Morguis, 1909）

　餌は空腹のイヌにとって無条件に唾液分泌を導くので、無条件刺激（US：unconditioned stimulus）、唾液分泌は無条件反応（UR：unconditioned response）という。音刺激は餌との対提示を繰り返す手続き（条件）によって、唾液分泌を誘導するので音刺激を条件刺激（CS：conditioned stimulus）、音刺激によって生じる唾液分泌を条件反応（CR：conditioned response）という。したがって、同じ唾液分泌反応であっても、無条件刺激（餌）によって生じる場合は無条件

反応、条件刺激（音刺激）による場合は条件反応という。

2　強化と消去、弁別と汎化

USとCSの対提示を繰り返すと、唾液の分泌量がしだいに増大する。条件反応を強めることになるので強化（reinforcement）という。これに対して、CSのみを単独で提示しつづけると、唾液分泌量がしだいに減少し、最終的には消失してしまう。これが消去（extinction）である（図5-2）。

1分間80拍のメトロノーム音を条件刺激として唾液の分泌反応を条件づけると、1分間70拍や60拍にもある程度の唾液分泌反応が見られる。このようにCSに類似した刺激にも条件反応が生じることを汎化（generalization）という。しかし、1分間80拍のメトロノーム音のときは餌を対提示するが、70拍には餌を提示しないという手続きを繰り返すと、前者のときには唾液分泌反応が生じるが、後者のときには唾液の分泌反応が生じなくなる。このように異なった刺激を区別することが弁別（discrimination）である。

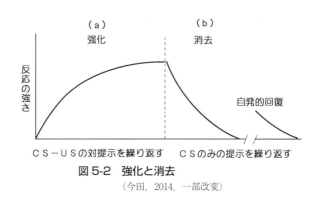

図5-2　強化と消去

（今田，2014，一部改変）

【課題】

日常生活の中で、古典的条件づけで説明できる現象を探してみよう。

第3節＝道具的条件づけ（オペラント条件づけ）
動物に芸を仕込む

1　道具的条件づけ

　ソーンダイク（Thorndike, E. L.）は、図5-3のような箱に空腹のネコを入れ、外には餌を置いた。箱の中でネコが動き回っているうちに、偶然にペダルを踏む（または紐を引っ張る）と扉が開くので、ネコは箱の外に出て餌を食べることができる。はじめは箱から出るのに時間がかかるが、繰り返しやっているうちにしだいに短縮されていく。最初は失敗して時間がかかっていたものが、しだいに巧みにできるようになることを試行錯誤学習という。ソーンダイクは、ある状況で生じた反応が満足する結果を伴うと、その反応はいっそう生じやすくなるという効果の法則で説明した。

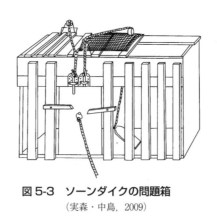

図5-3　ソーンダイクの問題箱
（実森・中島，2009）

　スキナー（Skinner, B. F.）はソーンダイクの箱を改良し、給餌装置のついた箱（スキナー箱）に空腹のネズミを入れて観察した。箱の中を動き回っているうちに、偶然にバーに触れると餌皿にペレット状の餌が出てくるので、ネズミは餌を食べることができる。はじめはバーに触れると餌皿に餌が出てくることを把握できないが、しだいにバーに触れれば餌が出てくることを学習する。ソ

ーンダイクやスキナーの学習は、反応を行なうことが報酬（餌）を得るための道具（手段）となっていることから、道具的条件づけ、さらに自発的なという意味でオペラント条件づけとも呼ばれている。

2　強化と消去、弁別と汎化

　道具的条件づけでは報酬（餌）を強化子（reinforcer）、強化子を用いて反応を頻繁に生じさせることを強化、強化子を与えないで反応をしだいに生じさせなようにすることを消去という。複数の刺激のそれぞれに対して異なる反応をすることを弁別、ある刺激に対する反応と同じ反応を他の刺激に対して生じることを汎化という。同じ反応が生じるたびに強化子を毎回提示することを連続強化、ときどき提示することを部分（間歇）強化、強化計画を強化スケジュールという。強化子を一定の回数ごとに与える定率（FR）、与える回数を毎回変える変率（VR）、一定の時間間隔で与える定時隔（FI）、与える時間間隔を変化させる変時隔（VI）などがある（図5-4）。

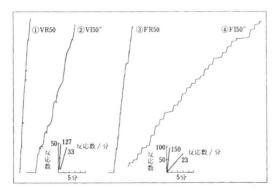

図5-4　スキナー箱におけるネズミのレバー押し反応の累積記録
（山内・春木編, 2010）

【課題】
　日常生活の中で、道具的条件づけで説明できる現象を探してみよう。

第4節 = 技能の学習
運動技能が上達する

1 技能の学習

　楽器の演奏やスポーツの技術、機器の操作など、受容器と効果器の協応をともないながら上達していくことを運動技能の学習という。上達の程度を数量化して表示したときに、練習試行にともなって上達度の変化を示す図を学習曲線という。技能を上達させるためには、目標に近づいているのか目標から遠ざかっているのかを把握できること、つまり自分がはたらきかけた結果を知ることがきわめて重要になる。このように結果を確認することが結果の知識（KR: Knowledge of result）、またはフィードバック（feedback）である。

　技能の学習においては、正誤だけの情報よりもどの程度という量的な情報を含んだ結果の知識が有効である。図5-5は結果の知識が動作直後に与えられた1群（0秒遅延）がもっとも学習効果が高く、遅延が大きくなるほど（2群=10秒遅延、3群=20秒遅延、4群=30秒遅延）低下するすることを示している。なお、5群は結果の知識がないので学習していない状態を示す。

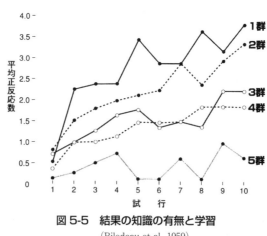

図5-5　結果の知識の有無と学習
（Bilodeau et al., 1959）

2　学習の方法

　休憩（または一定の時間・期間）を挟まないで、まとめて（連続して）練習していくことを集中学習、適度な休憩（または時間・期間）を挟みながら練習していく方法を分散学習という。課題（技能）の種類や休憩と練習時間の関係によって異なるが、一般的には、難易度の高い課題や疲労をおこしやすい課題の場合は分散学習、ウォーミングアップにある程度の時間が必要な場合は集中学習のほうが有利であるといわれている（図5-6）。

　課題（習得すべき技能）をまとめて練習していくことを全習法、いくつかに分割して部分ごとに練習していくことを分習法という。課題全体の流れをつかむことが重要な場合は全習法、課題が難しかったりはじめて取り組むような場合は分習法が効果的であるといわれている。分習法には各部分を練習してから最後にまとめる完全分習法、2つの部分をそれぞれ練習してからまとめて練習し、次に新たな部分を練習してからさらに全部をまとめて練習していく累進分習法、1つの部分を加えながら練習していく反復分習法がある。

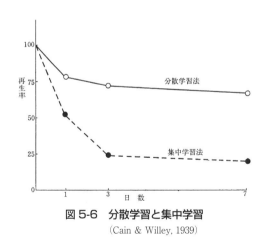

図 5-6　分散学習と集中学習
（Cain & Willey, 1939）

【課題】
　技能学習をするときに、上達度を数量化して学習曲線を描いてみよう。

第5節 = 社会的学習
人のふり見て我がふり直す

1 社会的学習（social learning）

　私たちは他者の行動を見ながら学習していることが多い。「見よう見まね」で実行するとうまくいくこともある。このように他者が体験していることを見聞することを代理経験（vicarious experience）、代理経験による学習は人（他者）を仲立ちとして学習するという意味で社会的学習と呼ばれている。観察対象となる人をモデルといい、モデルが示す動作や行動を見て同じ動作や行動をすることをモデリング（modeling）という。

2 模倣学習（imitative learning）

　ミラーとドラード（Miller, N. E. & Dollard, J.）は、白いカードと黒いカードの弁別学習の訓練を受けたネズミ（先導ネズミ）のあとに、訓練を受けていないネズミ（後続ネズミ）を迷路の上で走行させた。そして後続ネズミが先導ネズミと同じ方向に走れば報酬がもらえる模倣群と先導ネズミとは反対方向に走ると報酬がもらえる非模倣群に分けて実験を行なったところ、図5-7のようになった。最初は模倣群も非模倣群も模倣反応は同じであったが、訓練が進むにつれて模倣群は先導ネズミと同じ方向に、非模倣群は反対の方向に走るようになった。模倣群のネズミは先導ネズミ（モデル）の行動の模倣を学習、非模倣群のネズミは模倣しないことの学習を示したといえる。

3 観察学習（observational learning）

　他者からほめられ（強化され）たり叱られたり（罰せられ）たりしているモデルを見たとき、観察者の反応に影響を及ぼすことを代理強化（vicarious reinforcement）、あるいは代理罰（vicarious punishment）という。バンデューラ（Bandura, A.）は、大人の男性（モデル）が風船人形を攻撃している映像を幼児に見せたあと、同じ風船人形が置いてある別室に幼児を連れて行き1人にして

おいた。すると幼児はモデルと同じように人形に攻撃を加える模倣行動が生じた（図5-8）。

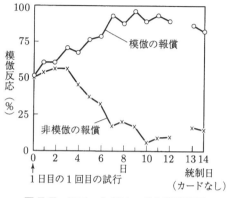

図5-7　ミラーとドラードの実験結果
(Miller & Dollard, 1941)

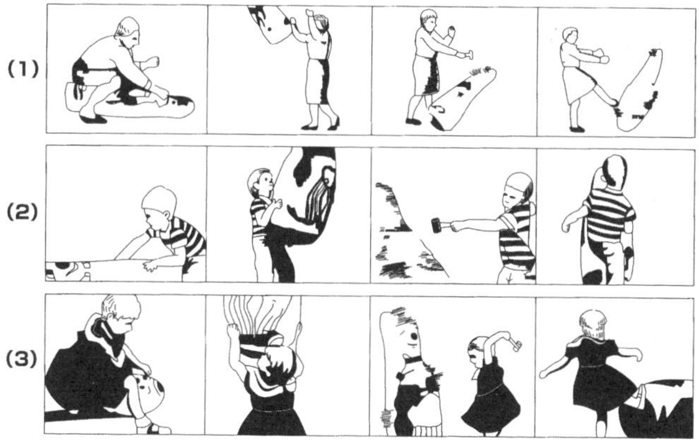

図5-8　強化と消去
(Bandura et al., 1963)

【課題】
　他者の行動を見て自分の行動に採り入れたり、逆に行動しないようにしたものを考えてみよう。

第5章　行動・学習心理学　103

第6節 = 問題解決と推理
新たな発想から問題を解決する

1 問題解決

不都合なことや困難なことに出逢ったとき、何らかの手段を講じて乗り越えようと試みることが問題解決行動である。ケーラー（Kohler, W.）は、床に数個の箱と1本の長い棒、天井にはバナナを吊した檻にチンパンジーを入れて観察した。すると、チンパンジーは図5-9のような行動をしたあと、最終的にはバナナを取って食べることができた。これは突然の閃きで問題解決がはかられたもので洞察学習（insight learning）と呼ばれている。ケーラーは、箱と棒とバナナがバラバラに配置されていたものを、チンパンジーが1つのまとまったものとして認知構造を変化させたからであると主張した。

図5-9　洞察学習
（Kohler, 1921；Eibl-Eibesfeldt, 1978）

2 推論（inference）

推論はある前提から結果や結論を導く精神活動のことである。一般的原則や法則から論理的に導いて個々の問題解決場面で判断を下すような場合を演繹的推理（deductive reasoning）という。3段論法は演繹的推理に含まれる。いく

つかの個別的な事例を観察して、1つの共通した問題解決法を導き出すのが帰納的推理（inductive reasoning）である。

3　創造性（creativity）

創造性とは、新しい考えを生み出す能力のことである。ギルフォード（Guilford, J. P.）は知能の因子分析から、拡散的思考（divergent thinking）を見出した（図5-10）。拡散的思考とは、正解が1つとは限らない課題で多様な解決法や独特の解決法を見出すときにはたらくような思考のことである。一般的には、創造的思考（creative thinking）は拡散的思考を基本にして、流暢性や柔軟性、入念性、独自性などの要因を加えて説明することが多い。

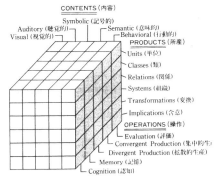

図5-10　ギルフォードの知能の構造モデル
（Guilford, 1985）

ワラス（Wallace, G.）は、創造的思考の過程を準備期（解決すべき問題を設定する時期）、孵卵期（頭の中で解決法をあたためている時期）、啓示期（突然のひらめきとして直観的に洞察がおこる時期）、検証期（得られたひらめきを客観的に適切かどうか確かめる時期）の4段階で考えている。

> 【課題】
> 日常生活で不便に感じた点について、その解決方法を考えてみよう。

第7節 = 記憶と忘却
多くの内容を記憶する

1 記憶について

 経験したことを保存することを記憶という。記憶は、新しく経験を覚え込む記銘（コード化または符号化）、覚え込んだ内容を保つ保持（把持または貯蔵）、思い出す再生・再認（想起または検索）の3過程に分けられる。膨大な量を記憶するとき最初や最後の部分が中間部よりも記憶しやすいが、こうした傾向を系列位置効果という（図5-11）。

 さらに、多数の中に目立つ少数のものが混じっている場合、少数のものが記憶されやすく（孤立効果）、多数のものは記憶されにくい（重畳効果）。電話番号やランダムな文字や数字からなるパスワードなど、一度に記憶できる数を記憶範囲（または直接記憶範囲）という。記憶できる範囲は7前後であることからミラー（Miller, G. A.）は不思議な数 7 ± 2 と呼んだ。ただし、関連した内容を整理して1つの単位を形成することによって（記憶の体制化）、一度により多くの情報を記憶することが可能になる。

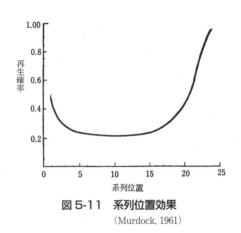

図5-11 系列位置効果
（Murdock, 1961）

2　短期記憶・長期記憶

ウォーとノーマン（Waugh, N. C. & Norman, D. A.）やアトキンスとシフリン（Atkinson, R. C. & Shiffrin, R. M.）は図5-12のような記憶のモデルを提唱した。外部からの物理的刺激は感覚レジスタに入る（感覚記憶）。ここで保存された情報の一部が短期貯蔵庫に送られる（短期記憶）。短期記憶の一部が長期貯蔵庫に転送され長く保存される（長期記憶）。短期貯蔵庫は限られた時間内に限られた量しか保存できないので、リハーサル（復唱して記憶する情報に注意を向けること）などの処理をしないとすぐに消えてしまう。

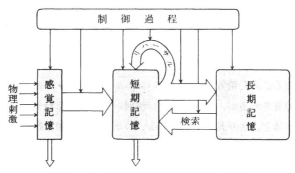

図5-12　記憶における情報処理モデル
（山内・春木編，2010）

3　忘　却

思い出すと苦痛をもたらす内容は、無意識の中に抑圧され意識では忘れ去られるという抑圧説、利用しないと記憶の痕跡が減衰するという不使用説（減衰説）、精神活動が記憶内容に干渉するという干渉説、情報を適切に検索できないからという検索失敗説などが主な忘却説である。

【課題】
　一夜漬けで詰め込むのは、なぜ効率が悪いのかを考えてみよう。

第8節 = 学習意欲
やる気を育む

1 潜在学習（latent learning）

トールマン（Tolman, E. C.）は、ネズミを被験体にして報酬を目標に到達すると与える HR 群、到達しても与えない HNR 群、実験開始から 10 日目までは報酬が与えないが、11 日目以降は報酬を与える HNR-R 群の 3 群で、誤反応数を調べたところ図 5-13 のようになった。HNR-R 群は報酬が導入された 11 日目以降は急激に誤反応数が減少した。無報酬のときは学習したことが表面に現われなかったが、報酬が得られると学習が顕わになったと考えられている。このような学習は潜在学習と呼ばれている。

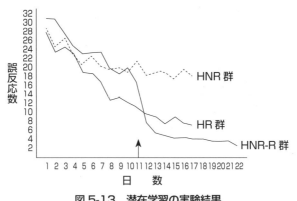

図 5-13 潜在学習の実験結果
（Tolman, 1932）

2 原因帰属（causal attribution）と学習意欲

失敗の原因を能力不足と考えると、能力は容易に変化しないというイメージがあるので努力してもまた失敗してしまうと感じ、学習意欲が低下してしまいやすい。一方、失敗の原因を努力不足と考えると、努力は意志によってコント

ロールできるので、努力すればそれだけ目標に近づくという気持ちになり、努力を継続しやすくなる。その結果、成功する可能性が高まる。このように失敗体験をどのような要因にもっていくのか（原因帰属）によって、学習の動機づけが異なってくるといわれている。

3 ピグマリオン効果（pygmalion effect）

ローゼンソールら（Rosenthal, R. & Jacobson, L.）はテストを実施し、能力が高まると予想される子どものリストを担任に渡した。しかし、それはでたらめに選んだものであった。ところが、リストにある子どもたちの学業成績や知能が他の子どもたちに比べて大きく上昇した（図5-14）。伸びるといわれたことで教師は子どもに期待し、子どもは教師の期待に添うよう励んだ結果、能力が高まったと考えられている。こうした現象はピグマリオン効果といわれている。

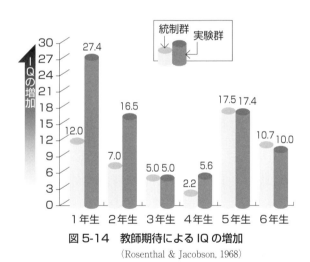

図5-14 教師期待によるIQの増加
（Rosenthal & Jacobson, 1968）

【課題】
　教師のえこひいきと、ピグマリオン効果との関係を考えてみよう。

第9節 = 知　能
課題を解決しながら、新しい事態に対応して社会に適応する

1　知能（intelligence）とは

　知能とは知的処理能力のことである。統一的な定義はないが、主として「学習する能力」「環境への適応能力」「抽象的な思考力」に大別される。さらには知能検査で測定されたものが知能であるという操作的定義もある。

　知能の要因を究明しようとするのが知能因子説である。すべての課題に共通してはたらく一般因子と、それぞれの課題に独自にはたらく固有の因子からなる2因子説を提唱したのがスピアマン（Spearman, C.）、空間因子や知覚因子などの7つの因子を基本的な知能因子とする多因子説を唱えたのはサーストン（Thurstone, L. L.）、スピアマンの2因子説を発展させ因子が階層構造をもつとした階層群因子説はヴァーノン（Vernon, P. E.）である。ギルフォードは知能の因子を情報の内容（図形的・記号的など）、情報の所産（単位、関係など）、心理的操作（評価、収束的思考、拡散的思考など）に整理分類し、立方体のような知能の構造モデルを示した（図5-15）。

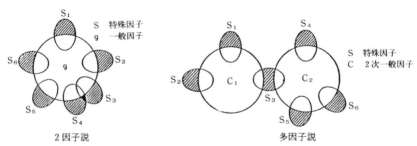

図5-15　2因子説と多因子説
（昇地三郎（監）長尾・武田・柳井・昇地（編），2000）

2 知能を測る道具「知能検査」

知能検査は課題の種類で分類すると、言語式検査（単語や文章課題からなる検査：A式検査）と非言語式検査（絵や図形・数字・記号などを用いた課題からなる検査：B式検査）に分けられる。検査の実施方法としては、検査を受ける人（被検者）に十分な時間をかけて1人ずつ実施する個別式検査と短時間に多数の被検者に同時に実施する集団式検査がある。また、知能水準を表わす方法としては、検査で得られた得点および年齢（月齢）を基にして計算した知能指数と特定の集団内での位置を示す知能偏差値や偏差知能指数がある（表5-1）。

3 主な知能検査

日本では鈴木ビネー知能検査（実際的・個別的智能測定法）や田中ビネー知能検査が有名である。このほかにウェクスラーが開発した児童用の知能検査であるWISC、成人用のWAIS、幼児用のWPPISIなどがある。

表5-1　知能の表示法

$$知能指数（IQ） = 100 \times \frac{MA}{CA}$$

$$知能偏差値（ISS） = 10 \times \frac{(X - \overline{X})}{SD} + 50$$

$$偏差知能指数（dIQ） = 15 \times \frac{(X - \overline{X})}{SD} + 100$$

MA＝精神年齢　　CA＝暦年齢
X＝個人の得点　　$\overline{X}$＝集団の平均得点
SD＝標準偏差

【課題】
　A児とB児の知能指数を計算してみよう。A児（MA＝3歳7カ月、CA＝3歳4カ月）、B児（MA＝4歳7カ月、CA＝4歳2カ月）

〈参考文献〉

今田寛(2014).学習の心理学.培風館
伊藤正人(2006).行動と学習の心理学―日常生活を理解する.昭和堂
実森正子・中島定彦(2009).学習の心理.サイエンス社
森敏明・岡直樹・中條和光(2011).学習心理学―理論と実践の統合をめざして.培風館
村上宣寛(2007).ＩＱってホントは何なんだ？―知能をめぐる神話と真実.日経ＢＰ社
櫻井茂男(2009).学習意欲の心理学―自ら学ぶ子どもを育てる.誠信書房
篠原彰一(2008).学習心理学への招待―学習・記憶のしくみを探る.サイエンス社
鹿毛雅治(2003).学習意欲の理論―動機づけの教育心理学.金子書房
山内光哉・春木豊(編)(2010).グラフィック学習心理学―行動と認知.サイエンス社

第6章
発達心理学

第1節 = 発達心理学とは？
その特徴は「変化」にあり

1 発達心理学の独自性

　発達心理学を他の心理学から区別する1つの重要な特徴は、さまざまな心理学的機能の「加齢による変化」を扱う点にある。多くの心理学では、その研究対象を健常な成人（しかも、かつては白人男性に限定されていた）とし、この成人が示す心理学的機能こそが「人間」の能力であると仮定している。例えば、記憶力について、マジカルナンバー±2というものがある（Miller, 1956）。これは、ごく簡単にいうと、一度に記憶できる数字が7ケタ±2ケタ、すなわち5～9ケタであることを示す（実際には数字以外の文字などにも当てはまるし、「ケタ」とも限らない）。このマジカルナンバー±2について説明する場合、「『人間』が記憶できる数字の……」といった始め方をすることが多い。

　しかし、さまざまな心理学分野の研究が示す「人間」の能力を、赤ちゃんが示すかというと、そうではないものが多い。上述したマジカルナンバー±2もそうである。発達的には、記憶容量も加齢とともに増大する。したがって、多くの心理学で示される「人間は～という能力をもつ」といった表現は、発達の観点からは「人間は、さまざまな過程を経て、～という能力をもった」という表現で捉え直されることとなる。

2 乳幼児心理学と発達心理学の関係

　かつては、乳幼児心理学＝発達心理学とみなされていた。しかし、この2つには大きな違いがある（表6-1参照）。極端な言い方をすれば、乳幼児心理学と乳幼児発達心理学はまったく別の分野である。乳幼児心理学は「研究対象は乳幼児である」ということを示しており、その目的は、乳幼児の心の特徴を明らかにすることにある。この場合、複数の年齢の乳幼児を調べる必要は必ずしもない。一方、乳幼児発達心理学の場合、同じく乳幼児を研究対象とするものの、その目的は「加齢に伴う心の変化を明らかにする」ことにある。したがって、

表6-1 乳幼児と乳幼児発達心理学の違い

項目	乳幼児心理学	乳幼児発達心理学
対象	乳幼児	
目的	乳幼児の心の「特徴」の解明	乳幼児の心の「変化」の解明
方法	乳幼児であれば特に問わない	横断的研究，縦断的研究など

複数の年齢の乳幼児に同一の課題を与えて、反応の違いを年齢間で比較したり（横断的研究）、特定の子どもを長期間追跡調査して、加齢とともに心がどのように変化するかを調べたり（縦断的研究）する。

このような意味で2つの心理学は別物であるが、区別されない時期があった。その原因は複数あるが、1つには目に見える変化がもっとも大きいのが乳幼児期であることが挙げられる（例えば、歩き始める、言葉を話し始めるなど）。しかし、本来の発達心理学の考え方に従えば、加齢に伴う心の変化すべてが研究テーマである。また、そもそも児童期（小学生）以降も心の変化は当然ある。このような意味で、現在では、人の心は一生涯変化しつづけることから「生涯発達心理学」という呼ばれ方がなされるようになってきている。

3 本章の構成

以上の内容を受け、本章では、発達心理学でこれまで中心的に調べられてきたトピックを取り上げて紹介する。なお、本章で取り扱うトピックは、上述した発達心理学の特徴から、他章の章題と重複することがあるし、変化の大きい乳幼児の発達を取り上げることが多々出てくる。このことを踏まえつつ、各節で取り上げるトピックを新生児（生後1カ月までの赤ちゃん）からの発達に関連づけて見てみよう。当然、各節では新生児、乳幼児以降も取り上げる。

新生児は、何もできないように見える。人間らしい特徴である二足歩行が可能になるのは1歳前後である（第2節　運動）。しかし、産まれた直後からしっかり目は見えているし、耳も聞こえている（第3節　知覚）。また、そうやって知覚したことをもとに、自分なりに周囲の世界を理解しようとしている（第4節　認知）。そのように世界を理解するときには、当然、周囲の人間から情報をたくさん受けとっている。

そして、1歳前後に初語を話し始める（第5節　言語）。言葉を覚えるとき、だれのどんな言葉でも覚えるわけではない。親のように、自分を守ってくれる・自分と遊んでくれる、そんな重要な他者の言葉を覚えようとする（第6節　社会性）。また、言葉に限らず、さまざまな行動を真似しようとする。そうやって、言葉や行動を使って他者とかかわるなかで、自分の思い通りにはいかない存在がいることに気づき始める。他者とぶつかるなかで、自我が芽生え、自分というものを理解し始める（第7節　自己）。

　また、新生児の頃は、人間というよりは生物として、生き残るために必要な単純な感情（お腹がすいたり、眠たくなったら泣くなど）しかもっていない。しかし、他者とかかわるなかで、しだいに自分より何かが上手にできる他者にあこがれを抱いたり、幼児が赤ちゃんっぽい姿を友だちに見られて恥ずかしさを感じたりといったように、より複雑な感情が芽生えてくる（第8節　感情）。また、人の発達は乳幼児期、児童期だけにとどまらない。その後の青年期、成人期、老年期にも、発達がある。この場合の発達とはどのような意味で、実際にはどのような発達があるのかも見ていく（第9節　生涯発達）

第2節 運動発達
人間の発達のさまざまな特徴を上手に示す

1 スフィンクスのナゾナゾ

ギリシャ神話の中でスフィンクスが出すナゾナゾがある。「朝は4本足、昼は2本足、夜は3本足。これは何だ？」。答えは「人間」である。すなわち、朝昼夜は、人生の初期、中期、後期を表わしており、4本は四つ這いの赤ちゃん、2本は二足歩行の成人、3本は二足+杖の老人を表わしている。このナゾナゾは、人間の発達を学ぶさいの参考になる。

2 二足歩行という人間らしさの獲得

生まれてすぐの赤ちゃんは、当然歩くことができない。いつの頃からか、スフィンクスのナゾナゾのように四つ這いをし、二足歩行をするに至る。発達心理学で明らかになった、歩行に至るまでのおおまかな発達過程を記すと表6-2のようになる。

表6-2 発達過程

動き	発達時期
首がすわる	3カ月
寝返りをうつ	4〜6カ月
一人で座る	7カ月
ハイハイ（四つ這い）をする	6〜8カ月
つかまり立ちをする	9カ月
伝い歩きをする	10カ月
ヨチヨチ歩きをする	1歳

歩行のような全身を使った運動を粗大運動という。なお、歩行以降も、走る、階段を上り下りする、前転する、片足立ちをする、スキップするなどといった発達がある。

一方、主に指先を使った細かな運動を微細運動といい、物をつかむ・つまむ動作や、物を積む動作、ハサミやペンを使う動作など、さまざまな動作の発達が明らかにされている。1歳ごろまでの微細運動の主な発達過程を記すと表6-3のようになる。

表6-3　微細運動の発達過程

動き	発達時期
把握反射	1カ月
物をつかむ	3カ月
物を両手で持ち変える	6カ月
おもちゃの車を走らせる	10カ月
コップの中の物を取り出す	1歳～1歳1カ月

3　発達の順序性

発達においては、とかく発達の時期や発達の早さに注目しがちである。例えば、早期教育においては、平均よりも少しでも早い時期に数を言えたり、文字を読めたりできるようになることが重視される。しかし、障害のない範囲内においては、時期や早さはそこまで重要ではない。より重要なのは、発達には順序があるということである。首が据わらないうちに二足歩行をすることはないし、二足歩行をしてから初めて四つ這いができるようになることもない。だが、四つ這いをしないままに二足歩行をする赤ちゃんはおり、発達過程を抜かすこともある。しかし、逆転はしない。そして、順序が一定であるからこそ子どもの次の発達を予想し、その発達を支えることができる。例えば、ハイハイをしている子は、次につかまり立ちをし始めると予想できる。そして、つかまり立ちしやすいように適切な高さの箱などつかまる物を置いたり、つかまり立ちたくなるように、立てば手が届きそうな高さの壁に、飾りをつけたりすることができる。

【課題】
　自分の母子健康手帳を見て、自分が歩けるようになるまでの過程を知ろう。

第3節 = 知覚発達
研究の発展著しい注目の分野

1 赤ちゃんは目が見えない？

　知覚とは、いわゆる五感のことであり、視覚、聴覚、嗅覚、味覚、触覚のことを指す（最近では、触覚の代わりに、より詳しく体性感覚や平衡感覚を含めることがある）。1970年代までは、新生児の知覚はまだはたらいていないと考えられていた。実際の赤ちゃんを見ると、目も開いていないように思えるし、音にもとくに反応しないように感じられる。しかし、実際にはすべての感覚がはたらいている。それどころか胎児のころから知覚は機能し始めている。

2 視覚の発達

　人間が得る情報は、得る情報量の7割や8割ともいわれるくらい、視覚からのものの割合が圧倒的に高い。その事情もあってか、1970年代以降の知覚発達研究では視覚に関するものが多い。視覚について、赤ちゃんがそれぞれのものを敏感に見えるようになる時期について簡潔にまとめると表6-4のようになる。非常に幼いころから、赤ちゃんには世界が見えているようである。ただし、視力は低く、新生児で0.02であり、1歳で0.2程度。1.0を越えるのは4、5歳である。

表6-4 新生児の視力

機能	時期
人の顔	1カ月
物の動き	
物の奥行き	
色（光の三原色）	赤、緑（2カ月）、青（4カ月）
物の隠された部分の補足	4カ月

3　新たな研究方法の開発

　目が見えないと考えられていた新生児であったが、実際には見えていた。そのようなことが明らかになった背景には、新たな研究方法の開発がある。

　言葉の話せない赤ちゃんの能力をどのように調べればよいのか。これは、乳児を対象とする研究者にとって、悩ましい問題であった。そのようななかで、画期的な研究がフランツ（Fantz, 1961）によって行なわれた。フランツが利用したのは、興味あるもの（好きなもの、予想外のものなど）を見ようとするということである。この性質を利用し、フランツは人の顔のイラストや文字、二重丸など複数の図版を赤ちゃんに見せ、赤ちゃんがそれぞれの図版を何秒程度見つづけるかを調べた。その結果、図版によって見つづける時間の長さが異なり、とくに人の顔をより長い時間見つづけることが明らかになった。つまり、人の顔を好んで見ようとするということである。また同時に、何かをより好んで見ようとするということは、目も見えているということである。

　その後、この方法はより洗練され、選好注視法という研究方法として確立された。2つの物を赤ちゃんに見せ、どちらかを見ようとするか、見ようとするならどれくらいの長さ見るかといったことから、2つの物を区別できるかを明らかにする。例えば、丸と三角を赤ちゃんに見せ、丸だけを長く見るなら、赤ちゃんはこの2つのものを区別しているとみなすわけである。逆に、もし両方を同じくらいの長さ見たとしたら、区別していないとみなされる。

　選好注視法の開発をきっかけに、赤ちゃんの視覚を調べる指標として視線の動きを用いる研究方法の開発が進んだ。代表的なものとしては、馴化・脱馴化法や、それをさらに改良した期待背反法がある。

【課題】
　人間がもつ視線の特徴は、他にどんなものがあるか考えてみよう。例：嫌いなものからは目をそらす。

第4節 = 認知発達
人間らしさを象徴する高度な能力

1 認知とは

　夜道を歩いていると、少し先の地面を何かが横切った。「虫か？　動物か？」と恐る恐る見てみると風に動かされた枯葉とわかり、ほっと一安心する。

　認知を一言で表現するならば、この「わかる」の部分である。枯葉の例を詳しく見ると、動きに「注目」して、「知覚」（この場合は視覚）を用いて得た情報について、自分がもっている「記憶」・「知識」と照らし合わせてそれが何であるか、そして枯葉であると「わかり」、逃げる必要なしと「判断」する。もし怖そうな犬であったら、うまく逃げる方法を「考える」必要があっただろう。このカギ括弧の部分がすべて、認知機能である。認知機能の発達ということは、これらの機能の変化ということになる。

2 ピアジェ

　認知発達の代表的研究者はピアジェ（Piaget, J.）である。ピアジェは、乳幼児を中心に青年までを研究対象として、数や量の理解、描画、世界観など非常に広範囲の研究を行ない、現在の認知発達研究の礎を築いた。その研究結果は、とくに乳幼児が大人とまったく異なる世界を生きていることを示すものであり、非常に興味深いものである。

　その一例として、量の保存を紹介しよう。図6-1に示すように同形同大のコップABを2つ用意し、それぞれに同量のジュースを入れ、同量であることを子どもに確認する。そのうえで、Bのコップから、細くて背の高いコップB'にジュースを移し、子どもに質問する。「AとB'のどちらが多い？　それとも同じ？」と尋ねる。「多い」の意味がわからない場合、「どちらがたくさん飲める？　それとも同じ？」と聞くこともある。

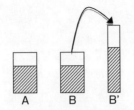

図6-1 量の保存課題の概略

　すると、前操作期（およそ2～7、8歳）の子どもは、「B'のほうが多い」と答える。水面の高さとコップの細さを同時に考慮することができず、水面の高さに判断が左右されてしまうのである。一方、具体的操作期（およそ7、8歳以降）の子どもは、「どちらも同じ」と答える。

3　ピアジェ理論の難しさ

　一方で、その発達的変化を説明する理論はとても難解で多くの誤解も生じている。また、ピアジェが主張するより早い年齢時期に各種の課題を解くことができるといった批判も数多くある。ここでは、その発達過程の概要のみを表6-5で示す（詳細は、ピアジェ，2007）。

【課題】
　日常生活の中で、何気なく行なっている「認知」活動を探してみよう。

表 6-5 ピアジェの認知発達段階・時期の区分

時期	段階			下位段階	
時期A	感覚運動的知能の準備と組織化の時期 [I]	段階1	感覚運動的前知能の段階	第1下位段階	反射から基本的習慣へ
				第2下位段階	第2次循環反応
		段階2	感覚運動的知能の段階	第1下位段階	目的と手段の分化から能動的実験へ
				第2下位段階	シェムの内化と表象の始まり
時期B	具体的操作の準備と組織化の時期	段階3 [II]	前操作的段階	第1下位段階	前概念的・前関係的思考
				第2下位段階	表象的・直感的思考
		段階4 [III]	具体的操作の段階	第1下位段階	具体的操作の組織化の始まり
				第2下位段階	具体的操作の体系的組織化
時期C	形式的操作の準備と組織化の時期 [IV]	段階5	形式的操作の準備期	命題操作システム（束群二重全体構造）の構築の始まり	
		段階6	形式的操作の組織化の時期	命題操作システム（束群二重全体構造）の完成（理想的均衡状態）	

第5節 = ことばの発達
人に共通の発達過程である不思議

ことばの発達過程は、だれしもが同じ過程を経るという意味で普遍的であり、それゆえに不思議さもある。本節では、そのいくつかを紹介する。

1　発達概要

世界には千以上の言語があるとされる。興味深いことに、少なくとも調査された範囲では、ことばの獲得過程は表6-6のように共通している。

表6-6　ことばの獲得過程

特徴	発達時期
クーイング	2、3カ月
喃語	3カ月～1歳ごろ
初語	1歳ごろ
一語文	1歳ごろから
二語文	1歳後半ごろから
多語文	2歳ごろから

発話は、「ア」「ク」といった喉を鳴らすクーイングから始まる。つづいて、「バ」「ダ」といった「子音 + 母音」の形をもつ喃語が出現する。喃語は、クーイングと異なり、喉ではなく口で出す音である。最初は単音節だが、7カ月ごろから「ババババ」のような複音節になる。ここまでは、大人にとって意味のわからない発話ということで前言語期と呼ばれる。その後、個人差は大きいものの1歳ごろに初語が見られる。

初語からは、大人が意味のわかる発話ということで言語期と呼ばれる。つづいて見られるのが一語文である。これは、単なる一語の発話ではない。赤ちゃんは、文脈や状況に応じて、同じ1つの単語でさまざまな意味をもたせようとする。例えば、同じ「パパ」という単語であっても、父親への呼びかけのこともあれば、「パパが出かけた」の場合もあるといったようにである。その後2

歳ごろには二語文を話し始める。この二語文により、主語や目的語が明確になり、文法が始まる。また、この時期に使える単語が急増する語彙爆発も生じる。

2　赤ちゃんの言語聞き分け能力

赤ちゃんは世界中のどんな言語音も、最初は聞き分けることができる。赤ちゃんは、どの言語環境に生まれるかはわからない。それゆえ、世界中のあらゆる言語音に生まれつき対応できるようになっていると解釈されている。ただし、この能力は生後9カ月ごろには失われてしまう。その代わりに、自分がそれまで聞いてきた言語音に対してはより敏感に、そしてより精密に聞き分けるようになっていく。

3　日本語習得は難しい？

日本語は難しい言語だといわれる。ヨーロッパの諸言語や英語、中国語などとは語順がまったく異なっていることや、発音の難しさなどが原因の1つにあるようである。ただ、それだけではない。日常生活を不便なく過ごすために必要な言語数がとくに多いようなのである。表6-7は、そのことを表わしている（宮，2009）。ヨーロッパ語は1,000語で日常会話の80％をカバーできるが、日本語での日常会話を80％以上カバーするには5,000語が必要なのである。

表6-7　各言語における語数と日常会話のカバー率

語数	英語	仏語	西語	中国語	朝鮮語	日本語
1～500	—	—	—	63.1	66.4	51.5
1～1000	80.5	83.5	81.0	73.0	73.9	60.5
1～2000	86.6	89.4	86.6	82.2	81.2	70.0
1～3000	90.0	92.8	89.5	86.8	85.0	75.3
1～3500	—	—	—	—	—	77.3
1～4000	92.2	94.7	91.3	89.7	87.5	—
1～5000	93.5	96.0	92.5	91.7	89.3	81.7
1～10000	—	—	—	—	—	91.7

第6節 = 社会性の発達
人間は社会的動物である

1 各発達時期にふさわしい社会性

走っていて転んで泣いて、親に抱っこされてあやされて泣きやむ。この文を読むと、幼児くらいを想像したのではないだろうか。しかし、もしこの文の主語が大人だったら、その人物に対して強い違和感をもつだろう。逆に、まったく甘えようとしない乳幼児というのも不気味である。このように、各発達時期にふさわしい社会性がある。

2 愛着とその発達過程

愛着とは、特定の対象（母親であることが多い）との間に形成される、強い情緒的絆を指す。愛着関係は乳幼児期に形成され、その後の人間関係の土台となる。表6-8に愛着概念を提唱したボウルビィによる愛着の発達過程を示す。愛着が形成されつつあることの象徴的行動として、泣きや微笑みといった発信行動、後追い注視といった定位行動、抱っこ、よじ登りといった接触行動といった行動を見せる。このような行動が顕著に見られるのは、とくに第3段階においてである（愛着以降の社会性の発達については堀野ら、2000が参考になる）。

2 愛着のタイプとその後の人間関係

愛着行動といえば、人見知りや後追い、分離不安などを想像しやすい。しかし、全員がそのような行動を必ずしも示すわけではなく、形成された愛着のタイプに依存する（128頁の表6-9）。また、愛着の形成には、愛着対象がどのように関わったかが大きく影響する。さらに、愛着タイプの影響は、その後の仲間関係などにも影響する。ただし、成長してからタイプをまったく変えられないかというと、そうでもない。

表6-8 愛着の発達過程

第1段階（誕生～生後3カ月ごろ） 　赤ちゃんは、じっと見つめたり、目で追ったりすることで、注意を向けることができる（定位という）。また、泣きや微笑、発声によって発信することもできる。この時期の赤ちゃんは、親など特定の人だけでなく、誰にでも定位や発信行動を示す。
第2段階（生後3カ月～6カ月ごろ） 　乳児の定位・発信が、特定の人に向けられるようになる。母親などよく関わる他者ほど、よく見つめ、よく微笑み、よく発声するようになる。
第3段階（生後6カ月ごろ～2、3歳） 　ひとみしりがはじまる。慣れ親しんだ人と、見知らぬ人をはっきり区別し、見知らぬ人への恐れや警戒心が強くなるためである。一方、慣れ親しんだ人への愛着も深まり、母親など愛着対象を安全基地という心の拠点として、探索行動をはじめる。この安全基地は、子どもの視野内に存在し、不安が生じたときには、母親への接近・接触を求めることになる。
第4段階（3歳以降） 　母親などの愛着対象が、安全基地としてたえず視野内に存在しなくとも、そのイメージは子どもの心に内在化され、情緒的な安定が図れるようになる。

　なお、その後の研究により、被虐待児が示すDタイプ（無秩序型）が見出された。このタイプは、母親との分離時に顔を背けながら母親に近づく、母親に途中まで近づくもののひっくり返って泣き出してそのまま近づかないなど、行動に一貫性が見られないといった特徴を示す。一般にBタイプが適応的と見られがちであるが、AとCも適応的であり、あくまで個性の範囲内である。一方、Dタイプは病理性をもつという意味で不適応的である。

【課題】
　自分や周りの人の愛着タイプを考えてみよう。

表6-9 愛着タイプとその特徴
(谷向, 2004)

タイプ	愛着対象との再会時の特徴	母親の養育態度	子どもの仲間関係	成人の愛着パターン
Aタイプ	親との分離時に泣いたり混乱を示すことがなく、再会時に母親を避ける。親を安全基地として利用することがほとんどない。	子のはたらきかけに対して全般的に拒否的に振舞うことが多い。愛着シグナルを適切に受け止めてもらえないので、子は愛着の表出を抑えるかあまり近づかないようになる。	仲間に対してネガティブな情動をもって攻撃的・敵対的にふるまうことが多いため、仲間から拒否されたり孤立する傾向が高い。	愛着軽視型 自分の人生における愛着の重要性や影響力を低く評価する。表面的には親を理想化し、肯定的に評価するが、親との思い出を具体的に語ることがほとんどない。
Bタイプ	分離時に多少のなきや混乱を示すが、再会時は親に身体的接触を求め、容易に落ちつく。親を活動拠点(安全基地)として積極的に探索行動を行なうことができる。	子の要求に敏感かつ応答的で、その行動は一貫しているため予測しやすい。子は、親は必ず自分を助けてくれるという確信をもち、強い信頼感を寄せているため安定した愛着パターンをみせる。	コミュニケーションスキルにたけており、ポジティブな情動をもってはたらきかけることが多いため、仲間からの人気が高くなる傾向がある。共感的・向社会的行動も相対的に多い。	自律型 過去の愛着関係が自分の人生や現在のパーソナリティに対してもつ意味を深く理解している。幼児期の愛着体験を良い面も悪い面もありのまま、一貫した整合性のある形で語ることができる。
Cタイプ	分離時に非常に強い不安や混乱を示す。再会時は身体的接触をもとめる一方、親を叩いたり怒りを示し両極端にふるまう。親から離れられず、親を安全基地として安心して探索行動を行なうことができない。	子の要求に対して応答のタイミングが微妙にずれるなど、一貫していないことが多い。子は予測がつきにくく、つねにアンテナをはりめぐらせ愛着シグナルを送りつづけることで親の関心を引きとめようとする。	他児の注意を過度に引こうとしたり衝動的かつフラストレーションに陥りやすい性質がある一方で、他児に対して受身・従属的態度をとるため、無視されたり攻撃されることが相対的に多い。	とらわれ型 自分の愛着の歴史を首尾一貫した形で語ることができず、過去に親が自分にした行動に強いこだわりをもつタイプ、葛藤に満ちた幼児期の愛着体験をとめどなく語る。

第7節 = 自己の発達
自分が自分であることの不思議

1　乳幼児期の発達過程

　大人は、昨日も、今も、明日も、自分は他のだれでもない自分であるという意識をもっている。自分を意識する自分、考えてみれば不思議な構図である。その自己意識の芽生えは、約3カ月ころに、自分の手をじっと見るハンドリガードを行なうことから始まるといえる。この仕草は、自分の身体を「発見」しているとされる。そして、ハンドリガード以降、図6-2に示すようにさまざまな側面から自己意識を発達させていく。

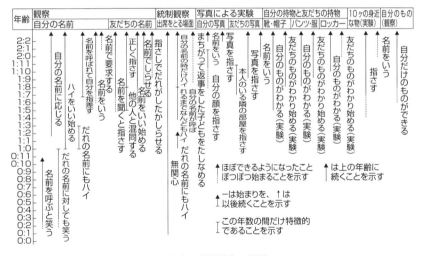

図6-2　感情分化の概略
(Lewis, 2000)

　また、2歳以降では、第1次反抗期（2歳頃）、自己主張の増加（3歳）、自己抑制の増加（4歳）と発達が進んでいく。少しずつ自分と他者を区別し、明確な自己意識をもち、自己をコントロールできるようになっていく過程である。

2　エリクソンの心理社会的発達理論

　自己意識は、芽生えればおしまいというものではない。その後、生涯を通して、各発達時期にふさわしい自己の発達課題が存在する。エリクソン（Ericsson）は、その心理社会的発達を少しずつ形成される過程、すなわち漸成的過程として表6-10のようにまとめた。

　この表では、左側縦に発達段階が、その同じ行に各発達段階の課題（発達課題）が記されている（網かけのマス）。例えば、乳児期の発達課題は「基本的信頼対基本的不信」となっている。これは、自分の保護者に対する信頼、自分の周囲の世界に対する信頼を獲得できるか、それとも不信に陥るかということを表わしている。下から2段目には、各発達時期の中心的環境が記されている。乳児期は、母親がその役割を担っている。そして最下段には人格的活力とある。これは、各発達段階での課題を達成することで得られる生きる力であると同時に、次の発達課題を乗り越える力でもある。

3　青年期とアイデンティティ

　エリクソンの発達段階では、自己意識は、比較的安定した早期乳児期から学童期を経て、青年期におけるアイデンティティの確立という自己変革的課題が出現する。

　アイデンティティは理解が難しい概念であるが、おおむね以下のような意識である。すなわち、自分自身が過去から現在、未来へと連続した存在であるという意識、他者から見た自分と自分自身が理解する自分が一致しているという意識、自分が所属する社会・文化の価値観とある程度折り合っており、その集団の中に自分の居場所があるという意識のことである。

表 6-10　エリクソンによる漸成的な心理社会的発達図表
(西平, 1979 と田端, 2004 をもとに作成)

	1	2	3	4	5	6	7	8
VIII 成熟期								総合 対 絶望・嫌悪
VII 成人期							生殖性 対 停滞性	
VI 初期成人期					連帯 対 社会的孤立	親密 対 孤立		
V 青年期	時間展望 対 時間拡散	自己確信 対 自己嫌悪感	役割実験 対 否定的同一性	達成期待 対 労働麻痺	同一性 対 同一性拡散	性的同一性 対 両性拡散	指導性の分極化 対 権威の拡散	イデオロギーの分極化 対 理想の拡散
IV 学童期				勤勉性 対 劣等感	労働同一化 対 同一性喪失			
III 遊戯期			自主性 対 罪悪感		遊戯同一化 対 空想同一化			
II 早期幼児期		自律性 対 恥・疑惑			両極性 対 自閉			
I 乳児期	基本的信頼 対 基本的不信				一極性 対 早期的な自己分化			
中心となる環境	母親	両親	家族	近隣・学校	仲間・外集団	性愛・結婚	家政・伝統	人類・親族
人格的活力	希望	意志	目的性	効力感	忠誠心	愛情	はぐくみ	知恵

【課題】
　子どもが自分の姿に気づいていることを調べるためには、どんな課題がよいだろうか？

第8節 = 情動発達
感情は喜怒哀楽だけではない

1 感情の分化

　人間の感情といえば、喜怒哀楽がすぐに思い浮かぶが、快・不快といったより原初的な感情も、恥・嫉妬といったより複雑な感情もある。また、それぞれの感情が別々に発達するわけではない。例えば、快の感情が喜びや楽しさの感情に発達するといったように、感情は分化していく。図6-3に、その概略図を示す。

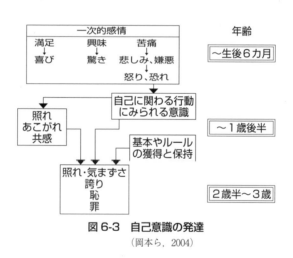

図6-3　自己意識の発達
（岡本ら，2004）

　いわゆる喜怒哀楽に相当する感情は、発達段階としては生後6カ月ごろまでに出現する。一次的感情と呼ばれる感情群の一部であり、一次的感情の中でも、満足が喜びに変化したり、興味が驚きに変化したりといったような発達が見られる。この時期の感情は、お腹がいっぱいになったら満足したり喜んだりするといったように、物事に対して直接的に生じるものであり、単純である。つづいて、自己意識が芽生えるのに応じて、1歳後半ごろから、他者に見られたさいの照れや、他者に対するあこがれといった感情が芽生える。さらに、2歳半

～3歳ごろには、単なる他者ではなく、より広く社会的なルール（「順番を守る」「あいさつをする」など）を理解し始める。この影響から、何かをうまくできない恥ずかしさや、ルールを破ったときの罪の感情などが芽生えてくる。

2 脳とのかかわり

感情は脳の特定の部位が活動することによって発生する。ただ、その他の節と大きく異なる点がある。運動、知覚、認知などこれまでの活動は、脳の中でも頭蓋骨に近い部分である大脳皮質の特定部位の活動に由来する。単純化すれば運動は頭頂葉、知覚の中の視覚は後頭葉、聴覚は側頭葉、認知は前頭葉などである。一方、感情は、大脳皮質の次の層にある大脳辺縁系の特定部位の活用に由来する。例えば、喜怒哀楽は視床下部、怒りや恐れは扁桃核といった部位である。

大脳辺縁系は動物の脳ともいわれ、動物でも持っている部位だが、人間と動物は大きく異なる。それは、人間の場合、大脳皮質が大きく進化しており、その中でも前頭連合野の活動が活発な点である。この前頭連合野は脳全体に統制する機能をもつ。視床下部や扁桃核で生じた感情も、そのまま出すべきか、抑えるべきかを前頭連合野が判断する。幼い頃は前頭連合野が未発達であるため、生じた感情をそのまま出すことになる。しかし、成長するにつれて前頭連合野も発達し、感情をコントロールできるようになっていく。

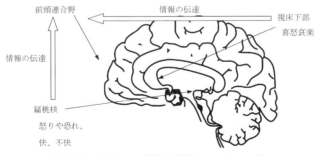

図6-4　脳内での感情の発生とコントロール
（福永，2006をもとに作成）

第9節 = 生涯発達
人生にはさまざまな課題がある

1　「生涯発達」とはどういう意味か？

　人は生涯を通して発達しつづける。このように聞くと、違和感を感じるかもしれない。その違和感の原因は「発達」という言葉の捉え方にある。発達といえば、進歩や向上といったプラスのことを連想しやすい。そして、そのような進歩・向上の典型は、乳幼児期であろう。歩けるようになる、言葉を話し始める、感情や表情が豊かになるなど、心理機能全般で捉えやすい進歩・向上がある。

　しかし、これ以降の時期でも、個々の心理機能に焦点をあててみれば、進歩・向上はある。例えば、運動機能や意欲の低下、人間関係の喪失などマイナスのことが連想されやすい老年期であっても、この時期は人格の完成期であり、エリクソンの発達過程においては個人を超えて人類にまでその知恵をはたらかせる対象が及ぶ。これが、生涯発達における「発達」の1つ目の意味である。

　生涯発達における「発達」の2つ目の意味は、「変化」としての発達である。この場合、必ずしもプラスの意味だけにとどまらない。例えば、前段落の老年期の特徴として挙げた諸々の低下・喪失も、マイナスの「変化」であり、「発達」に含まれる。このように見ていけば、人は生涯を通して変化しつづけているのであり、それゆえの生涯発達なのである。本節では、簡潔にではあるが、第7節で紹介したエリクソンとは別の観点から発達課題を提唱したハヴィガースト（Havighurst）の説を参照しつつ、各発達時期の特徴を紹介する（各発達時期の年齢はおおよそのものであり、実際には個人差がある）。

　ハヴィガーストの発達課題とは、人が健全に発達して幸福に生きるために、各時期に解決すべき課題である。その課題は、歩き始めるといった身体的成熟に由来するもの、文字の書き方の習得や社会的に責任ある行動をとるといった文化的側面に由来するもの、職業選択や個人の価値観など価値に由来するものがあり、これら3つから生じる。

2 乳児期、幼児期（誕生〜6歳）

この時期は、これまで紹介してきたことに加え、授乳・離乳食を経て、固い食べ物を食べることの学習、排泄のコントロールや性別の違いの理解、文字を読むための準備や善悪・道徳性・良心の芽生えといった特徴がある。

3 児童期（6歳〜12歳）

この時期は、第二次性徴期の始まりでもある。それゆえ、身体が大きく成長し、身体が男性は男性らしく、女性は女性らしくなっていくとともに、運動機能も著しく伸びる。これに加え、男性と女性、それぞれの社会的役割を学び始める。また、乳児期・幼児期で芽生えた善悪・道徳性・良心がより明確に形成・意識されていく。これに関連して、社会集団や社会制度に対しても関心を示し始める。より身近なところでは、同性・同年代の友人集団（ギャング・エイジ）を形成して遊ぶようになる。また、日常生活に関連した概念の形成も行なわれし、読み・書き・計算の技能が伸びる。

4 青年期（12歳〜18歳）

この時期には、児童期に形成が始まった性別による社会的役割をより明確に獲得する。これと関連して、これまでの同性の友人集団から、同年代の異性との付き合いもより成熟したものとなる。また、児童期の終わりころに始まった身体の変化を受け入れ、身体をより効果的に使えるようになっていく。価値的側面では、自らの行動の基準となる価値や倫理の体系を獲得し始める。また、両親や大人からの情緒的な独立を達成し、結婚や家庭生活、就業などを意識し始める。これらに併せ、社会的責任を伴った役割を望んで成し遂げようとするようになる。

5 成人期（18歳〜30歳）

この時期は、広義での子ども期の終わりであり、大人としての人生の始まりでもある。言い換えれば、これまでの学校生活が終わり、職業生活が始まる時期である。それに伴い、市民としての責任を引き受けることになる。それだけ

でなく、価値的側面として、自分と気の合う社交グループも見つけていく。また、配偶者を選び、その配偶者と結婚し、一緒に生活していくことを学ぶ。これまでは、すでにある家族の中で生活してきたのだが、これからは自分の家族を形成していくわけである。家族には、配偶者だけでなく、子どもも含まれてくる。子どもを育て、家庭を管理することもまた、この時期の重要な役割である。

6　中年期（30歳〜60歳）

この時期は、子どもが10代から20代前半に入り、子どもが社会的責任を果たし、大人となっていく。発達課題としては、その子どものサポートをすることとなる。また、成人期がさらに発展し、社会的責任を引き受けるだけでなく、それを果たそうとする。成人期に始まった職業生活についても、自分の満足できる業績を上げ、それを維持・向上させていく。成人期に社交グループを見つけたが、それも含みつつ、自分にふさわしい余暇時間の活動を充実させていく。一方で、この時期に特有の生理的変化に適応し、それを受け入れていく。

7　老年期（60歳以降）

この時期は、体力や健康の衰え、退職や収入の減少、配偶者の死といった、諸々のマイナスの特徴的現象がある。しかし、これらの現象を適応的に受け入れていく。それだけでなく、自分の社会的役割を柔軟に受け入れ、自分と同年齢の集団に明確に仲間入りしたり、物質的に満足できる生活環境をつくったりしていく。

【課題】
　自分の10年後、20年後、30年後を想像してみて、何を楽しんでいるかを考えてみよう。

〈引用・参考文献〉

Fantz, R. L. (1961). The origins of form perception. *Scientific American*. 204, 66-72

福永篤志（2006）．図解雑学　オールカラー　よくわかる脳のしくみ．ナツメ社

堀野緑・濱口佳和・宮下一博（編）．（2000）．子どものパーソナリティと社会性の発達．北大路書房

医学映像教育センター（2005）．子どもの発達と支援．第1巻　運動機能の発達（DVD）

Miller, G. A. (1956). The magical number seven, plus or minus two: Some limits on our capacity for processing information. Psychological Review, 63, 81-97.

宮 耕（2009）．やさしい日本語指導6　語彙／意味．凡人社

西平直喜（1979）．青年期における発達の特徴と教育．大田堯他（編）子どもの発達と教育6．岩波書店

岡本依子・菅野幸恵・塚田-城みちる（2004）．エピソードで学ぶ乳幼児の発達心理学—関係のなかでそだつ子どもたち．新曜社

ピアジェ，J.（2007）．ピアジェに学ぶ認知発達の科学．北大路書房

田端純一郎（2004）．アイデンティティの形成と病理．西川隆蔵・大石史博（編）．人格発達心理学．（第8章）．ナカニシヤ出版

谷向みつえ（2004）．愛着の発達．西川隆蔵・大石史博（編）．人格発達心理学（第6章）．ナカニシヤ出版

第7章
社会心理学

第1節 = 人を社会の中で考えよう
社会のなかで人の行動は変わるのか？

1 私だけではない世界

世界に自分1人しかいなかったら、どのような行動をとるだろうか。意外に想像しにくいものである。人を考えるうえで、他の人の存在は無視できないものではないだろうか。

人は生まれたときから、他の人とコミュニケーションをとる能力をもっている。感覚が発達し、さまざまな情報を吸収する力をもっている。また、人の顔を、とくに注視する傾向も見られる。最初は、まどろんでいるときに微笑が見られるが、やがて大人の顔や声に反応して微笑するようになる。それにつられるように大人はもっと声を掛けようと思う。大人の声掛けが止むと、体を動かしたり、発声したりして、まるで催促するような行動も見せる。よくかかわる人と、そうではない人を少しずつ区別するようになり、やがて人見知りが見られる。さらには、人の表情を見ながら曖昧な状況を判断するようにまで発達する。このように、他の人の存在は生まれたときから、私たちに影響を与えつづけている。

私たちは、人を理解しようとするときに、まずは人という個体に着目する。しかし、他の人がいることによって、どのような影響を与えるのかを考えることが、人を理解するうえで不可欠な要素であることも、忘れてはならない。

2 他の人がいると行動が変わる？

他の人がいることで、私たちの行動は何らかの影響を受けている。例えば、電車に乗っているとしよう。幸いなことに坐ることができた。そのうち、ある駅で高齢者が乗車してきた。近くに空いている席がなかったのか、少し離れた乗車口から自分が坐っている近くまで歩いてきた。だれも席を譲るそぶりをみせない。こんなとき、あなただったらどうするだろうか。頭では席を譲ったほうがよいことはわかっている。しかし、なぜか、いろいろなことを考えてしま

わないだろうか。「自分だけ席を譲ったら恥ずかしい」「もし、断られたらどうしよう」「たぶん、自分の座席の前に来る途中で、だれかが席を譲るだろう」などなど。いろいろなことを考えているうちに、席を譲るタイミングを失ってしまう。なんとなく、「どうぞ」とも言えずに、でもじっとしてもいられずに、結局、何も言わずに席を離れてしまう。そんなことはないだろうか。

　このとき、考えていることは、いずれも他の人を意識したものである。他の人が席を譲っていないのに、自分だけ譲ったら、他の人からどう見られるだろうか。席を譲ろうとして、逆に相手のプライドを傷つけることにならないだろうか。どうせ、だれかが譲るから、なにも自分が目立つことはないのではないか。このように、他の人の行動や考えが、自分の行動を決めるときに影響することは、さまざまな場面で考えられる。。

3　この章で取り上げること

　社会のなかで見られる人の行動の特徴について、心理学の視点から研究する分野が社会心理学である。「第2節　集団」では、集団で作業を行なうことの効果や、集団で意思決定を行なうさいに見られる傾向について取り上げる。「第3節　関係性」では、好意や魅力を感じる要因や、関係性を発展・維持する要因について取り上げる。「第4節　自己について考えよう」では、自己概念と自己評価を取り上げる。「第5節　社会は人の行動にどのように影響するか」では、多数派と少数派の影響について取り上げる。また、権威に服従する傾向が人にはあることについても触れる。「第6節　人は他者をどのように理解するか」では、人に対する印象、評価がどのように形成されるのか、また人の行動の原因をどのように見出すのかについて取り上げる。「第7節　人は集団をどのように理解するか」では、集団について固定したイメージをもつことについて取り上げる。「第8節　公正ってなんだろう」では、人が公正と感じられる状況の特徴について取り上げる。「第9節　流言」では、事実かどうかあいまいな情報が、人を介して社会に広まるさいの心理状態について取り上げる。

第2節＝集 団
集団とは何だろう

1　集　団

（1）　集団とは

社会は集合と集団に分けることができる。同じ人の集まりでも、その場に偶然居合わせた集まりを集合と呼ぶ。同じ列車で偶然一緒になった場合、この集まりは集合である。それに対して、何らかの意図をもってつくられた集まりを集団と呼ぶ。家庭や学校、会社、友だちのグループなど、さまざまな集団がある。

（2）　インフォーマル・グループとフォーマル・グループ

集団の中には、人が自然と集まってできるインフォーマル・グループと、目標や役割が決められたフォーマル・グループがある。仲良しグループのように心理的な結びつきによってつくられた集団はインフォーマル・グループ、学校や会社のように目標をもってつくられた集団はフォーマル・グループである。

2　集団での作業の効果

（1）　社会的促進と社会的抑制

作業は集団で行なったほうがよいのだろうか。勉強や仕事は、何人かで一緒に行なったほうがうまくいくときもあれば、逆に一緒に行なったために、はかどらないときもあるだろう。他の人がいることで作業が進むことを社会的促進と呼ぶ。それに対して、他の人がいることで作業が進まなくなることを社会的抑制と呼ぶ。社会的促進には、観客がいるだけで生じる場合（観衆効果）と、一緒に他者が作業をすることで生じる場合（共行為効果）がある。

（2）　社会的手抜き

他の人がいることで、やらなくなるという現象もある。他の人と共同作業を行なったときに、全体の成果が低下することを社会的手抜きと呼ぶ。例えば、チラシを折って封筒に詰める作業を何人かで行なったとしよう。ノルマを決め

ておかないと、1人くらい頑張らなくてもよいだろうという心理がはたらいたり、自分の成果がわからないので、動機づけが低下したりする。その結果、社会的手抜きという現象が起きるのではないかと考えられる。

3　集団の意志決定

（1）　集団思考

個人で考えるより、集団で決定したほうがより優れた結論に到達するのだろうか。必ずしもそうとはいえない。集団の合理的な決定を妨げる思考過程を集団思考と呼ぶ。例えば、集団としてはまとまりはあるが、他の集団とのかかわりがあまりない集団があったとする。そのような集団で強力なリーダーが1つの案を出したとしよう。異なる考えをもっている者がいるかもしれないが、集団のまとまりを乱すことを避けようとするので、結果としてだれもリーダーの考えに対して意見をいう者は出なくなる。このような思考過程に陥る可能性を集団はもっている。

（2）　集団極化

個人の出した結果よりも、集団で出した結果のほうが極端なものになることを集団極化と呼ぶ。そのなかで、個人で選んだ答えよりも、集団で検討した答えのほうが、リスクが高くなることをリスキー・シフトと呼ぶ。このような現象が起きる背景としては、責任の分散（集団で出された結論は、個人が感じる責任が分散される）、リーダーシップの強さ（リスクを積極的に負う傾向は、自信のない人よりも自信のある人にみられ、そういった人は他の人に影響を与えやすい）、不確実性の低減（集団で検討するなかで、確かな情報が増える）、前進することに価値を見出す傾向（リスクを心配することに比べ、前進することは高く評価されやすく、勇気があることと認識されやすい）が挙げられる。

【課題】

集団で作業した経験を思い出してみよう。集団で行なった結果、予定していた時間よりも多くの時間を必要とすることはなかったか。また、そのようなことがあった場合、その理由は何だったのだろうか。

第3節=関係性
人と人との関係はどのようにつながるのだろうか

1 好意や魅力を感じる要因

　人はどのような人に好意や魅力を感じるのだろうか。人と人がつながる要因として次のようなものが挙げられる。
　（1）　身体的・外見的魅了
　外見がよい人は人から好まれることが多い。外見自体が人に快の感情を抱かせるだけでなく、外見からの印象がよいと、性格や能力などの内面も同じようによいイメージをもちやすい。
　（2）　近接性
　どれくらい接する機会があるかも、好意に関係する。出会うということがなければ関係は生まれない。出会うために必要なことは、近くにいること（近接性）である。ただ、近くにいるだけで効果があるのだろうかと疑問に思うところもあるが、見たことがない人よりも、単純に何回も見たことがある人に好意を抱きやすいこと（単純接触効果）が示されている。
　（3）　自己開示
　関係をより深めるためには何が必要だろうか。一方的に相手のことだけを聞き、自分のことをいっさい話さない人に対して、好意は持続するだろうか。関係をより深めるためには、自分についての情報を相手に伝えることが重要である。これを自己開示と呼ぶ。たがいに自己開示することによって、外見だけでなく内面についての理解も深まり、好意を深めることになる。
　（4）　好意の互恵性
　好意は、こちらが先に抱くとはかぎらない。相手が自分に好意を抱いていることがわかることで、自分も相手に好意を抱くようになる傾向のことを好意の互恵性と呼ぶ。人から好かれたいときには、ただ好かれるのを待つのではなく、まずその人に好意を示すことによって好意が返ってくるのだ。
　（5）　類似性

人は出身地や趣味が同じ人に親しみを感じやすい。自分と似ているところがあるときに、好意が生まれるのである。

2 関係の発展

親密な関係になったあと、たがいに求めるものは変化・発展していく。出会った当初は相手から受ける刺激に魅力を感じる。自分が体験したことのない出来事の話を聞くのが楽しいと感じる時期である。やがて、相手と価値を共有する段階が訪れる。一方的に自分が関心のあることをしゃべるのではなく、たがいに関心のあることを考え、それを一緒に楽しむことが関係をより確かなものにしていく。そして、たがいの役割を補いあう段階へと発展していく。

3 関係の維持

関係を維持するうえで必要なことに、衡平性と互恵性がある。衡平性とは、相手との関係を維持するために、自分が払っているコスト（お金、時間、努力など）や得られる報酬（物質的・精神的なものなど）と、相手が払っているコストや報酬のバランスがとれているかどうかということである。自分のコストがかかりすぎると怒りを感じ、報酬が多ければ負い目を感じてしまう。損得のバランスがとれていると、関係が持続しやすいという考え方である。

互恵性とは、相手から報酬を得たら、相手にお返しをすることである。この関係が持続することで、たがいに喜びや満足を感じることになる。その互恵性が守られなくなると、相手に対する信頼が損なわれ、関係は崩壊する。

相互のバランス以外にも、関係を維持するために必要なものとして、社会的スキルがある。適切な社会的スキルを発揮するためには、表面的な表現だけにとらわれずに相手の要求を解読することや、感情をコントロールして状況に合わせて表現すること、複数の選択肢（主張したらよいのか、それとも聞いたほうがよいのかなど）の中から適切な反応を選択することなどが必要となる。

【課題】
　よい印象を受けた人を思い出してみよう。その人がもっていた、好意や魅力を感じる要因を挙げてみよう。

第4節 = 自己について考えよう
「自分はどんな人間か？」と尋ねられたときに考えること

1 自己概念

「あなたはどんな人間か？」と尋ねられたときに、どのように答えるだろうか。自分について思っている内容のことを自己概念と呼ぶ。自己概念には「勉強が得意」「運動が苦手」「自分はまじめ」「自分はあきっぽい」「甘い物が好き」など、自分ひとりの能力や特徴について言及するもの（個人的アイデンティティ）や、「〇〇銀行に勤めている」「〇〇サークルの部長」など、所属している集団との関係で自分を捉えるもの（社会的アイデンティティ）がある。

自己概念にはさまざまなものがあるが、それらすべてをつねに感じているわけではない。一所懸命に練習をして跳び箱が跳べるようになったときには、「やればできる」自分を意識するかもしれない。しかし、もう少し高い跳び箱に挑戦したところ、いくら練習しても跳べるようにならない。そんなときには、「できない」自分を意識するかもしれない。そのとき、そのときの状況によって活性化する自己概念は異なっている。このように、一時的に活性化する自己概念を作動的自己概念と呼ぶ。

作動的自己概念の活性化には、社会との関係も影響している。自分よりも勉強のできる友人とのかかわりでは「自分はだめだ」という思いが強くなるだろうし、一緒に勉強して共に成績が上がるという経験をすると「やればできる」という思いが強くなるだろう。一緒に行動していなくても、人のことを思い出すだけで、自分のよいイメージが思い浮かんだり、自分の悪いイメージが思い浮かんだりもするだろう。

自己概念がつねに固定されていないことは、ときに思い悩み、人の心を戸惑わせることもある。しかし、相手との関係の中で、柔軟にその場に合った自分をイメージしながら行動することも可能にしている。それは、例えば過去の自分のイメージにとらわれて、新たな行動を起こすことができなくなるといようなことを防いでいるともいえる。

2 自己評価

　人は自分について「やればできる」と考えていたり、「たぶんうまくできない」と考えていたり、さまざまな評価を下している。このような自分についての評価を自己評価と呼ぶ。

　自己評価は人の影響を受けやすい。人にほめられたり、感謝されたりすることは自己評価を高めるうえで重要である。だれからも認められ、ほめられることで、自分が達成したことの新たな意味を実感できるだろう。

　自己評価の安定性も人とのかかわりに影響する。自己評価が高く安定している人は、自信があり、積極的にかかわることができる。しかし、自己評価が高いが不安定な人は、自分の高い評価を守るために、人を攻撃する傾向がみられ、失敗した人を軽蔑したり、自分の失敗を人に押し付けたりする傾向があるといわれる。

　他の人と比較することで自分の評価を高める方法もある。他の人と比較することを社会的比較と呼ぶ。自己評価が低い人は、自分よりも能力が低いと思われる人と比較することで、自分の評価を高めようとする。比較することで、その人よりは自分が優秀である、幸せであると感じることができるからだ。

　自分が快適な状況になるように、比較する相手を選択するということは、自分が極端に自信を失い、行動できなくなることを防ぐという意味で、適応的な行動の1つといえる。そのなかで、自分にどのような評価の傾向があるのかを知ることは重要であろう。自分の新しい目標を立てるには、いまの自分の状況を評価することが不可欠である。自分を守ることに一所懸命になっていないかどうか、他の人と比較するだけで満足していないかどうかを見極めながら、次の目標を立てるようにしたい。

【課題】
　仲の良い友だちとの関係で自己評価が揺らぐことはありませんか。そんなとき、どのように考えながら、人はその状況を乗り越えていくのかを考えてみよう。

第5節 = 社会は人の行動にどのように影響するか
どのような状況でも、人は自分の主張を通すことができるか？

1　多数派の影響

　チームで問題を解決しなければならなくなったとしよう。解決方法はAとBの2つがある。自分はAのほうがよいと考えている。しかし、チームの他のメンバーの意見を聞くと、みんなBのほうがよいという。そのような状況の中で、Aのほうがよいと主張しつづけられるだろうか。

（1）　同　調

　集団の基準に自分の行動や判断を一致させることを同調と呼ぶ。集団には、メンバーが相互にやりとりを行なうなかで、考え方や判断の基準が一致してくるという性質がある。全員が一致する、あるいは類似してくることを斉一性と呼ぶ。集団のメンバーにとって、この斉一性は圧力となるため、個人としては違う意見をもっていても、多数派にならって同調行動を示す傾向がみられる。同調行動は答えがはっきりしているような場合でもみられる。

（2）　集合的無知

　実際には似たような考えをもっているのに、自分だけが他の人たちと違っていると思い込んだ結果、みんなが同じ行動をすることを集合的無知と呼ぶ。例えば、授業内容が理解できていないにもかかわらず、理解できていないことがみんなにバレることを恐れて質問をせずにいるような状況である。このとき、みんなが質問しないので「みんなは理解できている」と判断してしまう。しかし、実際には、たがいに恥ずかしくて手を上げられずにいるのかもしれない。

2　少数派の影響

　少数派の意見が多数派に影響を及ぼすこともある。少数派が多数派に影響を与えるために重要なことは、主張の一貫性である。主張に一貫性があることによって、主張が事実として感じられるようになるのである。少数派には、そのほかに多様性や流動性・変動性をもたせる機能がある。

3 権威への服従

　第二次世界大戦におけるユダヤ人の大量虐殺に、当時の多くのドイツ国民が関与したという事実は、人が自分の意志とは関係なく権威に対して服従する可能性があることを歴史的に示している。このようなことは戦時下という特殊な状況で起きたことであって、日常的に起こることでないといえるだろうか。この権威に対する服従について実験を行なったのがミルグラム（Milgram, S.）である。

　ミルグラムは、人が命令を受ける状況を実験的につくりだした。被験者は教師役として参加した。教師役に与えられた課題は、生徒に暗記学習課題を出し、間違えたら電気ショックを与えるというものであった。電気ショックを与える装置にはスイッチがあり、15ボルトから450ボルトまで流せるようになっていた。被験者の隣りには監督者が寄り添って、適宜支持を出すようになっていた。被験者は、生徒が間違えるごとに15ボルトずつ上げるように指示された。生徒は隣りの部屋で解答し、声だけがスピーカーを通して被験者に聞こえるようになっていた。実験が始まると、生徒役は誤答を繰り返した。被験者が電気ショックのスイッチを押すと、スピーカーから生徒が苦しむ声が聞こえた。被験者が躊躇すると、監督者が「つづけなければならない」と命令した。生徒役はサクラで、ボタンを押しても電気は流れないようになっていた。電圧が上がるたびに、文句を言ったり、悲鳴を上げたりして、苦しむ演技をした。

　実験の結果、全体の62.5%の被験者が、最後の450ボルトのスイッチまで押した。もしも本当に最後の450ボルトまでスイッチを押していたら、生徒に致死量の電気を流したことになる。それにもかかわらず、半数以上の被験者が、途中で躊躇しながらも、監督者の支持に従ってスイッチを押しつづけた。

　社会はさまざまな場面で人の判断に影響を与えるが、それは人の生死にかかわるような重要な場面においても起こりうることなのである。

【課題】
　日常生活のなかで、多数派の影響を受けた出来事を挙げてみよう。また、少数派の影響を受けた出来事を挙げてみよう。

第6節＝人は他者をどのように理解するか

情報が少ないときにも他者を正確に理解できるだろうか？

1　対人認知

　日常生活の中で多くの人と出会う機会があるが、限られた手がかりから、どのような人なのか、どんなことをするのかを判断しなければならないことも多い。このように、他者の性格や能力、態度などを判断し、他者の行動の原因やこれからの行動を推測することを対人認知と呼ぶ。

（1）　印象形成

　人は限られた情報から、その人の印象をつくる。この過程を印象形成と呼ぶ。アッシュ（Asch, S.）は、最初に与えられた情報が、その後に与えられた情報に影響を与えるとした。このように、最初に与えられた情報が全体の印象に影響することを初頭効果と呼ぶ。

（2）　対人認知を歪める要因

　限られた情報から他者について判断し、推測することによって、ときには対人認知に歪みが生じる場合がある。その要因には、光背効果、論理的過誤、寛大効果、時間的拡張、よく知っている人からの一般化がある（表7-1参照）。

2　原因帰属

　いつも、あまり表情に出さない人が、にこやかに仕事をしている姿を見ると、人は「何かよいことがあったのではないか」など、笑顔の理由を考える。このように、人の行動や出来事の原因を推論することを原因帰属と呼ぶ。

（1）　原因をさぐる

　行動の原因を推論するときに、どのような要因に着目するのだろうか。1つの要因は、ある行動が生じたときに存在し、その行動が生じないときには存在しないというように、行動の有無と一緒に変化する要因である。これを共変要因と呼ぶ。例えば、プレイルームで、1人で遊んでいるときにはのびのびと好きなおもちゃで遊んでいた子どもが、保護者が一緒になると保護者の様子をう

かがいながら、目の前にあるおもちゃで遊び始めたとしよう。急に体調が悪くなったのかなと推測するよりも先に、保護者が何らかの原因になっているのかな、と推測するだろう。

（2）原因帰属の歪み

原因の帰属にはある偏りが見られる。1つは、他者の行為の原因として、性格や態度、能力などの内的な要因を重視し、行為が生じた環境などの外的な要因を過小評価する傾向である。これを基本的帰属の錯誤と呼ぶ。それに対して、自分の行為の原因は、状況などの外的な要因に帰属させやすい。このような、他者への帰属と自分への帰属のズレを行為者－観察者バイアスと呼ぶ。

原因の帰属は自分に都合よく行なわれる場合がある。自分が成功した場合の原因を、自分の能力や努力などの内的な要因に求めるのに対して、自分の失敗した場合の原因は、課題の難しさなどの外的な要因に求めやすい。これを、セルフ・サービング・バイアスと呼ぶ。

表7-1 対人認知を歪める要因

光背効果 （ハロー効果）	1つの面で良い（悪い）印象をもつと、そのヒトの他の面も良く（悪く）認知する傾向。
論理的過誤	個人的な経験からA特性をもっているヒトはB特性ももっていると一般化すること。
寛大効果	好ましい特性を過大に評価し、好ましくない特性は過小に評価すること。
時間的拡張	一時的に見られた特徴を、いつも見せている特長だと判断すること。
よく知っている人からの一般化	よく知っている人と似た風貌や行動の持ち主は、その他の面もそのヒトに似ていると判断すること。

【課題】
　あなたの知り合いで、第一印象で受けた印象と、実際にかかわってみて知ったことにズレがあったことはないだろうか。そのとき、どのような対人認知の歪みが生じたのだろうか。

第7節 = 人は集団をどのように理解するか
固定されたイメージを通して集団を見ることはないだろうか？

1 ステレオタイプ

　特定の集団やメンバーの中で受け入れられている固定されたイメージ、観念のことをステレオタイプと呼ぶ。例えば、体育会系の学生がよく採用される会社と聞くと、なにか一定のイメージをもつのではないだろうか。元気がよい、活動的といった言葉が、会社のイメージとして挙がりそうだ。

　よくわからない相手の最初の印象を形成するときに、ステレオタイプの影響を受けやすい。その人が所属している集団を手掛かりに、その集団の人が共通してもっていると信じられているイメージを、その人にも当てはめる。

　ステレオタイプは、数少ない手掛かりから相手がどのような人なのかを判断するうえで、重要な手掛かりとなっている。人を細かく理解するには多くの時間と情報が必要だが、ステレオタイプを手掛かりに、限られた時間である程度正確に相手を理解することができるのである。

　なお、ステレオタイプが信念などの認知的な側面を強調するときに用いられるのに対して、偏見はどちらかというと、好き・嫌いのような感情的な側面を強調するときに用いられる。また、差別はステレオタイプや偏見と区別される。ステレオタイプや偏見が認知的、あるいは感情的な側面であるのに対して、特定の特徴を理由に、報酬や罰などを与えるなど、具体的に不平等な行動をとることを差別と呼んでいる。

2 ステレオタイプに見られる特徴

（1）　カテゴリー化に伴う効果

　同じ集団に入っていても、人にはそれぞれ個人差がある。しかし、カテゴリー化が行なわれることで、個人差はあいまいになり、特徴が際立つことになる。例えば、「女性はおしゃべり」というステレオタイプが形成されると、「女性だからおしゃべりである」と知覚されるのである。これを同化傾向と呼ぶ。それ

に対して、他のカテゴリーに所属している人の違いも過大視される。「男性はおしゃべりでない」と知覚されるのである。これを対比傾向と呼ぶ。その結果、「おしゃべり」と「おしゃべりでない」の中間がなくなってしまい、集団が異なるとまったく異なる傾向を共通してもっているかのようなイメージがつくられるのである。

（2）　等質性効果

駅前で学生が騒いでいるのを会社帰りの50代のサラリーマンが見たとしよう。「最近の学生は人前で平気で騒ぐ」というイメージをもつかもしれない。このように、自分が所属している集団に比べて、それ以外の人たちが同じような人たちだと捉えることを外集団等質性効果と呼ぶ。外集団等質性効果が起きるカテゴリーはさまざまで、性別や年齢層、宗教などが挙げられる。外集団等質性が起こる理由の1つは、接触頻度の少なさである。自分が所属していない集団の情報は少なく、十分理解できているとはいえない。そのため、数少ない情報から集団の特徴を推測することになる。実際には、集団の中にもさまざまな特徴をもった人びとが含まれているかもしれないが、その情報が欠けているため、均一のイメージがつくられることになる。

3　ステレオタイプのマイナス面

情報の少なさから理解の歪みも生じる。もともと人は個人差が大きい存在である。興味・関心があることや、得意・不得意なことなど、人によってさまざまである。ステレオタイプの対象となる側からすると、実際の自分とは異なる印象を押し付けられる可能性を含んでいることになるのである。また、ステレオタイプが人種差別・性差別といった社会問題につながることもある。

【課題】
　日常生活のなかで、最初にもった印象と実際にかかわってみてわかったことが違っていたという経験を挙げて、なぜ最初の印象がつくられたのかを考えてみよう。

第8節=公正ってなんだろう？
集団活動の中で人が納得すること、しないことは？

1　公正な状態とは

　公正とは、自分が受け取るべきものを受け取っていると感じられる状態である。同じ状況でも、人によって公正であるかどうかの感じ方は異なる。どのような状態で公正と感じるのだろうか。
（1）　分配的公正
　結果として得られたことに着目した公正さを分配的公正と呼ぶ。努力をした結果もらえる商品やお金、またどれくらい褒められるかなど、結果に着目して公正さの判断が行なわれる。また、他の人の結果と比較することもある。
（2）　分配的公正の基準
　公正と感じられる基準には、衡平、平等、必要性がある。衡平とは、結果を得るために投入したものと、その結果とのバランスがたがいにとれているかということである。自分が投入したものに見合った結果が得られるかどうかだけではなく、相手とのバランスも踏まえて評価される。
　平等とは、数が均等に分けられているかということである。平等という基準を用いる場合、数を均等に分けてよいかどうかという判断が必要になる。
　必要性とは、援助などを必要としているかどうかということである。グループの1人の具合が悪くなった場合に、必要に応じて水や食料などを優先的に配分することがあるが、これは必要性という基準で公正を判断している。
（3）　集団によって異なる基準
　集団の目的によっても、重視する公正の判断基準は異なる。経済的生産性の向上を目的として競争関係にある集団では、衡平が重視される。一方、快適な社会生活の維持を目的として、調和を優先する集団では、平等が基準となる。福祉などの生活向上を目的とする集団では、必要が基準となる。
　集団の安定性も、構成の判断基準に影響する。集団のメンバーがよく入れ替わる場合には、高い業績を上げた者が衡平を主張するのに対し、低い業績を上

げた者は平等を主張する。それに対して、集団があまり入れ替わらない場合には、高い業績を上げた者は平等を主張し、低い業績を上げた者は衡平を主張する。集団が入れ替わる集団では、異なる主張がぶつかる状況が生じている。それに対して、集団があまり入れ替わらない集団では、たがいに、単に自分の業績だけでなく、業績が高い者はその利益をみんなで分けることを主張し、業績の低い者は、頑張った者が利益を得るのが妥当だと主張することになる。

ここから、つねに一緒に行動する集団では、集団のまとまり、関係の充実を重視する傾向があることがうかがえる。集団の特徴も踏まえて、グループの目標を設定するとともに、人の入れ替わりが頻繁に行なわる集団では、そのグループの目標の設定に配慮が必要であるといえる。

（４）　手続き的公正

自分が受け取るべきものを受け取るまでの過程に着目した公正さを、手続き的公正と呼ぶ。自分が受け取る賞品を決めるとき、他の人がクジを引いて決めるよりも、自分でクジを引いたほうが、賞品の内容にかかわらず納得できるだろう。さらに、できればクジを引かない人、あるいは賞品を受け取ることに関係のない人がクジを作ったほうが、納得しやすいだろう。手続き的公正では、その過程をどの程度コントロールできるかということが判断に影響を与える。

2　不衡平だったときの行動

自分が受け取ったものが、自分の努力などに見合ったものでなかった場合、人はどのような行動をとるだろうか。自分の得た報酬が多すぎた場合には、「自分の課題は報酬に見合うだけの困難な課題であった」と評価することで、罪悪感を低減させる傾向がみられる。一方、差別のように、不衡平の結果、自分が不利な扱いを受けるような場合には、「そのような不公平自体をなかったもの」と認知する傾向がみられる。

【課題】

集団活動で納得のいかなかったことがありますか。それは、どのような基準が自分の中にあったからなのか、考えてみよう。

第9節=流言

事実と異なる情報がなぜ広まるのか？

1　流言とデマ

　事件が発生したさいに寄せられる目撃情報の中には、実際の犯人像とは異なるものもある。1998年に11歳の少年を14歳の少年が殺害するという事件が起きた。14歳の少年が犯人であったという事実に世の中は強い衝撃を受けた。このとき、最初の犯人像として広まったのは黒いポリ袋をもった中年男性であった。私たちの社会では、不確かな情報であるにもかかわらず、まるで事実であるかのように情報が広まることがある。このように、情報が客観的に正しいかどうかが確認されないままに、個人から個人へと伝達されていくことを流言と呼ぶ。

　流言は、自然発生的なもので、そこには事実と異なる情報を広めようという特定の意図は存在しない。それにもかかわらず、情報は広まっていく。流言が発生しやすい状況はどのようなものなのだろうか。

　なお、だれかによって意図的に流された、事実とは異なる情報はデマと呼ぶ。意図的に流されたものかどうかで、明確に区別されている。

2　流言が発生しやすい状況

　流言は、状況があいまいで、人びとの間に不安や緊張が高まっているときに発生しやすくなる。このような状況では、人は自分がどのような状況に置かれているのかを知るための情報を求める傾向がある。また、得られた情報を他者に伝えようとする情報伝達欲求が生じる。情報を他者に伝えながら、その情報が正確であるかを確認し、不安や緊張を低めようとするのである。

　また、あいまいな状況に加えて、情報が自分にとってどれだけ重要かも流言を発生させる要因の1つになっている。オルポート（Allport, G. W.）とポストマン（Postman, L.）は、流言の強さは、情報が自分にとってどれくらい重要か（重要性）ということと、状況や事柄がどれくらいあいまいか（あいまいさ）と

いうことに比例するとした。

　情報があいまいで、不安や緊張が高い状況には、災害時や戦時下がある。かつて、関東大震災の直後に多くの在日外国人が虐殺されるという事件が起こった。在日外国人が井戸に毒を入れるといった流言が発生し、市民がパニックに陥った結果であった。大震災直後で十分な情報が得られない状況、さらに不安や緊張が高まっている状況で流れた自分の生死にかかわる情報は、その情報の正確さが確認されることなく広まり、市民をパニックに陥れたのである。

3　流言の変容

　流言が伝わる過程では、平均化・強調化・同化が生じ、伝わる情報は変化していく。平均化とは、詳しい情報が削られ伝達内容が簡略化し、より単純になる傾向である。強調化とは、目立つ部分が強調され、場合によっては誇張される傾向である。同化とは、伝える人の主観が入り、内容が組み替えられることである。

　例えば、情報が欠けているところを補いながら、内容をよりもっともらしく組み替える傾向や、伝える人が期待している方向に話が進むように組み替える傾向、本来は別々の情報をまとめてしまう傾向などが見られる。

　もともとあいまいな状況から発生した流言は、伝える人の主観で一部が強調されたり、作りかえられたりしながら、事実とまったく異なる方向へと変化しながら伝わっていく可能性ももっているということになる。

【課題】
　流言にまどわされないようにするためには、どのようなことに注意する必要があるか、考えをまとめてみよう。

〈参考文献〉
遠藤由美（編）(2009). いちばんはじめに読む心理学の本2　社会心理学. ミネルヴァ書房
無藤隆・森敏昭・遠藤由美・玉瀬耕治 (2004). 心理学. 有斐閣
山岸俊男（編）(2001). 社会心理学キーワード. 有斐閣
山口裕幸（編）(2001). 心理学リーディングス. ナカニシヤ出版

第8章
人格心理学

第1節＝個人差の科学
人は人をどのように見てきたか

1 人の特徴に関する心理的概念

　人の特徴はさまざまであるように感じられるが、その一方で一定の規則性を、違いのパターンに見ることができる。ある人の特徴の1つに性格がある。性格を表わすには、自分から見た性格と、他者から見た性格に分けて考える必要がある。他者の性格は、「ある人の行動に現われる持続的な個性のパターンで、客観的に観察されるもの」とされる。一方、自分の性格について、自分の行動を客観的に観察することはできるのだろうか。自己の客観視ができれば、「自己を客観視することにより、行動から理解できる性格」と「他人からは直接知ることができない、行動に現われない性格」を知ることができるかもしれない。

　性格と同じような言葉に、気質、人格（パーソナリティ）がある。これらの用語は心理学では、次のように定められている。気質（Temperament）は、生まれつき備わっている生理的基盤に基づいた行動特徴である。遺伝的要因が大きく、感情的な反応に深く関係している部分である。憂鬱、冷静、陽気、癇の強さといった根本気分の特徴である。

　性格（Character）は、生得的な気質が生後の経験、環境的影響を受けて成立する行動特徴を示す。行動に現われる、その人独特の特徴や人柄のことで、いわゆる「他者から見た性格」である。この場合、行動に現われる性格は状況や場面に応じて変化するため、1人の人間の性格がいくつもある可能性があり、多面性格などと呼ばれる。人格（Personality）は、ギリシャ語のペルソナ（仮面）に語源がある。さまざまな性格の特徴を統合したもので、自己同一性と関連がある。「自分は昨日も今日も、自分という1人の人間である」と自覚している自分の行動特徴を含んでいる。

2 古典的理論

（1）類型論

性格の類型論は、人間の行動特徴をいくつかの型に分けて理解しようとする考え方で、古くはヨーロッパを中心に発達してきた理論である。クレッチマーによる体型と気質に関する3類型や、ユングの向性による類型に代表される。人の行動特徴をタイプ分けすることが類型論の基本である。すべての類型論に共通することだが、裏付けとなるデータが欠如しているか、類型へのエビデンスは保証されていない。現在の心理学では、人の行動特徴を表わす主要な方法として、類型論が用いられることはほとんどない。複数の要因が複雑に関連する人間の行動特徴を少ない種類の型に当てはめること自体が無理なことだからである。しかし、人が人の特徴を考えるうえでは重要なことなので触れてみることにする。

　また、科学的根拠はないが、巷で人気を博している血液型による性格分類も一種の類型論といえる。ここでは、代表的な類型論について説明を加える。科学的根拠は皆無だが、世俗心理学（folk psychology）はいまだに人気がある。

（2）　特性論

　その人の行動を特徴づける複数の側面を抽出することで、ある人の特徴を捉える特性論の立場では、人の性格や人格（パーソナリティ）を多数の性格特徴の集合であると考え、この性格特徴の集合体が特性と呼ばれる。ある人がもっている、明るさ、堅実さ、倹約ぶり、協調性、酒癖の悪さなどといった多くの性格特性を総合的に評価したものである。

　特性論を用いると、人の性格を類型論に比べてより細かく捉えることができる。類型論では、同じ類型に属していると、1人1人の細かい差異は切り捨てられる。しかし、特性論では細かい性格特徴を1つ1つ検討すると個人の微妙な違いを捉えることが可能になる。つまり、特性論的な考え方をすることで、同じ特徴でも程度の差として、より詳細な比較のための記述をすることが可能になる。性格テストは、特性論的を背景として尺度化されている。

【課題】
　人は、人の特徴をどのように捉えているのか、考えてみよう。

第2節 = 遺伝的要因と環境的要因
性格はどのようにして形成されるか

1 パーソナリティとは

　人間の行動特徴は多様であり、また独特である。日常生活での行動特徴のベースとなるものはその人のパーソナリティ（Personality）であり、パーソナリティの理解は、その人物へのより深い理解につながる。

　パーソナリティとは、遺伝的に規定される気質的特徴と環境によって学習される行動特徴によって、感情、思考、行動の一貫したパターンを説明する、その人の諸特徴である（Pervin, Cervone. & John, 2005）。すなわち、パーソナリティを表わす行動特徴は、生まれもった遺伝的要因と、社会・文化から獲得する環境的要因によって形成される。

2 遺伝的要因と環境的要因

　遺伝的要因によって受け継がれる特徴を気質（temperament）という。これは顔の容貌や身長など身体の形態的特徴や、神経伝達物質の速度といった神経系機能や内分泌系など遺伝的に受け継がれる特徴であり、刺激に対する感情的反応の個人差で、遺伝性が強く、生涯を通して安定している。また、身長などの身体的形質、知能やパーソナリティ、社会的態度などの心理的気質、さらにはライフイベントの経験まで、ある程度遺伝の影響が見られる（Plomin, DeFries, McClearn, & McGuffin, 2001）。

　行動の遺伝要因に関する研究は人間行動遺伝学の分野であり、パーソナリティや知能など個人差に及ぼす遺伝と環境のそれぞれの影響について、養子や双生児などのデータから明らかにしている（山形・菅原・酒井ら，2006）。この他にも、パーソナリティ特性を脳や遺伝子との関連から説明しようとする理論は、支持的データが蓄積されつつあるが、理論としての検証やシステムとしての理論的構築はこれからの課題である。

　一方、環境的要因とは、幼少期からのしつけや文化・社会で要求される行動

特徴を学習することで獲得したものである。とくに、成長の過程で選択された目的や価値観を性格（character）といい、幼少期の社会・文化的影響や家庭でのしつけから形成され、これが狭義の性格といわれている。

その後、家庭だけでなく学校、職場など社会生活の場が発達とともに広がることによって、社会的役割を含めた行動特徴であるパーソナリティが形成されていく。このため、パーソナリティは、気質（temperament）、性格（character）を含んだものであり、広い意味での性格を表わすものがパーソナリティであり、生涯を通してその人の比較的一貫した行動特徴となる。

3　パーソナリティ形成の同心円

このような考え方は古くからあり、1960年に宮城音弥によって、生物学的要因としての気質、環境的要因による性格、知識・学習による習慣や態度、社会文化的規範によって形成される役割的性格によって、パーソナリティは形成されるという同心円の考えを示されている。

しかし、宮城による同心円理論のようなパーソナリティ理論を論じるためには、遺伝子科学の発達が追いついていなかった。クロニンジャー（Cloninger, C, R.）ら（1993）は、気質の組み合わせによるパーソナリティのタイプを相互作用的に示す新しいパーソナリティ理論の基盤を構築した。それによれば、気質とは刺激に対しておのずから生じる情動反応で、遺伝性が高く、幼年期に顕れるが一生安定的につづいていく、生まれたときから遺伝的に持ち合わせている個人の性質の部分である。新奇性について、生まれつき新しい刺激を好みやすい気質の人と、新しい刺激を回避する気質が遺伝的に決まっている。このような気質と環境との関係を図8-1（次頁）のように示した。

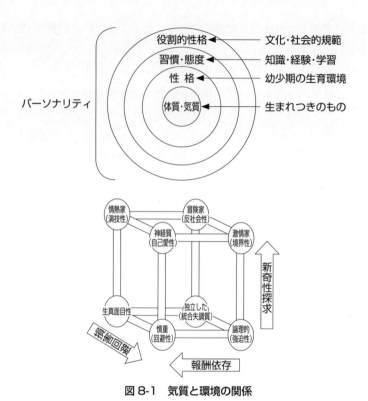

図 8-1 気質と環境の関係

> 【課題】
> 生得的な気質による行動の差異と、経験による行動の差異について考察してみよう。

第3節 = パーソナリティの測定方法と客観性
他者のパーソナリティを知るにはどうすればよいか

1　3つの科学的研究法

　心理学において、パーソナリティの観察や記述を客観的に測定するための科学的研究法として、①臨床的方法、②相関的方法、③実験的方法が挙げられる（Pervin, 1993）。いずれの方法も、パーソナリティの観察や記述は人間が関与するので観察者の主観が入りやすい。このため、パーソナリティの測定には客観性が求められる。

　臨床的方法では、数少ない被験者の一般的行動と個性を観察するので、被験者を客観的に観察するための訓練された観察者が必要である。また、データの特殊性や分析の困難さから熟練した研究者が必要であり、対象となる人を観察し、分析する方法は臨床的な事例研究や質的研究が中心となる。

　相関的方法は、人間の一般的行動を記述し、その人がどの程度その特性をもっているかで、その人のパーソナリティを判断する方法である。そして、そこから逸脱したものが個性となる。観察された一般的な行動特徴を表わした最初の研究は、パーソナリティ特性語に関する研究である。

　「やさしい」「まじめな」などのパーソナリティの表現用語を各言語の辞書から抽出し、抽出された特性語を人間のパーソナリティ特性の母集団として分類するのが心理辞書的方法である。オールポートは辞書から抽出した17,953語の人格を表わす言葉を集計し、4,504語にする分類を行ない、特性の評価および表現用語をまとめる作業を行なった（Allport & Odbert, 1936）。

　日本語の特性語研究は青木（1971）に始まり、「明解国語辞典」から日本語による性格特性語3,862語を抽出し、日本語で7因子を確認している。最近の日本語辞書を用いた特性語研究では、主要5因子に近いパーソナリティの5次元が認められている（辻, 2000）。

2 パーソナリティ特性の5因子

　特性論の発展とともに、「人間のパーソナリティ特徴を表わす次元はいくつか？」というパーソナリティ特性の次元に関する研究が進んでいった。その後も、キャテル（Cattel, 1957）、ノーマン（Norman, 1967）らの研究を経て、ゴールドバーグは、外向性－内向性、協調性、良心性、情緒安定性、知性の5因子を抽出し、パーソナリティを測定すると、おおよそこの因子にまとめられるとした（Goldberg, 1990, 1992）。この5因子をパーソナリティ測定のツールとしたものが主要5因子性格検査（BIG 5）であり（MaCrea & Costa, 1994）、現在でも、文化を超えたパーソナリティの5特性の因子的妥当性については検討が行なわれている。

　このように、パーソナリティの次元は現在5つに集約されているが、いくつであっても、パーソナリティの基本的単位は特性であり、この特性は人間の反応傾向ともいわれているので、特性は量的測定が可能である。このような方法は質問紙法として、あるパーソナリティ理論に基づいて尺度を構成し、観察された行動の記述的要素から質問項目を作成し、統計的に行動の一般性の精密化を行なう。ここでは、科学的操作による数量化を前提としているが、数量化されたパーソナリティ概念は、捉えようとする概念定義の一側面を測定したものであり、その人の全体像を捉えるものではない。

3 実験的方法と客観性

　実験的方法は、行動形成における環境要因を重視し、特定の行動傾向を生み出す環境因子を、学習理論の概念によってパーソナリティ側面を説明しようとするアプローチである。パーソナリティ特性の行動的指標に着目した測定法では、アイゼンクが身体反応とパーソナリティ特性との関連性に関するパーソナリティの実験的研究を行なっている（Eysenck, 1967）。

　その後、パーソナリティ特性と実験上の行動変数との関連性がさまざまな方法で検討されるようになった。その理由として、実験的方法はパーソナリティの質問紙法とは異なった特性の量的なパーソナリティ情報を得ることが可能であると考えられている。

しかしながら、実験的方法は客観的なパーソナリティ測定や記述を行なうことは可能であるが、実験の要因の規定が結果を左右する。つまり、パーソナリティと関連があると思われる実験を行なったとしても、実験の要因として設定しなければ、それが誤差となってしまい、行動特性として現われないのである。とくに、脳の認知機能や神経伝達物質の速度の速さなど身体的特徴を含む要因は、パーソナリティの気質の部分に関係するので個人差が大きい。このため、ある行動特徴がパーソナリティと関連性があったとしても、その身体的な個人差のために一般的な行動特徴として数量的結果が得られない場合が多い。

　このような理由から、アイゼンクらの研究後、相関的方法が主流となり、実験的方法は下火になりつつあったが、遺伝子研究の成果や実験機器の精密化によりパーソナリティ特徴と遺伝子との関連性が明らかになるにつれて、身体的特徴や個人差の問題が把握されつつある。これらの問題が解決されていけば、臨床的方法や相関的方法では得られないパーソナリティ特徴について、実験的方法で記述することが可能になる。例えば、気分障害の患者に対し、薬物療法の前と後で気分が変化したときの状態を、反応時間、脳血流、脳波など別の情報で記述することができれば、他者と比較することができない情報に関しても個人内差の観点から、その人の症例を客観的に把握することが可能になる。臨床的問題では観察者の主観が問題となり、相関的方法では質問者がどのような質問紙を作るかで特性が規定されるように、1つの方法では欠点となることでも、他の方法によるパーソナリティ情報を参考にすることで、その人のパーソナリティ状態をより客観的に捉えることが可能である。

　パーソナリティを客観的に測定するための3つの科学的研究法は、いずれも利点と欠点があるが、どれかに偏らずいくつかの方法を組み合わせることで、ある人物像のパーソナリティ理解をするのが、より客観的方法に近くなると考えられる。

【課題】
　外向性－内向性、協調性、良心性、情緒安定性、知性を反映する客観的な行動指標を考えてみよう。

第4節＝パーソナリティの生物学的アプローチと気質
パーソナリティは遺伝なのか行動特徴なのか

1 アイゼンクのパーソナリティ理論

　パーソナリティの実験的研究では、観察記録や身体的測定などの変数を統計的に処理する方法で研究が行なわれている。パーソナリティ機能の基本的な媒介変数を解明するための実験は古典的条件づけの技法に始まり（Pavlov, 1927）、その後、さまざまな条件づけに関する実験が行なわれた。条件づけに関する研究においても、身体的特徴や生物学的特徴から行動を研究していくために身体的測定を行なうことが多いが、生体は生物特有の個体差が存在し、特定の行動を生じる生体側の要因がある。これを重視したのが生物学的アプローチであり、遺伝的に受け継いだと考えられる生物特有の個体差に着目し、特定の行動を生じる生体側の要因として人間の神経系など生物学的基礎に注目している。

　パーソナリティに関する実験においても、測定可能な行動に基づくパーソナリティ特性の因果的関係を明らかにするために、変数の組織的な操作を重視した実験的な測定法を行なうことで、パーソナリティとの関連性を検証している。

　とくに、アイゼンクは向性特性における覚醒水準の実験において、「内向性－外向性次元が皮質活動を基盤にもち、外向性は大脳の覚醒水準が低く、内向性はその水準が高い」（Eysenck, 1967）というパーソナリティ理論によって、パーソナリティの生理学的基盤を検討した。同時に、パーソナリティ変数と条件づけパフォーマンスの媒介変数との関係に注目し、実験的方法には個人内の神経系や筋力といった個人による差が問題となって、行動の特徴を含めた一般法則を立てることが難しいと指摘している（Eysenck, 1957, 1963）。

2 基本的な3水準

　このような理由から、アイゼンクはその後、行動観察データを用いることによって、外向性、内向性、神経症傾向のパーソナリティの基本的な3つの次元を見出した（Eysenck, 1981）。これらの次元に対応した生物学的基礎を重視し、

パーソナリティは神経系の遺伝的特質（genotype）の基礎の上に築かれた表現型（phenotype）であると考え、パーソナリティを生物学的基礎から行動に至る階層として捉える包括的な理論を提唱した（Eysenck & Eysenck, 1985）。

第1の水準はパーソナリティの遺伝型をなす基礎的な水準は神経系の解剖学的・生理学的な特性に相当し、中枢神経を構成する上行性紋様体賦活系、大脳辺縁系、大脳皮質といった主要な脳組織の構造や機能における個人差は情動反応性や皮質の覚醒水準に差異をもたらし、その結果、異なった行動特性が形成されるようになる。第2の水準は実験室で実際に観察されるさまざまな生理心理的変数に見られる個人差である。条件づけ、感覚閾値、動機づけといった実験変数に表われる個人の特徴的反応は神経系の遺伝的特性を反映し、パーソナリティの生物学的基礎に関する科学的研究に重要な意味をもつ（大貫・佐々木, 1992）。さらに、第3の水準はもっとも表層的なレベルとされ、実際に日常生活で観察できる社交性、衝動性、活動性などの個人の行動傾向、行動習慣である。

これらのパーソナリティの行動特性（PB）は、素質（Pc）と環境（E）の相互作用で形成され、この関係は、$PB = Pc \times E$ の公式で表わされる。パーソナリティの概念には一貫性が含まれており、心配性や社交的、おしゃべりといった特性は、何年も一貫して示される。これは、第3の行動水準が日常的な環境の適応により変化し、個人の情動反応性や覚醒水準といった反応がパーソナリティの一貫性にかかわってくる。このように、パーソナリティの決定には遺伝的要素が絡んでおり、遺伝によって受け継ぐものは、行動そのものではなく、行動を引き起こす物理的構造である神経系といった身体的構造であることを示唆している（Eysenck & Eysenck, 1986）。

3　気質モデルをめぐって

さらに、独自の生物学的パーソナリティ理論を提唱したグレイは、外向性と学習理論の立場からアイゼンクの理論の再公式化を行ない、新たに衝動性と不安の因子を見出し、高い情動性を特徴とする神経症傾向は情動性が強化によって喚起されるので、罰や報酬などの強化事象全般に対する強い感受性を反映するとした（Gray, 1973）。グレイの気質モデルは強化感受性理論と呼ばれ、人間の行動は、行動抑制系（Behavioral Inhibition System; BIS）と、行動賦活系

(Behavioral Activation System; BAS) の2つの大きな動機づけシステムの競合によって制御されていると述べている。BISとBASはそれぞれ独立の神経学的基盤が仮定されている (Glay, 1982, 1987)。そこでは、BISは神経症傾向と正に相関、外向性とは負に相関する、BISは損害回避と正に相関、新奇性とは相関しない、BASは新奇性追求と正に相関し、損害回避とは相関しないという結果が得られている。BISとBASを測定する質問紙としてBIS/BAS尺度日本語版（高橋ら, 2007）があり、ここではそれぞれの誘発信号を罰と報酬に特化し、その両者に対する感受性の個人差を測定することができる。

　また、行動遺伝学的要素の強いクロニンジャーは、パーソナリティ形成に関する遺伝と環境の問題から、人間のパーソナリティは気質（temperament）と性格（character）の2つから構成され（Cloniger, 1994）、このパーソナリティの2つの要素がそれぞれ異なる脳システムに対応するとしている。気質は、扁桃体、視床下部、線条体その他の辺縁系領域など、感情に関係の深い脳部位の機能によって形成される。4つの因子から構成される気質には、それぞれに関連の深い脳内の神経伝達物質が想定されている。

　この神経伝達物質は神経細胞同士の結合部であるシナプスにおいて情報伝達を制御する4つの科学物質であり、それぞれに機能がある（安藤, 2006）。新奇性追求（novelty seeking）はドーパミン（dopamin）に規定されており、新しいスリルや刺激を好み、意志決定が早く、活動的な特性を表わしている。損害回避（harm avoidance）はセロトニン（serotonin）により規定され、リスクに敏感で神経質な特性を表わす。報酬依存（reward dependence）はノルアドレナリン（noradrenaline）に規定されており、社交的で他者に依存しがちな特性である。固執（persistence）は物事にこだわり、忍耐強い特性であるが、対応する神経伝達物質はまだ規定されていない。性格は海馬や大脳の各連合野など記憶や認知に関連する神経ネットワークにより担われている。行動遺伝学的要素の強いクロニンジャーの理論は主要5因子性格モデルとの対応性も検討されており、各特性の背後に脳機能や遺伝子の個人差があると想定されている。

【課題】
　パーソナリティを規定する3水準を図示してみよう。

第5節 = パーソナリティの生物学的要因と
パフォーマンスとの関連性

1 パフォーマンス中の生体機能を測定

　パーソナリティ特性を表わす行動特徴だけでなく、ある課題を行なうときのパフォーマンスにもパーソナリティ特徴と関連性があるとする研究は、パーソナリティの実験的方法で検討されている。これは、あるパーソナリティ特性に関連すると考えられる作業課題やパフォーマンスを実施し、そのプロセスを脳波、ファンクショナル MRI、反応時間、脳血流計などの生体機能を測定し、脳機能の変化や時間的変化とパーソナリティ特性との関連性を研究するのである。

　パーソナリティ特性と反応の早さ／遅さなどの時間的特徴との関連性を検討した実験では、あるパフォーマンス中の反応時間を計測し、時間的変化によって特性の特徴や関連性を検討するものである。反応時間（Reaction Time：RT）とは、刺激が与えられてからこれに対する意識的な随意運動としての反応が起こるまでの時間的感覚を指す（利島・生和ら，1993）。反応時間は刺激によって受容器が興奮し、これが求心性経路を経て中枢に達し、脳で処理されたあと、遠心性経路を経て効果的に伝達されて反応が起こるまでの生理的諸過程を含んだ時間でもある（心理学実験指導研究会，2003）。すなわち、刺激を受け反応するまでの総体的な時間であり、反応潜時（Response latency）と呼ばれることもある。

　これを利用した実験では、Eysenck-Personality-Profiler（ドイツ語版）の質問項目をコンピュータ画面上に提示し、項目の長さと潜在反応時間との相関関係を検証した研究がある（Michaela, 2002）。また、外向性－内向性と反応時間の関連性によって、実験的なプロトコルを用いた媒介変数として、外向性－内向性特性との関連性を明らかにした実験では、20 分以上のタスクでの時間や比較的短い試行の間隔として適度な反応時間課題では、内向性よりも外向性のパフォーマンスのほうがよりパフォーマンスが向上すると指摘している

(Buckalew, 1973; Thackray, Jones, & Touchstone, 1974)。

2 反応時間を用いた実験

さらに、この実験では 40 分程度の反応時間課題や比較的スローペースでの反応時間課題である場合、外向性の人は内向性の人よりも反応が遅いという結果が得られている。

反応時間は認知実験以外にも多く使用され、単一刺激により単純に反応するものを単純反応時間、複数刺激のそれぞれに対して選択的に反応する選択反応時間を使ったパーソナリティ実験では、選択反応時間は、反応時間課題が複雑である場合や、反応時間の刺激が強い場合、外向性の人は内向性の人よりも反応時間は早くが、仕事はエラーが多くなるという結果が得られている (Brebner & Flavel, 1978; Dickman & Meyer, 1988; Keuss & Orlebeke, 1977)。このような実験結果でも、反応時間など作業課題における個人差は、とくに向性における個人差が大きいことが明らかにされている（Brebmer & Cooper, 1974)。

さらに、向性と情緒安定性のパーソナリティ特性と反応時間との関連性を検討した実験では、パーソナリティ特性語に対する反応時間は個人差があること、主要 5 因子性格検査と情緒安定性得点と関連性があることが示唆されている (Sato & Matsuda, 2011)。

このように、脳内での認知活動に着目し、あるパフォーマンスを通しての認知活動のプロセスを測定し、定量的データとすることによって、臨床的方法や質問紙法とは異なるパーソナリティ情報を得ることが可能である。このため、実験的方法によって、あるパフォーマンス時の反応時間や脳血流、脳波など生体反応を定量的データとして何らかの認知機能（精神機能）を説明できることができれば、客観的で定量的なパーソナリティ情報を得ることが可能となると考えられる。

【課題】

パフォーマンスにおいて個人差と個人間差を規定する要因とは何かを考えてみよう。

第6節 = パーソナリティと個人差(1)
パーソナリティの観察から得られる一般的な行動特徴と個性

1　パーソナリティの観察・記述

　人間のパーソナリティを観察・記述していくと、ほとんどの人間が行なう一般的行動特徴と、その人独自の行動特徴が得られる。

　ほとんどの人間が行なう一般的な行動特徴は、「こういうときは、たいていこういう行動をとる」ということを調査や実験のデータから推測統計学的に実証することができる。このような方法を法則定立的アプローチといい、パーソナリティ機能の一般原理の探求を目的とするアプローチである。

　一方、その人独自の行動特徴を記述することを個性記述的アプローチという。ある状況下でほとんどの人がとる行動傾向ではなく、その人の独特の行動であり、その行動の解釈は統計ではなく、事例研究や質的方法で記述される。これは臨床的方法で多く見られる個性記述の方法であるが、客観的に人物像を見るための熟練した訓練が必要である。

　熟練した訓練者においても、客観的に人を見るのは難しく、私たちはしばしば自己の、そして他者のパーソナリティの認知を誤ることが多い。この理由は、パーソナリティの観察や記述は、観察者の目を通して行動特徴が言語化されるため、観察には観察者の認知的要因が関与するためであるが、観察者の主観に左右されない客観的な個性記述が求められる（青木, 1979）。客観的に人物像を見るための訓練は、病院では医師や臨床心理士がカウンセリングなどの業務にあたるために訓練を受ける。また、学校の入試における面接や、スクールカウンセリングの業務にもこの訓練が必要である。

　さらに、企業では採用面接を行なう人事採用担当者や、日々の仕事を評価する管理者などが、客観的に人物像を理解する目的で研修を受ける。企業では学校のような試験がないが、日々の業務から毎日の仕事を評価する必要がある。最近の人事アセスメントでは、業務への習熟度やモチベーションの観点から目標管理という方法で職務能力を客観的に測定している。また、個性に関する多

様な概念を理論的な体系として整理し、データの収集や統計的推論によって、職務遂行能力との関連性や組織との適合性を検討するアプローチがとられている（二村, 2005）。このように、企業では職務遂行能力は給与や昇進に関することなので、どの企業でも公平性をもたせるために、客観的な職務遂行能力の測定は重要事項なのである。

このように、他者が客観的にある人間を理解するという必要性は、気がつかないうちにさまざまな場面で要求されている。そして、企業や学校という場面において、その人の能力やパーソナリティを理解する、あるいは判定することは、とくに訓練されていない人にとってはとても難しい。つまり、第一印象やその人の経験から人を主観的に判断してしまうことがあるからである。

このため、病院、企業、学校など、客観的にその人の能力とパーソナリティを理解するために、相関的方法で得られた質問紙法を使用し、主観に偏らない工夫がされている。法則定立的に得られた質問紙法の結果があれば、「大体、この人はこういう行動をとるだろう」という予測が可能である。細かい個性までは把握できないが、その後の面接法でより深い人物理解を行なうのである。

2 測定できない個性とは

さて、測定できない個性とは何だろうか。そして、それを測定する必要があるのだろうか。相関的方法や実験的方法で得られた方法では、あるパーソナリティ特性を示すほどの量が少ない個性の場合、そのパーソナリティ特性は統計上の誤差として扱われる。病院や学校でのカウンセリングなどにおいて個性が問題となるのは、ある個性によって社会適応上の問題が生じるためである。この場合の個性は、ある環境からの逸脱と捉えられるので、よほど才能のあるようなポジティブな能力やパーソナリティ以外は、ある環境に適応できない不適応とするネガティブな個性の捉え方になることが多い。このため、相関的方法で得られたパーソナリティ特性の平均値に近づけることができれば、ある環境へ適応できたということになるが、個性の部分が少なくなる。このような場合は、その人独自の行動特徴の記述を、面接法や質的方法で取り出していく方法がよいと思われる。

一方、企業での個性記述は人事アセスメントとして測定される。例えば、入

社後の職務や組織との適合性が問われることが多く、企業内での給与、昇進、配置、能力開発などの処遇に使用されている。この場合の個性は、企業内で一般的に仕事ができる人ではなく、より優れた能力やパーソナリティのある人間を求めるのである。これは相関的方法から見ると、一般的なパーソナリティの域を超えている、すなわち、カウンセリングと逆である個性の逸脱を求められるのである。このため、適性検査では一般的ではない人となるが、ある基準よりも優秀な人は昇進させ、そのための能力開発を行ない、ある基準以下の場合は配置替えや研修の対象、あるいはその職務に適していないというように判断される。

3 異なる個性記述の目的

このように、学校、病院、企業における個性記述では、どれも私たちの日常にありながら、まったく異なる目的をもっている。そして、ある環境では、どの個性が秀でていて、劣っているのか、そして社会の中では適応という平均値にいるのかどうか、日常生活において自分の能力やパーソナリティの位置づけが求められているのである。

私たちは、これを長年の経験といった主観性に任せることが多い。そして、1つの質問紙だけで、その人のパーソナリティを理解できるわけでない。パーソナリティの理解には「個々の特性の羅列ではなく、その統合のあり方が理解されなくてはならない」（青木，1977）という指摘にもあるように、私たちはあらゆる場面において、法則定立的に、そして個性記述的な方法によって得られた、客観的なパーソナリティの両方の理解が必要なのである。

【課題】
　自分の特徴を自分で回答した結果は、ほんとうにその人の特徴を表わしているのだろうか？

第7節 = パーソナリティと個人差(2)
客観的な個性記述

1　個人間差と個人内差

　パーソナリティの実験的研究では身体に関する計測や生体反応を測定することが多いので、個人差の問題が出てくる。個人差は、個人間差（inter-individual）と個人内差（intra-individual）の2つが挙げられる。個人間差とは、ある個人と別の個人の差異、またはある個人の集団内での相対的な位置関係を示す差である。個人内差とは、個人内の諸能力の差異である。

　身体的特徴を含めた実験的研究では、神経系など身体的特徴のような生物学的要因に個人を特徴づける個人内差の変化や変動があるために、個人間の差に共通した特性の要因を特定することが難しい。つまり、他者と比較するためにあるパーソナリティ特性を表わす一定の法則定立的な行動特徴のデータを得たいが、気質的な個人内差が大きいことから、まとまりをもった1つのパーソナリティ特性として一定の結果が得られにくいという問題がある。

　現在の主要5因子性格特性にあるような法則定立的なデータは、調査や実験の数値であり、この数値によって行動現象の確率を求める手法を使えば、その現象を論証するための追試実験が可能である。そして、学校や企業で使用される適性検査など応用的にも利用することが可能である。

　このため、パーソナリティの実験的研究においても、生理的なあるいは行動的指標による個人間差を表わすデータがあれば、自己と他者のパーソナリティの差や、その個人のパーソナリティ特性が集団のどの位置なのか、相対的な位置を知ることが可能である。例えば、情緒安定性を示すような、ある一定の反応時間の傾向を把握できればよいということになる。先行研究では、各パーソナリティ特性によって反応時間の特徴的な傾向が得られる可能性が高い（Sato & Matsuda, 2011）。

2　パーソナリティ特性の変動

　さて、生理的指標で得られた個人内差は誤差なのだろうか。パーソナリティ記述と測定に関する個性記述的アプローチは、個の独自性を強調し、ある個人のパーソナリティを説明する特性の独自の組み合わせを特定する目的がある（Lamiel, 1997）。しかし、個性記述的測定における唯一の準拠枠はそれぞれの個人にあるので、得られたデータはその個人において問題となる認知、感情、顕在的行動に現われた特性などの、特徴的全体を母集団としたときに得られるサンプルと解釈される（Kraehe, 1992）が、あるパフォーマンスを通して得られた定量的データは、その個人の状態や認知的プロセスを個性記述的データとして取り出せるのではないかと考えられる。

　個に関するデータは事例研究となり、一般的な行動との比較の分析法はあまり行なわれず、客観的指標による個性記述の方法に関する議論も少ない。ここで疑問なのは、個性記述は「これは個性的だから、他者と比べることはできない」という観念が強く、一般的な行動との比較や客観的指標に関する試みを行なっていないのではないかということである。

　確かに平均値から逸脱した値は、まとまりとして見るとデータとして扱いづらく、外れ値として処理するほうがよいかもしれない。しかし、刺激と反応の繰り返しのパフォーマンスにおいて、その外れ値に一定の個人のパターンがあった場合、それを「みんなのデータと違うから」という点で除外するのではなく、その個人のパフォーマンスのプロセスを個性記述として定量的データで取り出すことはできないだろうかということである。そして、この個性的な定量的データをその人の個人内差のパターンとして、客観的データとすることができたら、臨床的な事例研究でも応用が可能になると考えられる。例えば、ある気分障害のクライエントの刺激と反応のパフォーマンスのプロセスをデータとして保管し、何カ月か先の薬物療法後のパフォーマンスと比較することで、クライエントの回復状態を検討するといった方法である。熟練した観察者でもわかりにくい各パーソナリティ特性の変動について、客観的データによって検討することができれば、より早い回復や別の治療方法の提案をエビデンスとして提供することができ、他の医療従事者にもよりよい情報となるだろう。

3 反応時間のパターンを把握する

　臨床にかぎらず、企業の研修においても、このような個人内差の客観的データは「おおよその時点における個人」のパーソナリティや行動を説明することを目的とする場合、特定の個人や傾性や感情、認知や行動をできるかぎり包括的に把握するという観点からは、個人的なパーソナリティの情報となる可能性が高いと考えられる。

　反応時間とパーソナリティ特性との関連性を検討した実験では、個人内差が大きく、パーソナリティ特性を示す一定の結果を得ることが難しかったが、反応時間には個人ごとに一定のパターンがあることが認められている（佐藤, 2009）。そこで、反応時間において個人がもつ刺激に対する反応の平均値を個人のベースと捉え、個人内差におけるデータの平均値をもとにして、そこからの変動を検討した結果、ある程度のパーソナリティ特性を把握することができた（Sato&Matsuda, 2011）。これは、性格評定というパフォーマンスにおいて、刺激に対する反応に加え、自己の性格を考えるという負荷がかかるため、個人のベースから反応時間が増減するというかたちでその負荷が現われた。

　すなわち、個人差をパーソナリティ特性が示す一定の傾向を表わすさいの誤差とするのではなく、個人がもつ刺激と反応のベースラインとして、そこからの変動傾向を検討することで、反応時間でもパーソナリティ特性を示す一定の傾向を表わすことができる可能性があると考えられる。

　個性記述は、個人のパーソナリティプロフィールの理解を目的とした個性検証の方法である（Harris, 1984）と考えると、各被験者の反応時間のパターンの把握によって、いままで主観的だった個性記述が客観性をもつ定量的なデータとなる可能性もある。

【課題】
　平均値からの逸脱は、個人の何を特徴づけているのだろうか？

第8節 = パーソナリティの生理・実験的研究
パーソナリティ研究は個性記述なのか法則定立なのか

1 自己理解と社会適応

　パーソナリティの生理・実験的測定によって、何が得られ、具体的に日常生活においてどのように使用することができるのだろうか。

　「あなたはどんな性格？」など、雑誌やインターネットなどで気軽に行なうことができる標準化されていない性格検査であれば、被験者の使用する目的は、自分がどのような特性をもっていて、社会でよりよくやっていくために自分の長所や欠点は何なのか、まだ知らない自分を理解したいと考えているだろう。

　一方、主要5因子性格検査など標準化された性格検査であれば、アセスメントが目的であることが多い。カウンセリングや企業の人事アセスメントでは、ある目的をもって測定し、その人への理解を深めることが目的である。このように、心理検査によって自分のパーソナリティを測定することの目的は、自己理解とそのための社会適応である。

　パーソナリティの生理・行動指標の研究は、パーソナリティ研究の中でもあまり目立たず、個人差要因の規定など手間も多いので研究数も少ない。この理由は、パーソナリティの形成要因が遺伝と環境であり、遺伝的要因は遺伝子研究が最新であり、環境的要因は相関的方法など、質問紙が主流になっているからである。しかし、パーソナリティが行動特徴に基づいている以上、身体と行動の基本的なベースである生物学的な遺伝子研究と、社会的環境でどのように社会適応するかという質問紙法との間を埋める研究が、心理学にはどうしても必要だと考える。それは、人はありのままに生きることはできないし、また社会適応だけを考えて生きていくこともできないからである。

　このためには、ある社会環境で与えられる刺激にどのように反応するかという生理的な指標を測定し、法則定立的に、そして個性記述的に自分自身のパーソナリティ情報を客観的に知ることによって、学校、職場、家庭での適応、職業適性、そして対人関係など人間関係を円滑に進めていくことにつながると考

える。

2　パーソナリティ特性を生かすために

　古代ギリシャの格言である「汝自身を知れ」という言葉にもあるように、自分自身を知ることは、日常生活上とても大切なことである。心理学は、その哲学に測定と値をつけたものが焦点となるが、測定の値は社会の中での適応度の指針であり、その人のもっている特性と社会との相対的な関係によって、その人のパーソナリティ特性が生かされるかどうかが決まるのである。

　パーソナリティの生理的な指標を法則定立的・個性記述的に理解する方法は、まだ先は長い研究となるが、自分自身のパーソナリティ情報を客観的に知ることによって、より意義のある生活を送ることができるよう研究していく意義は大切であると考える。

【課題】
個人差研究における、個性記述と法則定立の共通性を考えてみよう。

〈参考文献〉

Allport, Odbert (1936). Trait-names: A psycho-lexical study. Psychological Monograph, 47, 1-37.

青木孝悦 (1971). 性格表現用語の心理―辞書的研究― 455語の選択，分類および望ましさの評定．心理学研究，42, 1-13

青木孝悦 (1977). 個性の記述法と個性観察の留意点．家庭裁判所調査官研究所調研紀要 31, 1-16.

青木孝悦 (1979). 性格表現用語とパーソナリティの評定．心理学評論 vol. 22, No. 4, 367-383.

Brebner, J., & Cooper, C. (1974). The effect of a low rate of regular signal upon the reaction times of introverts and extraverts. Journal of Research in Personality, 8, 263-276.

Brebner. J., & Flevel, R. (1978). The effect of catch-trials on speed and accuracy among introverts and extraverts in simple RT task. British Journal of Psychology. 69, 9-15.

Buckalew, L. W. (1973). Relationship between a physiological and personality index of excitability. Physiological Psychology, 1, 1158-160.

Cattel, R. B. (1950). Personality. McGreqw-Hill. World Book.

Cattel, R. B. (1957). Personality and motivation structure and measurement. World Book.

Cloninger, C. R., Svrakic, D. M., & Przybeck, T. R. (1993). A psychobiological model of temperament and character. Archives of general psychiatry, 50 (12), 975-990.

Cloninger, C. R. (1994). Temperament and personality. Current Opinion in Neurobiology, 4, 266-273.

Costa, P. T., & MaCrea, R. R. (1992). Normal personality assessment in clinical practice: The Neo Personality Inventory. Psychological Assement, 4. 5-13.

Dickman, S. J., & Meyer, D.. E. (1988). Impulsivity and speed-accuracy tradeoffs in information processing. Journal of Personality and Social Psychology. 54, 274-290.

Emi Sato, Kouhei Matsuda (2009). The relation between personality traits and reaction times to personality trait terms: Personality traits of Extraversion-Introversion, Nerves-Toughness. The Japanese journal of Applied Psychology. Vol. 34. 72-81.

Emi Sato Kouhei Matsuda (2011). The variance trend the reaction time for Personality traits : Personality traits of Version and Emotional Stability. The Japanese journal of Applied Psychology. (Co) 38/Special Edition, 92-100.

Eysenck, H. J. (1957). Drug and personality. 1. Theory and methodology. J. ment. Sci, 103, 119-131.

Eysenck, S. B. G., &. Eysenck, H. J. (1963). The validity of questionnaire and rating assessment of extraversion and neuroticism and their factorial stability. British Journal of Psychology, 54, 51-62.

Eysenck, S. B. G. & Eysenck, H. J. (1967). Salivary response to lemon juice as a measure of introversion: New ways in psychotherapy. Psychology Today, 1, 39-47.

Eysenck, H. J (1967). The biological basis of personality. Sprongfiels: Illinois. U. S. A. (梅津耕作　祐宗省三他訳（1973）. 人格の構造―その生物学的基礎．岩崎学術双書）

Eysenck, H. J. (1981). General feature of the model. In H. J. Eysenck (Ed.), A model for personality (pp. 1-37). New York; Springer-Verlag. Í.

Eysenck, H. J. & Eysenck, M. W. (1985). Personality and Individual difference: A natural science approach. New York; Plenum Press.

Eysenck, H. J & Eysenck, M. MINDWACHING（田村浩訳（1985）. マインドウオッチング人間行動学．新潮選書）

Goldberg, L. R (1990). A alternative "description of personality": The Big-Five factor structure. Journal of Personality and Social Psychology, 59, 1216-1229.

Goldberg, L. R. (1992). The development of markers for the Big-Five factor structure. Psychological Assessment, 4, 26-42.

Gray, J. A. (1982). The neuropsychology of anxiety: An enquiry into the functions of the step-hippocampal system. New York. Clarendon Press.

Harris, J. G. jr. (1984). Congruence and stability of multimethod profiles: A new pair of personality variables. Journal of Personality. 53: 729-744.

国里愛彦、山口陽弘、鈴木伸一（2007）. パーソナリティ研究と神経科学をつなぐ気質的研究について．群馬大学教育学部紀要　人文・社会科学編　第56巻 359-377.

Lamiell, J. T. (1997). Individuals and the Differences between them. Ed R. Hogan, Johnson, J Briggs, S. Handbook of Personality Psychology. Academic Press.

MaCrea, R. R. and Costa, P. T. (1987). Validation of the five-factor models of personality across instrument and observer. Journal of Personality and Social Psychology, 52: 81-90.

村上宣寛，村上千恵子（1997）. 主要5因子性格検査の尺度構成．性格心理学研究 vol. 6, No. 1, 29-39.

Michaela M. Wagner-Munghen (2002). Towardstheidentification of non-scalable personality questionnaire respondents: Takingresponse time into account. Psychologische Beitrage, Band 44, 62-77

Norman, W. T. (1967). 2800 personality trait descriptors: Normative operating characteristics for a university population. Department of Psychology, University of Michigan.

二村英幸 （2005）．人事アセスメント論．ミネルヴァ書房

Pervin, L. A. (1993). Personality: Theory and research, 6th ed. John Wiley & Sons.

Pervin, L. A., Cervone. D, & John, O. P. (2005). Personality: Theory and Research. 9th ed. New York. John Wilry & Sons.

Plomin, R.., DeFries, J., McClearn, G. E., & McGuffin, P. (2001). Behavioral genetics. 4th ed. New York; Worth Publishers.

Purcell, S. (2002). Variance components model for gene-environment interaction in twin analysis. Twin Research, 5, 554-571.

Pryor, J. ÍB. (1980). Self-reports and Behavior. In D. M. Wegner and R. R. Vallacher(eds), The Self in social in Social Psychology, pp. 206-228. Oxford: Oxford University Press.

Saucier, G., & Goldberg, L. R. (1966). Evidence for the Big Five in analyses of familiar English personality adjectives. European Journal of Personality, 10, 61-77.

Saucier, G., Hampson, S. E., & Goldberg, L. R. (2000). Cross-language studies of lexical personality factors. In S. E. Hampson (Ed.), Advanced in Personality Psychology Vol. 1. Hove, Philadelphia: Psychology Press Ltd.

心理学実験指導研究会編（2003）．実験とテスト＝心理学の基礎　実習編．培風館

心理学実験指導研究会編（2003）．実験とテスト＝心理学の基礎　解説編．培風館

高橋雄介，山形伸二，木島伸彦，繁桝算男，大野　裕，安藤寿康（2007）．Grayの気質モデル -BIS/BAS 尺度日本語版の作成と双生児法による行動遺伝学的検討．日本パーソナリティ心理学研究 15, No3. 276-288

辻平治郎（2001）．日本語での語彙アプローチによるパーソナリティ特性次元の分析．平成 10, 11, 12 年度科学研究費補助金研究成果報告書

Thorgate, W. (1986). The production, detection, and explanation of behavioral patterns. In J. Valsiner (ed.), The Individual Subject and Scientific Psychology, pp71-93. New York. Plenum.

利島保，生和秀敏編著（1993）．心理学のための実験マニュアル．北大路書房

山形伸二，菅原ますみ，酒井厚，真栄城和美，松浦素子，木島伸彦，菅原健介，詫摩武俊，天羽幸子（2006）．内在化・外在化問題行動はなぜ相関するのか—相関関係の行動遺伝学的解析．パーソナリティ研究　第 15 巻　第 1 号　pp. 103-119．

Walter Schneider, Amy Eschman and Anthony Zuccolotto (2002). E-Prime Reference Guide Leaning Research and Developmental Center, University of Pittsburgh.

第9章
感情心理学

第1節＝感情心理学の概観

　感情という心のはたらきは、私たちの人生に彩りを与えてくれるものである。多くの文学作品や音楽作品は、愛や憎しみといった感情をモチーフとして世に送り出され、世界中の人びとを惹きつけてきた。私たちが人生のさまざまな出来事を振り返るとき、強い感情経験を伴った出来事は、強い印象とともに克明に記憶されていることに気づく。

　知性や理性といった心のはたらきが、人間を人間たらしめ、その存在を高めるものとして賞賛される傾向がある。その一方で感情は、知性や理性の十全なはたらきを妨げたり、狂わせたりするものとして捉えられる側面ももつ。

　強い緊張のせいで、本来の力を発揮することができなかったり、怒りのあまり、普段は考えられないような失敗をしてしまったりというふうに、感情が人間の行動に影響を及ぼすことはままある。感情にそのようなはたらきがあることが広く認知されているからこそ、理性的な状態で犯した犯罪に比べて、感情に駆られての犯罪は酌量の余地が認められたりする。また、怒りのような否定的な感情と、どのように付き合えばよいのか、幸せな気分で毎日を暮らすコツは？といったノウハウ本は、つねに書店の棚を賑わせている。

　心理学がまだ哲学の中に包含されていた時代にも、例えば快楽の充足を礼讃するエピクロス学派と、禁欲主義を説くストア学派の論争のように、感情をめぐる問題に対して重大な関心が払われてきた。この両者の主張は、一見対立するように見えるものの、実際は両者とも、快－不快といった感情が、いかによく生きるかといった人間の根源にかかわる問題とつながるものとみる点においては、一致している。

　感情に関する科学的研究が行なわれるようになって以降は、その起源を動物の行動に探ろうとする研究をはじめとして、脳科学や生理学といった学問領域との接点をもちつつ、ダイレクトに感情を生じるさいの脳のはたらきそのものに迫ろうとする研究に至るまで、非常に数多くのアプローチが試みられている。近年では、脳そのもののはたらきをリアルタイムで捉える技術の目覚ましい発

展に支えられ、感情が生まれる仕組みについてかなり解明が進んできている。

　本章の前半部分では、感情心理学の領域において学ぶさいには必ず触れることになる基本的理論を中心に取り上げる。

　ひとことに感情といっても、その現象の切り取り方にはさまざまな水準があることを、まずは理解しておく必要があるだろう。また、そのそれぞれの水準を測定する具体的な方法について知ることで、今後、感情心理学についてより詳しく学ぼうとする人が、心理学者たちがこれまでに明らかにしてきた事実を、感情という心のはたらき全体の中に位置づけることができる（第2節）。

　感情が経験されるとき、心だけではなく身体に起こる変化との関連で、感情の生起メカニズムについて検討してきた研究者たちの到達点としての諸理論についても、ぜひ目を向けてほしい。それらの諸理論を検証するために、研究者が研究方法をどのように工夫しているか知ることも、心理学という学問の姿を知るうえで、きっと役に立つはずである（第3節および第4節）。

　バラエティに富む複雑な感情の全体を、その複雑性の中に存在する秩序を見出し、可能なかぎりシンプルな枠組みで表わそうとする試みのなかで提案された、種々のモデルについても紹介する（第5節）。

　感情を表にあらわす窓口となるのは顔であり、表情である。顔は個人の特定に用いられるほど1人1人異なっているが、たとえ知らない人物であっても、そして相手が外国人であっても、笑っているのか、怒っているのかということはある程度正確に読みとれる。文化が異なっても、表出やその読みとりには、人間という種に備わった共通原則があるといえそうである。その一方で、日本人の多くが戸惑いのときに示すやや不明瞭な微笑の表情は、海外の人から見ると非常にわかりにくいというふうに、文化によって異なる面もある。こうした事情を究明するために国際的に行なわれた組織的な研究もある（第6節）。

　本章の後半では、感情そのものを単独で捉えるのではなく、他の心のはたらきと接するところで、感情がどのような作用をもたらすのかということに注目した諸研究を紹介したい（第7節〜第9節）。

　感情について理解を深めたうえで、冒頭で述べたような文学作品や音楽作品を味わい直すと、その作品理解や登場人物理解にいっそう深みが増してくるかもしれない。

第2節＝感情の種別と測定の方法
感情に関する用語を整理し、その測定方法を知る

1　感情の種別

　私たちが日常経験する感情は、3つの側面から捉えることができる。1つは主観的な感情経験である。これは、嬉しい、悲しいといったふうに、それを感じる本人のみが自覚しうるものである。2つめは、他者が観察できる外的行動としての表出であり、経験された感情はそれに対応した表情や音声、姿勢といった行動として現われる。3つめは生理的反応と呼ばれるもので、例えばとても強い感情が生じているようなときに、鼓動が速まったり、手のひらに汗がにじんだりするような、身体に起こるさまざまな現象を指す。
　感情の領域では、感情、情動、気分といった語が用いられるが、一般的に感情が情動や気分なども含めた、もっとも広い概念であり、情動は表出反応と生理的反応を伴う比較的強い感情で、急激に生起し持続時間が短いものを指し、気分は持続的に生じる比較的弱い感情の状態を指して用いられることが多い。

2　感情を測定する方法

　感情を測定する方法としては、上で述べた3つの側面に対応して、それぞれ以下のような尺度が用いられている。
　その第1は、心理的尺度と呼ばれるもので、主観的な感情経験を調べるものである。心理的尺度には、内観（内省）法、リッカート法、セマンティック・ディファレンシャル（SD）法、自由回答法、質問紙法（表9-1参照）などがある。ここで得られるデータは、多次元尺度法や因子分析といった多変量解析の手法によって解析され、感情の次元や感情を規定する因子が求められる。第2の方法は、行動的尺度と呼ばれるもので、外的反応に基づく測度である。行動的尺度には、先に挙げた表情、音声、姿勢、態度およびしぐさなどの非言語的行動と言語的行動の双方が含まれる。第3の方法は、心理生理的尺度と呼ばれるもので、血圧、心拍、皮膚電気反射（GSR）、皮膚温、血流量などの自律神

経系の活動に基づく不随意な自律反応を測定するものと、脳波や筋電図、呼吸など中枢神経系の活動に基づく骨格筋反応（随意反応）を測定するものとが含まれる。

　感情喚起時の心理生理的反応に関する知見は数多く存在するが、生起する感情と心理生理的反応との間の明確な対応関係は見出されていない。例えば、GSRによる真偽検査は「嘘発見」の手段として広く知られているが、これは嘘を答えたときの心の動揺や、嘘が露見することへの不安による心の動揺をGSRを指標として調べようとするものである。しかしながら、GSRは個人差がきわめて大きく、嘘をついていないにもかかわらず、検査されることそのものに対する不安の大きい人のGSRが、実際に嘘をついている人のGSRよりも大きい場合もある。このため、GSRの大きさを嘘をついているかどうかの判断基準とすることには、数多くの疑義がある。

表9-1　気分調査票
(坂野ら，1994の一部)

「緊張と興奮」「爽快感」「疲労感」「抑うつ感」「不安感」の5下位尺度各8項目、計40項目で構成される。

	全く当てはまらない			非常に当てはまる
興奮している	1	2	3	4
頭の中がすっきりしている	1	2	3	4
集中できない	1	2	3	4
一人きりのようでさみしい	1	2	3	4
自分のことが気になる	1	2	3	4

【課題】
　感情を測定する尺度を探して、自分の感情状態を把握してみよう。

第3節 = 感情はどのように生起するのか（1）
心理学・生理学に基づく諸説を知る

1　ジェームズ=ランゲ説

　ジェームズ（James, W.）は、1884年に「情緒とは何か」を発表し、状況に追随して身体的変化が生じているときに、その変化を感じることが情緒であるとし、それまで常識的に受け入れられていた考え方を覆す説を提唱した。この考え方は、よく「悲しいから泣くのではなく、泣くから悲しくなる」と表現される。例えば、熊に遭遇したとき、恐怖の感情が起きてから逃げ出すのではなく、逃げるために必要な筋肉の緊張や注意の集中がまず生じて、その身体的変化が恐怖の感情として意識されるというのである。ジェームズのこの考えは、1年遅れて発表されたランゲ（Lange）の説と類似していることから、合わせてジェームズ=ランゲ説と呼ばれるようになった（図9-1）。

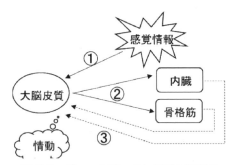

図 9-1　ジェームズ=ランゲ説の概念図
①情動興奮を引き起こす感覚情報が大脳皮質に到達すると、この入力情報についての知覚が生じる。
②この知覚に基づき、ただちに大脳皮質から内臓や骨格筋に指令が送られ、身体的な活動変化が生じる。
③この身体的変化の情報が大脳皮質にフィードバックされ、その知覚が生じる。この身体的変化の知覚が、それに対応する情動体験を引き起こす。

2 キャノン=バード説

ジェームズ=ランゲ説に対して、もっとも鋭い批判を投げかけたのはキャノン（Cannon, W. B.）である。彼は動物実験における知見をもとに、身体的反応につづいて感情が生じるとするには内臓器官の反応は緩慢すぎること、また興奮剤であるアドレナリンの注射などによって人工的に内臓の変化を生じさせても感情が生じないといったことを根拠として、脳の視床という部分こそが感情の中枢であると提唱した。

すなわち、刺激を受けた視床は大脳皮質に信号を送って感情を生じさせるとともに、自律神経系にも信号を送ることで、身体的反応を引き起こすと考えたのである（図9-2）。

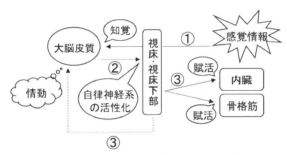

図9-2 キャノン=バード説の概念図
①感覚情報は受容器から視床を経由して大脳皮質へと到達し、知覚が生じる。
②知覚が生じると、大脳皮質が通常視床や視床下部に及ぼしている抑制が解除され（脱抑制）、視床の神経活動が活性化する。
③この活性化が内臓や骨格筋の賦活をもたらすと同時に、大脳皮質にフィードバックされて感情体験を引き起こす。

【課題】

視床ってどこにあるの？ 視床下部は？ これを機に、どのようなはたらきを担っている部位なのかを含め、調べてみよう。

第4節 = 感情はどのように生起するのか(2)
心理学・生理学に基づく諸説を知る

1 シャクターとシンガーの2要因情動説

シャクターとシンガー（Schachter, S., & Singer, J. E.）は、感情経験は身体の生理的変化だけではなく、そのときに置かれている状況（社会的文脈）をどのように認知するかによって異なると提唱した（図9-3）。彼らは、この2要因情動説を検証するために、生理的興奮作用のあるアドレナリンを用いた実験を行なった。3群の被験者のうち、第1群はアドレナリンの注射が生じさせる生理的興奮について正しい情報を与えられ（正情報群）、第2群は注射についての情報を与えられず（無情報群）、第3群には無感覚やかゆみといった誤った情報が与えられた（誤情報群）。注射後被験者は別室に案内され、「多弁で愉快な多幸症」もしくは「怒り」の役割を演じるサクラと過ごすことになった。

行動観察と被験者の内省により、正情報群の被験者はサクラの気分に左右されることがなかった一方、無情報群と誤情報群の被験者はサクラと同じ行動を示してサクラが示すのと同じ感情を経験したことが確認された。いずれの群もアドレナリンの投与を受けており、生理的変化のみが決定因であるなら同じ感情が経験されるはずのところ、そのような結果にはならなかった。この感情経験に認知的評価が関与しているという考え方は注目を集め、現在の感情研究にも引き継がれている。

図9-3 2要因情動説の概念図

2 ダットンとアロンの吊り橋実験

シャクターとシンガーの 2 要因情動説を検証しようと、さまざまな実験が行なわれたが、なかでも有名なのがダットンとアロン (Dutton, D. G., & Aron, A. P.) による吊り橋実験である。魅力的な女性が 1 人でハイキングしている男性を呼び止め、簡単な調査への協力を依頼する。絵画投影法テスト（TAT）の図版を提示して物語を作ってもらい、結果を知りたければ連絡するよう告げて電話番号を記したメモを渡す。実験は 2 つの異なる条件下で行なわれ、一方は高さ 70 m の峡谷に架け渡された、手すりが低くて歩くと大きく揺れる吊り橋を渡りきった場所で実施され（A 条件）、もう一方は高さ 3 m のところに架かる、幅が広くて頑丈な木の橋を渡りきった場所で実施された（B 条件）。

実験の結果、メモを受け取った男性のうち後日電話をかけてきた人の割合は、A 条件で 50％、B 条件では 12.5％だった。また、同じ実験を男性実験者で行なったさいには、このような結果は得られなかった（表 9-2）。この結果について、ダットンらは、目の前の魅力的な女性という手掛りが提示されたために、喚起が女性に対する好意によって生じたと考えた。ダットンらの研究はしばしば、人間が自らの置かれた状況に対する認知を加味して、自らの感情状態に意味づけを行なうことを示す好例として取り上げられる。

表 9-2 ダットンとアロンの吊り橋実験の結果
(Dutton, & Aron, 1974)

実験者の性別	橋の形態	調査依頼に応じた人数	メモを受け取った人数	電話してきた人数
女性	固定橋	22/33	16/22	2/16
	吊り橋	23/33	18/23	9/18
男性	固定橋	22/42	6/22	1/6
	吊り橋	23/51	7/23	2/7

【課題】
　前節と本節で取り上げた学説のほかに、「表情（顔面）フィードバック仮説（facial feedback hypothesis）」いうものもある。調べてみよう。

第5節 = 基本感情と感情の次元
感情を表わすモデルの構築

1 顔面表情に関する研究

　シュロスバーグ（Schlosberg, H.）は、俳優が作った72枚の表情写真を被験者に見せ、6カテゴリー＝①愛（love）・陽気（mirth）・幸福（happiness）、②驚き（surprise）、③恐れ（fear）・苦しみ（suffering）、④怒り（anger）・決意（determination）、⑤嫌悪（disgust）、⑥軽蔑（contempt）のどれにあたるか判断を求めた。被験者はこの判断を3回行なったが、その結果、同じ表情がつねに同一カテゴリーに分類されるわけではないこと、そしてその判断の違いには一定の法則性があることを発見した。この法則性に着目して分析した結果、6カテゴリーは並列のものではなく、円環状に配列できることが見出された。

　その後の研究で、彼はさらに、この感情のカテゴリー分類の円環の基礎に、快（pleasure）−不快（unpleasure）と注目（attention）−拒否（rejection）の2つの次元があることを発見し、これに直交する緊張（tension）−睡眠（sleep）の次元を加えたモデルを提案した（図9-4）。以降の研究においても、快−不快と緊張−弛緩の2つでほとんどの感情を説明できるとされており、表情のみならず感情語を用いた研究でも、これらの次元構造は繰り返し確認されている。

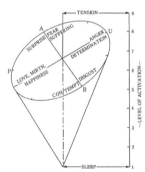

図9-4　シュロスバーグによる感情の3次元モデル
(Schlosberg, 1954)

2 感情を表わす語彙に注目した研究

プルチック（Plutchik, R.）は、感情を表わす言葉をもとにして、類似性の高いものが隣接するよう配列された、8種類の純粋感情（基本感情）を提案した（図9-6のいちばん内側の円環）。また彼は、感情語のリストを被験者に示して、その強度についての評定を求め、この結果から感情の立体モデルを提案している（図9-5）。ある程度よりも低い評定値を示す感情語は見当たらないことから、感情興奮が低いとその差異がはっきりしなくなることが説明できる。

プルチックはまた、色相において混色があるように、感情にも混合感情があって、両者の中間的な感情が形成されうると考えた。円環の両極に位置する感情同士は補色の関係にあり、両者が同時に存在する場合にはコンフリクト（葛藤）状態になるとした（図9-6）。

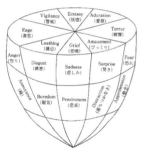

図9-5　プルチックによる感情の多次元モデル
（福井, 1990より転載）

図9-6　第1次～第3次混合感情
内側の1次感情が基本感情。2次感情は隣接する基本感情の混合により生じる（福井, 1990より転載）。

【課題】

　感情に関する自分自身の経験を重ね合わせて、図9-6に示されるプルチックのモデルを検証してみよう。

第6節＝表情の普遍性と文化差
表情の生得的側面と経験的側面を知る

1 表情の普遍性（通文化性）

　情動の喚起に伴って起こる身体的変化のうち、他者が観察できる明らかな身体的変化を情動表出と呼ぶ。情動表出は言語的表出と非言語的表出の2つに大別されるが、非言語的表出の中でも顔面に表出されるものが表情である。表情に関する最初の研究はダーウィン（Darwin, C.）によるものである。

　ダーウィンが関心を寄せたのは、人間の表情とその起源となる動物の表出行動との関係を明らかにすることであった。彼は、特定の表情や行動が、その情動の目的（例えば敵に対する威嚇など）を達成するために繰り返されるうちに習慣化され、遺伝したと考えた。また、表情の機能を考えるさいに、それが生得的なものか経験的学習によるものかということも論点となるが、この点についてダーウィンは、表情にある程度の普遍性が見られることを根拠に、生得性を強調する立場をとった。その一方で、経験学習の要因を重視する行動主義の立場からは、表情の地域差や文化差を示す知見も提起された。

　これらの問題に関して、もっとも組織的な研究を行なったのがエクマン（Ekman, P.）である。エクマンと彼の同僚たちは、一連の研究を通じて、①表情が示す感情の種類、②表情からの感情判断の精度、③表情の万国共通性、④顔の表情の統制といった側面からの検討を試みた。彼らは、6つの感情（幸福、悲しみ、驚き、恐怖、怒り、嫌悪）を取り上げ、情動を喚起する映像を提示された日米両国の大学生が同じ表情を表出することを確認した。また、アメリカ、日本、チリ、アルゼンチン、ブラジルの観察者たちに、これらの基本的感情を表出した写真（図9-7）を見せ、6つの感情から1つを選び出すことを求める実験も行なった。その結果、言語や文化の違いに関係なく、同じ顔の表情が同じ感情を示すと判断されることが明らかになった（図9-7）。さらに、このような判断の共通性がマスメディアなどの影響によるものである可能性を排除するために、外界との接触をほとんどもたない、ニューギニア南西部の民族を対象

に行なった研究でも同様の結果を得たことから、エクマンらは基本的な感情を表わす顔の表情には普遍性があると結論づけた。

2　表情の文化差

表情には生物学的基盤を示唆する万国共通性があることが明らかになる一方、それぞれの表情がどのようなときに示されるかということに関しては、文化による違いがあることもわかってきた。先に紹介したエクマンらの日米の大学生を対象とした実験において、1人で映像を視聴する条件で示された学生たちの表情は一致していたが、他者と一緒に映像について語り合いながら視聴する条件においては、このような表情の一致が見られなかった。

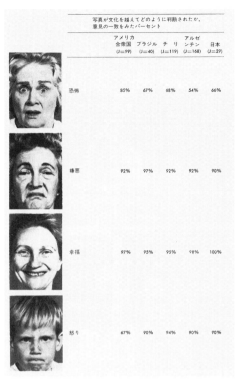

図9-7　エクマンが用いた表情写真
（Ekman, & Friesen, 1975）

すなわち、他者が存在する状況において日本人学生らは、顔の表情に不愉快な気持ちが表われないよう、表出を覆い隠していたというのである。どのような状況下で、どのような表出が適切であるかということはそれぞれの文化によって異なるが、これは顔の表情の統御に関する文化的規則（表示規則）と呼ばれ、子どもが社会化していく過程で経験的に（すなわち後天的に）獲得されるものであると考えられている。

【課題】
顔の表情の表示規則としてどのようなものがあるか、日常の例を考えながら挙げてみよう。

第7節 = 感情と認知の融接現象(1)
情動が記憶に及ぼす影響について考える

1 情動と記憶（記銘）

　情動反応は、人間の行動の遂行にさまざまな影響をもたらす。行動の種類によっては、情動反応が生じると鋭敏化することで行動が促進されることもあるが、情動反応が阻害的にはたらいて行動を誤らせたり、抑制したりすることもある。運動競技の試合や学力試験のような場面で、リラックスしすぎているよりは多少の緊張があったほうが成績がよく、かといって緊張があまりにも強すぎると、今度は身体が思うように動かず、思考が停止してしまうといったことは、多くの人が経験している。ヤーキース = ドットソン法則は、このような情動の強さと行動の適切性との関係を示すものとして広く知られている。

　人間の記憶に関して、このような強い感情がどのような影響をもたらすのかということに関しては、目撃者の証言という文脈から注目され、数多くの検討がなされている。一般に、事件の目撃は非常に大きなストレス状態の下でなされる。事故の場合に、目撃者はけが人を目の当たりにするし、犯罪現場においては目撃者自らも危険にさらされ、強い恐怖感情が喚起される状況に置かれる。このようなさいに、感情は記憶という認知機能を妨害するのか、それとも逆に記憶を促進するようにはたらくのかという点に関しての研究結果は、必ずしも一貫しているとはいえない。

2 妨害効果を示唆する知見と、促進効果を示唆する知見

　クリフォードとスコット（Clifford, B., & Scott, J.）は、被験者にストレスフルな暴力的なシーンを含む映像と、そのような場面を含まない映像とを見せて、視聴後その内容についての再認テストを行ない、その記憶成績を比較した。再認テストで尋ねられたのは、登場人物の服装や容貌、行動の詳細などであったが、暴力的なシーンを含む映像を見せられた実験協力者たちの記憶成績は、もう一方の実験協力者群よりも有意に低かった（図9-8）。この結果は、先に紹介

したヤーキース＝ドットソン法則に照らせば、ストレスが大きすぎたため記憶の遂行が抑制されたと説明できる。

　一方、ホイヤーとレイズバーグ（Heuer, F., & Reisberg, D.）は、母親と息子が父親の職場を訪ねる映像を被験者に見せた。2群の被験者の一方は、外科医である父親の職場で血だらけのケガ人やその緊急手術の様子を見（ストレス条件）、もう一方の統制群は父親が自動車を修理している場面を視聴した。映像を見た2週間後に内容についての再認テストを行なったところ、クリフォードらの実験とは逆にストレス条件のほうが良い成績が得られた（図9-9）。

　一見矛盾するこれらの研究結果を、統合的に説明しようとする試みがなされるなかで、ストレスは単純に記憶を促進したり、妨害したりするわけではなく、人の注意の範囲に影響を及ぼすことがわかってきた。すなわち、ストレスの増加は人の注意の範囲を狭めるはたらきをし、強いストレスのもとでは周りの環境のごく一部の特徴に注意が集中する。そのために注意が集中した部分についての記憶は促進されるが、それ以外の部分の成績は悪くなると考えられる。

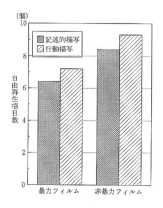

図9-8　クリフォードらの結果
（越智，1996より転載）

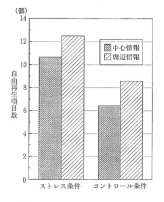

図9-9　ホイヤーらの結果
（越智，1996より転載）

【課題】
　感情が課題遂行のプロセスや成績に影響を及ぼしたと思われる自験例を、思い起こしてみよう。

第8節 = 感情と認知の融接現象(2)
気分が記憶に及ぼす影響について考える

1 気分状態依存効果

　気分状態依存効果は、もっぱら記憶についてのみ観察される効果であり、記銘時の気分と想起時の気分とが質的に同じである場合に、異質であるときよりも再生成績がよくなる現象を指す。この現象は、アルコールやマリファナなどの薬物使用時の記憶に関する研究に端を発している。

　バウアーら (Bower, G. H., Monteiro, K. P., & Gilligan, S. G.) は、同一被験者を対象として催眠状態での気分誘導を行ない、2つの中性語のリストについて、一方は幸せな気分のもとで、もう一方は悲しい気分のもとで学習させた。そして、いずれか一方の気分のもとでリストの再生を求めた結果、学習時と再生時の気分が一致するときにもっとも成績がよいという結果を得た。しかしながら、実験で使用するリストの数が異なると、この気分状態依存効果が再現されないなどの否定的知見も数多く見られるため、気分状態依存効果は感情が直接的に記憶に影響を及ぼすというよりも、内的な文脈依存記憶の1つとして捉えるのが適切と考えられている。

2 気分一致効果

　バウアーら (Bower, G. H., Gilligan, S. G., & Monteiro, K. P.) は、催眠下で教示によって被験者を幸せな気分、あるいは悲しい気分にしたうえで物語を読ませ、1日後に自然な状態で記憶内容の再生を求めた。この物語には2人の登場人物がいて、一方は幸せな人物、もう一方は不幸せな人物として描写されていたが、全体としての再生量そのものには差がないものの、幸せな気分を誘導された被験者では幸せな登場人物の描写が、悲しい気分を誘導された被験者では不幸せな人物についてのエピソードの再生が多かった。

　気分一致効果とは、被験者の気分と、実験のさいに課題として用いられる材料の感情的な性質（感情価）が同質であるか異質であるかが、遂行成績に影響

を及ぼす現象を指す。記憶を例に挙げると、悲しい気分のときにはネガティブな感情価をもつ内容を記銘しやすく、楽しい気分のときにはポジティブな感情価をもつ内容を記銘しやすいというものである。また、対人的な評価の場合には、気分がよくないときには相手を否定的に評価し、気分がよいと相手を肯定的に評価しやすくなるというもので、バウアーの研究以降の研究においても比較的安定して同様の結果が得られている。

気分一致効果を説明する理論モデルとしては、バウアーが感情プライミングモデルを提唱しており、この効果をもっとも包括的に説明できるモデルとして評価されている（図9-10）。これによると、記憶内に保持されているさまざまな情報はネットワークを形成しているが、種々の感情もこのネットワークの結節点となっており、ある種の感情が生起するとその結節点に連結する概念のネットワーク全体が活性化すると仮定されている。

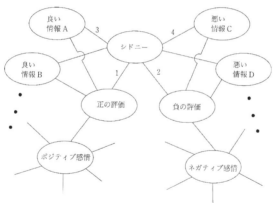

図9-10 バウアーの社会的判断に関する感情プライミングモデル

【課題】

「プライミング」とは、どのような現象だろうか。直接プライミング・間接プライミング、知覚的プライミング・概念的プライミングなどについて調べてみよう。

第9節＝感情と認知の融接現象(3)
感情は認知や動機づけに、どのようにはたらくのか

1　感情の機能的非対称性

　肯定的な感情と否定的な感情とでは、そのはたらきが必ずしも対照的でないことが知られている。先に紹介した気分一致効果においても、気分のよいときには他者を肯定的に評価するという結果は一貫して得られているが、気分がよくないときに他者を否定的に評価するという結果は、肯定的な場合ほど一貫して得られていない。このような現象はPNA（Positive-Negative Asymmetry）と呼ばれ、とくに対人評価など社会的判断の分野で多く認められる。このような現象が起こるのは、肯定的感情に対してはそれをできるだけ持続させようとする力がはたらくのに対して、否定的感情はこれをできるだけ早く解消させようとする力がはたらくことが一因となっている可能性が考えられている。

　また、セディキデス（Sedikides, C.）が提唱するように、感情は注意の向けられる方向に影響を及ぼすとする説もある。すなわち、肯定的感情は自己評価と自己確信を高め、自己への注意をさほど払う必要がないぶん、相対的により多くの注意が外界へと向けられる一方、否定的感情は自己評価と自己確信を低め、そのために自己への注意がより多く配分されることになるというのである。

2　感情と動機づけ

　感情を行為の準備反応と捉えるアクション・レディネス理論が、フライダ（Frijda, N. H.）によって提案されている。フライダによると、感情は自分の置かれている環境の良否についての判断を自らにフィードバックし、その後適切な反応がなされるような状態を個体内部に準備する役割を担っているという。肯定的感情は自らを取り巻く環境が良好であることを知らせ、積極的行動を促すための肯定的な内容の知識や情報の利用可能性を高める。一方、否定的感情は事態の悪化を知らせ、事態への対処を準備するために否定的内容の知識や情報の利用可能性を高めると考えられる。一般に人は好ましくない結果を回避し、

好ましい結果を得るよう動機づけられており、否定的感情が生起しているときは状況に問題が多い場合なので、処理方略や行動も、状況をよく理解し、事態の改善をはかる方向づけで選択されることになる。

　従来、認知との関連で論じられることが多かった動機づけに関する研究領域においても、感情のあり方が動機づけを左右する側面があることを重視すべきであるとする動きが生じている。速水（2012）は、やる気を支える肯定的感情を偏重する傾向があることを反省し、否定的感情が肯定的感情よりもよりいっそう強い動機づけの源となる側面にも注目すべきであると論じている。

　速水は、動機づけは認知成分と感情成分のいずれを欠いても成立しがたいことを指摘し、感情がより強くはたらく場合もあるし、認知がより強くはたらく場合があるとしつつ、その双方を加味した動機づけに関してのモデルを提案している（図9-11）。自分の周辺に何らかの出来事が生じると覚醒水準が高まり、認知・感情ともに高まる。否定的感情としての悔しさなどは目標の魅力をかえって強め、どのような点を改善すればよいかという認知的機能も強くはたらく。このように、平静な状況での動機づけよりも、事態の変化により強い感情を伴った場合のほうが動機づけが高まる事情をこの図に読み取ることができる。

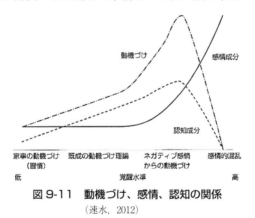

図9-11　動機づけ、感情、認知の関係
（速水, 2012）

【課題】
　肯定的／否定的感情下で、外界に対する認識の仕方はどのように異なるのであろうか。自分自身の例を考え、その特徴を書き出してみよう。

〈参考文献〉

Ekman, P., & Friesen, W. V. (1975). Unmasking the face. Englewood cliffs, N. J.: Prentice-Hall.（工藤力（訳編）(1987). 表情分析入門. 誠信書房）

福井康之（1990）. 感情の心理学. 川島書店

濱治世・鈴木直人・濱保久（2001）. 感情心理学への招待新心理学ライブラリ17. サイエンス社

速水敏彦（2012）. 感情的動機づけ理論の展開―やる気の素顔. ナカニシヤ出版

池上知子（1997）. 社会的判断と感情. 海保博之（編）「温かい認知」の心理学―認知と感情の融接現象の不思議. 金子書房

菊池聡・谷口高士・宮元博章（1995）. 不思議現象なぜ信じるのか―こころの科学入門. 北大路書房

丸山欣哉（編）（1996）. 基礎心理学通論. 福村出版

新美良純・白藤美隆（1969）. 皮膚電気反射―基礎と応用. 医歯薬出版

大平英樹（編）（2010）. 感情心理学・入門. 有斐閣アルマ

岡市廣成・鈴木直人（監）青山謙二郎・神山貴弥・武藤崇・畑敏道（編）（2014）. 心理学概論［第2版］. ナカニシヤ出版

越智啓太（1996）. ストレス下における目撃者の記憶. 菅原郁夫・佐藤達哉（編）目撃者の証言―法律学と心理学の架け橋. 現代のエスプリ350 至文堂

坂野雄二・福井知美・熊野宏昭・堀江はるみ・川原健資・山本晴義・野村忍・末松弘行（1994）. 新しい気分調査票の開発とその信頼性・妥当性の検討 心身医学, 34, 629-636.

田上恭子（2002）. 抑うつと記憶 東北大学大学院教育学研究科研究年報, 50, 95-109.

竹村和久（1997）. 思考・判断と感情 海保博之（編）「温かい認知」の心理学―認知と感情の融接現象の不思議. 金子書房

谷口高士（1991）. 認知における気分一致効果と気分状態依存効果 心理学評論, 34, 319-344.

谷口高士（1997）. 記憶・学習と感情 海保博之（編）「温かい認知」の心理学―認知と感情の融接現象の不思議. 金子書房

吉川左紀子・益谷真・中村真（編）顔と心―顔の心理学入門. サイエンス社

第10章
教育心理学

第1節=教育心理学の概観

　本章では、現代の学校や子どもをめぐる諸現象を取り上げるとともに、子どもにかかわるうえで役に立つと考えられる、理解の枠組みを提供することをめざす。じつは、本章で扱う内容は、一般的にいうところの教育心理学のテキストとは少々異なっている。いわゆる教育心理学は、心理学の応用分野の1つであり、主として学習や動機づけ、発達、個人差といった基礎心理学諸領域と共通の内容を、教育という文脈の中に位置づける志向性をもって探究していくものである。本書では、これらの内容について、それぞれ個別の章を設けて詳述されているので、いわゆる教育心理学については他書に譲ることとし、本章では教師をめざす学生や、将来教職につく可能性のある人を読者として想定しながら論を進めていく。

　自らが児童生徒として過ごしてきた日々を思い起こしてほしい。学校はあなたにとって、どのような場で、自分にはどのようなことが求められていると感じていただろうか。学習の基礎となるような知識を蓄えること、社会にはどのようなルールがあるのかを知り、それを守る人間としての姿勢などなど。

　じつは教育の目標は、子どもが学校生活の中だけでうまくやっていけるのではなしに、むしろ学校生活よりもずっと先の長い、学校を出たあとの人生において自分自身の納得のいく選択をし、自分らしさを発揮しながら生きていける力をつけることなのである。本章ではまず、このような考え方に大きな影響を与えているマズローの理論について紹介する（第2節）。

　学校にかぎらず、大人が子どもに対して教育的にかかわるとき、そこには大人の側の願いや期待が存在する。この願いや期待はもともと子どもの幸せを思ってのものであるが、この願いや期待の成就だけが目的化すると、子どもを「するように仕向ける」「させる」といった考え方に陥ってしまいやすい面がある。こうした考え方に、ともすると心理学の研究成果が科学的な裏づけや手段を与えてしまいかねないことへの反省を込めつつ、動機づけ研究の動向について紹介していく（第3節）。もっとも、ここに述べたような悲観的な展望だけ

がすべてではないことについても明記したい。たまたま本書を執筆している期間中に話をした学習心理学者の同僚は、このような大人の側の願いや期待こそが教育の原動力であり、希望の源であると言っていた。まったく同感である。

　現代の学校や子どもをめぐる問題として避けて通ることができないのが、不登校（第4節）といじめ（第5節）である。これらの問題は、スクールカウンセラーや弁護士など、さまざまな領域の専門家が、学校と一緒になって課題に取り組んでいく枠組みを学校の中につくる契機となった。しかしながら、これらの現象が注目されるようになって久しいにもかかわらず、現場における有効な手立てが確立されるには、依然、程遠い状態にある。学校では経験知や実践知が先行しやすく、それに比較すると研究から提供される理論知には関心が払われにくい面があるが、あらためてこれらの研究が明らかにしていることを実証的なデータに即して見つめ直してみると、眼前の現実だけに目を奪われているときとは異なった視野がひらける場合もあることを、ぜひ知ってもらいたい。

　少子化や核家族化を背景に、子どもが人間関係について自然に学ぶ機会が少なく、かつその範囲が狭くなっていることが指摘されている。近年、子どもたちの関係づくりのための手法として、学校現場で用いられることが増えているエンカウンター（encounter; 出会い）について、その考え方のエッセンスとなる事柄に触れる（第6節および第7節）。他者との間での真実の心のこもった人間関係をつくるためには、相手に自分を知らせる覚悟が必要であるが、これは大人にとっても決してたやすいことではない。このような手法の導入を検討するさいには、子ども集団を他者的な視点で観察したり、外部者として介入することばかりを考えるのではなしに、自分自身についての理解を深める契機としてもらえたなら、このうえない。子どもは大人の鏡である。

　本章の終盤では、人間が他者についての判断を行なうさいに生じやすい歪みについて概説する。児童生徒理解に基づいて教師は子どもにかかわる指針を決めるが、理解の対象である児童生徒にばかり目が向いて、理解の主体としての自分はおざなりになっていることが少なくない。ときには子どもたちに向ける注意を自分自身にも向けて、自己理解のための機会や時間をもつことを、教師自身の健康や幸せな人生のためにもおすすめしたい。

第2節 = 学校教育の目標
教育の究極目標と教師の役割について考える

1 自己実現とは

マズロー（Maslow, A.）は、自己実現していると思われる人の特徴を抽出しようとして、23名のアメリカ人（うち9名はリンカーン、トマス・ジェファーソン、アインシュタインなどの歴史的著名人）を対象にインタビューを行なった。その結果、抽出された特徴をリストにまとめたものが表10-1である。

表10-1　自己実現をしている人の特徴
（Maslow, 1954）

> ①現実の有効な知覚・現実との快適な関係、②自己・他者の受けとめ、③自発性、④自己中心的ではなく課題中心的、⑤超越性、⑥自律性、⑦認識が絶えず新鮮であること、⑧神秘的体験・至高体験、⑨共同社会感情、⑩少数の人との特別に深い対人関係、⑪非権威的な民主的性格、⑫手段・目的の区別、善悪の区別、⑬ユーモアのセンス、⑭創造性、⑮既成文化からの超越

2 欲求階層理論

マズローは、人間は自己実現に向かって絶えず成長しようとする存在であるという仮定のもとに、人間の動機づけが、万人に潜在する5つの基本的欲求から生じるとする欲求階層（Needs-Hierarchy）理論を提唱した（図10-1）。

基本的欲求は、第1から第5欲求までの階層をなし、低次の欲求がある程度満たされると次の欲求が現われて人を動機づける。すなわち、食べるに困るような生死にかかわる欲求が満たされないうちは、その充足が何より急務で、それより高次の欲求に向かうことはないし、安全・安定の充足が何より重要であるようなときには、それよりも高次の社会的欲求が生じることはないとしたのである。第1から第4欲求までは満たされないうちはそれが人を動機づける機能をもつが、満たされれば動機づけとしての機能を失う欠乏動機であるとした。

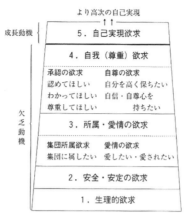

図 10-1　マズローの欲求階層
(豊嶋, 2000 より転載)

　一方、これらの欠乏動機が満たされ、いったん第5欲求である自己実現欲求によって人が動き始めると、それよりも低次の欲求の重要性は低下し、さらにそれよりも高次の自己実現を求めるようになり、この自己実現欲求は完全に満たされることがないので、これこそが人間の心理的成長の源となると考え、マズローはこれを成長動機と呼んだ。すなわち、どのような種であっても、それ自身になろうとするが、人間の場合にはあまりにも過酷な状況の下に置かれた状態のままでは、自分自身になろうとする欲求は現われ出てこないことになる。

　人間の動機づけに関するマズローの説は、進路選択に当てはめて考えることも可能である。極限状況においては最低限食べていければいいと考えるが、それがある程度満たされていると、今度は安定を求めて公務員志向が強まり、それに慣れれば次にはだれかとつながりたいといった社会的欲求が生じてくる。また同様に、これは人間の発達にも当てはまる。乳児はとにかく生理的欲求の充足を求めて激しく泣く。自分で動けるようになり外界との接点が増えはじめると、養育者を基地として時折り安心・安全を確認しながら、少しずつその活動範囲を拡げていく。さらに進むと、一緒に活動する仲間や、その仲間との間の絆を望むようになる。

　学校教育の究極目標は、子どもたちが学校を出たあとで社会に適応し、自分らしさを発揮しながら活躍していける大人になれる準備を整えることであり、

これは自己実現そのものである。子どもがその生活の多くの時間を過ごす学校生活において、教師は安全・安定して所属できる環境を子どもたちに用意し、子どもが自己実現の欲求で動きはじめることができるよう、承認の欲求を強く深く満たしていかなければならない。

> 【課題】
> 　あなたは今、マズローの階層のどの欲求によって動機づけられているだろうか、考えてみよう。

第3節 = 子どものやる気はどこから来るか
動機づけ研究の動向を知る

1 「やる気」と動機づけ

　教育現場では「やる気」という語が頻繁に用いられる。「やる気」は心理学では動機づけの問題として扱われるが、日常語の「やる気」「意欲」が課題や目標を達成しようとする行動に用いられるのに対して、動機づけは食べることや寝ることを含め、広い意味で人間を何らかの行動に駆り立てるものを指す。

　動機づけは、いわば学習意欲のもとになるものといえる。人は初めての環境においては、とりあえず何らかの行動をしてみて、それによって引き出される強化や罰によって、その環境下で適応的な行動を学習する。行動のさいに感じる感情は、正の強化によって学習され維持されているときに面白さや楽しさといった肯定的なものとなり、強化された行動そのものを好きになる傾向がある。

　負の強化も行動を増やすはたらきをするが、その行動自体を好きになることは少ない。勉強しないと叱られるので仕方なくするが、それで勉強を好きにはならないばかりか、勉強に対する嫌な気持ちがそれをさせようとする大人に対して容易に転移するなどの問題も多い。

2 動機づけ研究をめぐる動向

　動機づけ研究の領域では、従来から2種類の動機づけが注目されてきた。1つは外発的動機づけで、課題の遂行が何か他のものを環境から引き出すための手段となっている。勉強をすると褒めてもらえるからとか、よい学校に進めて就職に有利だからといった動機づけが、これにあたる。もう1つは内発的動機づけで、外から与えられる報酬がなくても、それをすること自体が楽しいから、やりたいからといった、内面から湧き上がる動機づけである。教育の場においては、子どもに何かしてほしいという願いが大人の側にあるので、どのようにして子どもを仕向けるかという考え方に陥りやすく、外発的動機づけの研究成果はごほうびや罰の種類や与え方といった文脈で利用されやすい面がある。

しかし一方、報酬を与えられることに慣れてから報酬がもらえなくなると、もともとしたくてしていたこともしなくなってしまう現象（アンダーマイニング効果：undermining は「弱体化」「土台を台無しにする」の意）の存在も知られている（図10-2）。内発的動機づけの文脈では、興味や知的好奇心を刺激するための視聴覚教材や、子どもが「わかる」喜びを体験できるような工夫に、従来、重点が置かれていたが、近年では子ども自身の有能感や自己決定感、他者から受け止めてもらえる感覚といった情緒的な側面を、内発的動機づけを支えるものとして重視する方向にシフトしつつある。

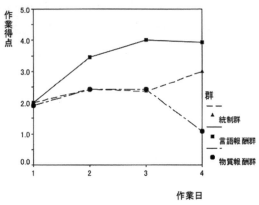

図 10-2　作業日ごとの作業量

注）アンダーマイニング効果は物質的報酬において顕著にみられる（木村，2008）。

家族療法家のマダネス（Madanes）は、「大人が子どもを罰するために物を与えることがある」と述べ、何も望まなければだれにもコントロールされずに済むと子どもが思ってしまえば、これが子どもの無気力の一因となりうると指摘している。純粋な知的好奇心でもって動機づけと、それがもたらす現象とに目を凝らしたいものである。

【課題】

　自分の動機づけが、どのようなことで強まったり、弱まったりしたか、これまでの経験を振り返って考えてみよう。

第4節 = 不登校

全貌を捉えにくい現象への接近の試み

1 不登校現象の実態把握の意義

文部科学省の定義による不登校は、「何らかの心理的、情緒的、身体的、あるいは社会的要因・背景により、児童生徒が登校しないあるいはしたくともできない状況にあること（ただし、病気や経済的な理由によるものを除く）をいう」（文部省平成3年定義）。公式統計である学校基本調査における欠席基準は、平成3年に定義を改めるさいに、それ以前は年間50日以上とされていたものが30日以上に引き下げられた。

統計をとる以上は対象を厳密に定義することが必要で、現実のどこかに線引きをしなければ正確な結果は得られないが、この線引きによって漏れる暗数部分も出てくる。このような暗数部分ができるかぎり少なくなるようにして不登校現象の全容を把握しなければ、結果データは実態とかけ離れたものとなり、学校現場でまったく見当違いの対応策が講じられることにもなりかねない。このような危惧のもと、森田は、図10-3のような不登校現象の生成の場を仮定し、公式統計では暗数として切り捨てられる部分も掬い上げる調査を企て、1988年度に全国11政令指定都市及び東京都区部12都市の公立中学2年生約6,000名を対象とした大規模調査を実施した。

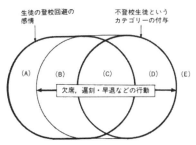

図 10-3 不登校現象の生成の場
（森田, 1991）

2 「登校回避感情」に着目することで見えてきたもの

　森田は、それまでの公式統計が教師の目で把握された数字にのみ依拠していることへの反省に立ち、子どもたちの目から見た不登校の現実を組み込もうと努めた。調査対象の生徒たちに、学校に行くのが嫌になったことがあるかどうか（登校回避感情の有無）、および、そのために学校を実際に欠席（あるいは遅刻・早退）したことがあるかどうかを問うたのである。生徒報告の一方で、学級担任による年間出欠状況調査も組み込むことで、森田は生徒と教師の両方向からの調査を接合し、不登校の全体像を描き出そうと試みた。その結果を整理したものが図10-4である（調査当時の基準に基づき、50日以上の欠席基準で結果が示されている）。

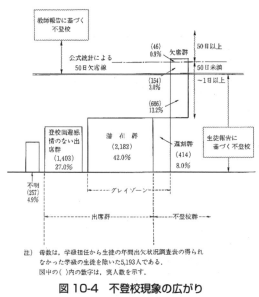

図 10-4　不登校現象の広がり
（森田，1991）

　登校回避感情をもちつつも我慢して登校した群は、行動面で分類すれば「出席群」に属するものの、「遅刻群（早退も含む）」や「欠席群」へと転化する可能性をはらむ。不登校現象の全体像を構成するうえでは、この群を「潜在群」

として、不登校現象の裾野の広がりの中に含めて考える必要がある。不登校現象を欠席や遅刻・早退として具現化する群に、さらに「潜在群」を裾野として含めると、じつに調査対象生徒全体の67.1％にその兆候が認められることになる。一方、「登校回避感情をもたない出席群」は全体の27.0％にすぎない。

不登校への対応は、実際に欠席している児童生徒への対応にとどまらず、これらの潜在群をどのようにして学校生活につなぎとめていくかという切迫した問題でもある。

【課題】
　自分自身の学校生活を振り返りながら、どのような要因が登校回避感情を弱めるのに役立つか、考えてみよう。

第5節＝いじめ

その生起メカニズムに迫る研究について知る

1　森田の「いじめ集団の四層構造」

　いじめ事件が発生すると、加害者と被害者に注目が集まりがちであるが、いじめはそのような直接の当事者のみによって起こるわけではない。いじめにかぎらず逸脱行動は、周囲の反応の仕方によってその現われ方が大きく異なる。

　望ましい行為は周囲の人びとによって是認・賞賛され、望ましくない行為は人びとによって否認され、これを抑止する力がはたらく。周囲からはたらくこのような力は反作用と呼ばれ、集団の秩序はこの反作用が健全にはたらくなかで保たれる。いじめの場におけるこの反作用を担うのは、加害者と被害者をとりまく周囲の子どもたちであることに森田は注目した。彼は「いじめ集団の4層構造」（図10-5）の中で周囲の子どもたちを、いじめをはやしたて面白がる「観衆」と、介入せずその場で静観している「傍観者」の2層に分けて描き出した。

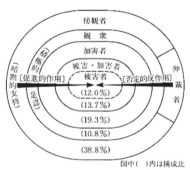

図10-5　いじめ集団の構造
（森田・清水，1994）

　観衆や傍観者が否定的な反応を示せば、いじめっ子の行為に一定の抑止がかかるが、面白がったり黙って見て見ぬふりをしていれば、いじめっ子は自分の行為が集団内で是認されているものとして行為をエスカレートさせることにな

る。学級によっては、傍観者の中からいじめを止めに入る仲裁者が現われることもあるが、この制止も同様に周囲からの是認を得られなければ集団から浮いた行動となり、いじめの標的とされかねない。いじめの場におけるこの4層は固定化された役割ではなく、だれもが（加害者さえも）被害者になりうることへの不安感情が、だれもが口を閉ざす雰囲気を学級内につくりだす。

2　正高の「ジリ貧のジレンマ」

　正高（1998）は、いじめに関する一連の調査から、学級内に占める傍観者層の割合といじめの生起に深い関係があることを見出した。彼が注目したのは、いじめのない学級での傍観者比率が10％前後であるのに対し、いじめの起きている学級では30％程度で、その中間的な数値を示す学級が見当たらない事実であった。正高は、いじめのない状態からある状態への変貌は少しずつ進行するのではなく、集団の性質を一気に変貌させる強い力がはたらくと考え、いじめっ子への反抗を企てるにあたり、同調する人が何人いれば自分も協力するかということを、調査で子どもたちに問うた（図10-6）。この図は、「50％の人が同調してくれるなら自分も協力する」という人が36％いることを示している。同調者が50％いることを前提に協力を決めた人は、実際には36％しか協力しないことを知ると協力をやめてしまう可能性が高い。同調者が36％のときの協力者の割合は21％、21％の同調者となると……というわけで、協力者の割合は、13％で均衡をみるまで一気に落ち込んでいくことになる。

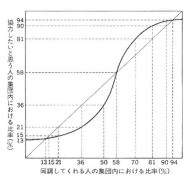

図10-6　同調者と協力者の集団内の比率
（正高，1998）

いじめを考えるさいには、直接の当事者のみでなく、周囲の子どもたちの存在と、その果たす役割に注目することが必須である。傍観者の規範意識や社会的スキルなどに注目した各種調査も行なわれ、それらの結果は規範意識にはたらきかける単なる「いじめをやめよう」キャンペーンや、「勇気をもとう」キャンペーンが有効ではないことを示している。一方で、いじめの場や被害者との関係意識が、いじめに対抗する行動を起こすうえで重要な意味をもつことを示すデータもある。真に効果的ないじめ対策のためには、あらためてこのようなデータに目を向ける必要がある。

【課題】
　自分自身のいじめ被害・加害・傍観経験を、振り返ってみよう。

第6節 = コンテントとプロセス
人間関係の過程へのまなざし

1 コンテントとプロセス

　集団の中で何が起きているのかを、その構成員間の相互作用の視点から吟味するさいには、2つの側面に目が向けられる。1つは、そこで話し合われているテーマや、その集団が取り組んでいる作業や課題の内容そのもの（コンテント）であり、もう1つはその集団の中で人と人との関係に起こっていること（プロセス）である。例えば、メンバーそれぞれが断片的な情報をもち、それを見せ合うことはせずに情報と情報を組み合わせて、ある種の課題を達成することが求められたとする。コンテントとプロセスのそれぞれの側面からそこで起きていることを記述していくと、以下のようになる。

表 10-2　グループ作業中のコンテントとプロセス（例）

コンテンツ	プロセス
メンバーは、それぞれどのように課題に取り組めばよいのかを考えながら課題用紙を読んでいる。	共同作業と聞いて、他の人とうまくやれるかどうかが不安で、読んでも頭に入らない。
それぞれ取り組んでいても効率が悪いので、その課題を得意とするメンバーを中心に作業を進めることになる。	本当は自分でもっと考えてみたかったが、そのせいでグループの作業が遅れると悪いと思って口には出さなかった。

　このようなグループ学習は、学校では体験学習の中でよく採り入れられる手法であるが実際の学習場面ではコンテントばかりが注目され、プロセスに光があたることは少ない。上述の共同作業について、授業のまとめの中で論じられるさいも、「どのようにして課題を解決したか」といった内容的側面が中心になりやすい。「みんな真剣に取り組んでいた」という報告がなされたとして、実際は意欲的に取り組んだのはほんの2、3名で、他のメンバーが手持ち無沙汰に感じながらその場にいたことは、そもそも作業中にその場での表明が控えられることもあって、あまり触れられることはない。

2 プロセスがなぜ大切か

プロセスはコンテントの流れと同時に、個々のメンバーとグループ全体とに起こっている刻々の変化である。学習場面では知的活動だけが行なわれているのではなく、気持ちの動きも同時に起こっている。プロセスを大切に扱う態度は、課題遂行の名のもとについつい犠牲になりがちな個々の心情や、メンバー間の関係を大切にする風土を培う。気持ちをきちんと取り上げてもらえるメンバーは、自分の感じ方が間違いではなく、そのように感じてよいのだと思えるようになる。また、それを他のメンバーに受け止めてもらえることで、是認される嬉しさや、肯定的で温かい感じをグループに対してもつことができる。

先にも述べたように、黙っていても話題の中心となりやすいコンテントに比べて、プロセスに光をあてるにはそれを扱おうとする明確な意図と工夫、そしてそれが可能となる安心できる率直な場の雰囲気とが必要である。教師の腕の見せどころである。

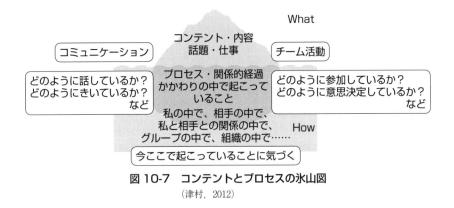

図 10-7　コンテントとプロセスの氷山図
（津村，2012）

【課題】
　日常を振り返り、コンテントとプロセスが不一致だった場面を思い起こすとともに、そのとき自分や周囲の人の中で起きていた気持ちの動きについて考えてみよう。（例：教師が生徒に「自主的に動きなさい！」と指示している場面など）

第7節 = 集団の何を見るべきか
人間関係の過程の観察方法を知る

1 対人支援の専門性

　通常、プロセス（過程）という語は時間経過に伴う推移を指して用いられることが多いが、ここで取り上げるのは関係的過程、すなわち、その場にいる人と人との関係の場で起こっている事柄である。教師を含め対人援助に携わる専門家には、高度な対人関係の能力が必要とされるが、その一端を担うのは、集団の中で起きているプロセスを観察して的確に読み解き、その場にはたらきかけていく力であるといってよい。このような力を身につけるには、人間の心のはたらきについてのある程度の知識と、十分な訓練とが必要であるが、プロセスを読み解くさいに関心を寄せるべき手掛りが複数存在する。星野（1992）が挙げているものをもとに、観察のポイントのいくつかをまとめてみる。

2 グループを観察するさいのポイント

　①メンバーの様子——各メンバーがグループに受け入れられているかどうか、また、メンバー自身がどの程度それを感じているかに注意する。メンバーの感情は明確に表明されるとはかぎらないので、言語内容だけでなく、視線や声の調子、表情などの非言語的行動にも留意する。

　②発言の様子と発言の偏り——各メンバーがどの程度言いたいことが言えているか、主張が率直か婉曲かに注意する。また、まったく発言しない人がいる一方で、話しつづけている人がいる場合も多い。発言が不均等であること自体は問題ではないが、それがグループの雰囲気やグループの出す結論にどのような影響を与えているかは、グループの特性として押さえておく。

　③メンバー間のやりとり——発言者はつねに全員に向けて話しているとはかぎらず、だれかのほうを向いて話していたりすることがある。発言を聞くさいも、AさんがBさんの発言に対してよくうなずくというふうに、メンバー間の関係のあり方はさまざまである。メンバー相互の関係や、そのときのグルー

プの状態を知るうえでの手掛りとして注目しておく。

④メンバーの役割の取り方とリーダーシップ——メンバーはそれぞれのやり方でグループの醸す雰囲気に貢献している。課題達成に向けて、情報や意見、アイディアを提供するメンバーもいれば、発言の少ないメンバーに水を向けたり、メンバーの仲をとりもつはたらきかけを通じて、集団の形成や維持を志向する動きの多いメンバーもいる。それぞれのメンバーが、どのような状況のときにどのような役割を果たしているかに注目する。また、そのような役割が固定的か、状況に応じて入れ替わる流動的なものであるかにも関心をもつ。

⑤グループの成熟の度合い——メンバーが顔を合わせたばかりで、何をすべきか、どのように課題に着手すればいいのかがわからないでいる段階では、指針を示してくれるリーダーの存在はありがたいものである。しかし、メンバー同士が十分打ち解け、課題の達成に向けて自由な表明やふるまいが可能なときに、強いリーダーは不要である。グループ内でのリーダーシップのあり方の変化は、グループの成熟度（発展段階）を測る1つの手掛りとなる。

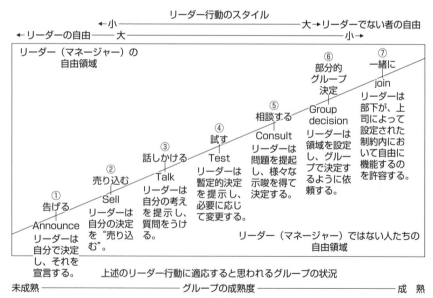

図10-8　グループの成熟とメンバーの自由度

(柳原, 1992)

第8節 = 児童生徒理解の落とし穴(1)
他者を評価するさいに生じるバイアスについて知る

1 評価のバイアス

　教育現場において、教師が子どもの成長を適切に支援するために児童生徒理解は重要である。しかしながら、人間に本来備わる認知のはたらきの特性を含め、教師の側のさまざまな要因によって、理解が歪められる危険はつねに存在する。ここでは安藤（1975）をもとに、教育現場で生じうるバイアスとその内容を表10-3（次頁）にまとめた。

2 評価のバイアスを生じさせる教師側の要因

　豊嶋（1993）は、上述のような評価の歪みが生じる背景に、「価値の混入」と「教師の無意識」があると指摘している。前者の「価値の混入」とは、先に紹介した年功誤差に見るように、評価する個人のもつ価値観やその社会の文化が、評価の歪曲やその歪曲の方向を決定づけることをいう。「何が望ましく、何が望ましくないか」を決める基準を一括して「価値」と呼ぶが、教師が生徒を指導・理解したり、評価したりするさいには、その観点となる価値が必須である。しかし、理解の過程に価値が混入すると、理解が歪められることは避けられない（豊嶋・清，1978）。児童生徒の行動を理解しようとするさいには、とくに気をつけて自分自身のもっている価値観を自覚し、それをいったん脇において観察することが重要である。また、後者の「教師の無意識」とは、理解のための資料が不足していたり、自信がもてない状況といったあいまいな（ambiguous）事態や、教師の側に強い情緒的要因がはたらくような事態では、事態の認知に教師自身が意識できていない期待・願望・恐怖・不安・葛藤が投影されがちになる。理解したつもりになっていても、それがじつは教師自身のつくりだした仮想の現実にすぎないということに気づかぬまま、生徒にレッテルを貼ってしまうようなことは、ぜひとも避けたいものである。

　さらに豊嶋は、生徒－教師間のかかわりが深まっていくなかで、教師自身が

表10-3 評価のバイアス（評定のバイアス）

	生じる歪みの概要
a) 後光効果 halo-effect	成績が良いとか、逆にいつも規定の服装や髪型を逸脱しているといった、生徒のある側面についての教師の感情を伴った明確な判断がある場合に、生徒の他の側面に関する評価が引きずられて歪む現象。
b) 寛大化傾向 leniency tendency	教師が自分の生徒理解や評価に自信が持てない場合、無意識的に生徒のことを実際よりも良いように歪めて理解しようとする現象。
c) 中心化傾向 centralization tendency	尺度の両端に位置する明確な評価を避け、尺度の中央部分や生徒集団の平均付近に評定が集中する現象。不決定傾向ともいう。平均点付近に評定が集中して評価が識別力を失ってしまう。
d) 近接誤差 proximity error	多くの評定尺度が並んでいる用紙などで評定するさい、直前の項目でどのような評定をしたかが次の項目の判断に影響を及ぼし、引きずられて歪む現象。
e) 対比誤差 contrast error	教師が自分の得意な分野に関する評価を行う際には厳しめになりがちで、逆に不得意な分野の評定は甘くなる方向に歪む現象。
f) 論理的誤差 logical error	本来は、直感に基づいて個々の項目ごとに独立した判断を行うことが求められているような場合でも、自分の判断や行動の一貫性を保とうとして評定結果を歪め、実態とは異なるような加工を施してしまう現象。
g) 年功誤差 seniority error	日本では、同一の仕事に長く携わっている人を「年期の入った人」として、実態以上に高く評価する傾向がある一方、アメリカでは同一職務の永年従事者は、他の職務に変わることのできない無能な人と見て、実態よりも過小評価する傾向がある。教育現場においては、ある役割に長くついている生徒や、教師自身が長く担任するなどよく知っている生徒に対する評価が甘くなりがちで、転校生など自分のよく知らない生徒に対する評価が相対的に厳しくなりがちな現象。

無意識に幼児期から機械的・反復的にとっている対人関係パターンを生徒との関係の中でも再演し、これが生徒に対する態度や生徒理解に影響を及ぼす「逆転移」の危険性も指摘している。これらのことは、適切な児童生徒理解のためには、児童生徒にかかわる主体としての教師自身の自己理解が何よりも重要であることを教えてくれる。

【課題】
　他者を評価した経験や、他者から自分が評価される経験のなかで、表10-3に挙げられているようなバイアスが生じていたと考えられる事例を思い起こしてみよう。

第9節＝児童生徒理解の落とし穴(2)
人間の行動に影響を及ぼす種々のバイアス

1 予備知識がその後の結果に影響する？

1968年にローゼンタール（Rosenthal, R.）が発表した「教室のピグマリオン」は、教育界に大きな衝撃をもたらした。ローゼンタールらは、ある種の知能テストを小学1年から6年までの児童に実施し、そのテストを受けた児童全員の中から無作為に20％の者を選び出し、「これらの子どもたちの知能が急速に伸びるという結果が出た」と教師だけに伝えた。約半年後、同じテストを再実施したさい、結果を付して伝えられた20％の児童と、付されなかった80％の児童の結果とを比較したところ、前者の成績の伸びが有意に大きかった。

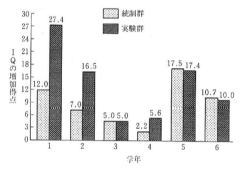

図10-9　ピグマリオン効果
（会田，1994 より転載）

ローゼンタールらは教師の子どもへの対応場面の分析などを通じて、教師が「伸びる」と信じた児童に対して機会を多く与えたり、児童の発言をより辛抱強く待つなど、あたたかく見守る態度で接する傾向があり、このような肯定的な雰囲気に支えられて児童の伸びが実現されたと論じている。この現象は、ピグマリオン効果、もしくは教師期待効果として広く知られている。

ローゼンタールらの研究に対しては、成績の伸びの大きさが統計上有意ではあるものの、得点差としてはきわめて小さいことや、他の研究において結果が

再現されなかったことなどを通じて疑問視されてもいる。しかし、教師が児童生徒にかかわるさいに、無意識のうちにこのような予備知識の影響を受ける可能性があることを無視することはできないであろう。

2　災害後に注目されるようになったバイアス

2011年3月11日に起こった東日本大震災は未曾有の被害をもたらしたが、このときの人びとの行動をめぐり、それまで災害心理学の領域においてはよく知られていた現象が、より広く注目を集めることになった。その1つが「正常性バイアス」と呼ばれるものである。地震直後、非常事態に備えた避難行動ではなく、その場にとどまっての隣人との立ち話や家の中の片づけなど、むしろ日常的な行動をとる人が数多く存在し、被害の甚大化につながった。

海外の火山噴火のさいに、噴煙で空が暗くなっても人びとが通常通りの行動をつづけたり、地下鉄火災で煙が充満するなか、避難せず座席に坐りつづける人びとの写真が世界中の人びとを驚かせるなど、過去にも類似の事例は数多く見られたが、同じことが繰り返されたのである。あまりに信じがたいことが起こると、人間はその出来事を認識し損ねてしまうようである。絶え間なく変化する世界に適応するために、外界の変化にいちいち敏感に反応しないメカニズムが、人間には備わっていると考えられる。

近年、教育現場で起きた事例で考えると、いじめで追い詰められた生徒の日誌に接していたにもかかわらず、担任教師がその重大性を認識し損ね、学年部や管理職への報告がなされぬまま生徒の自殺という最悪の結末をもたらしたケースが、これに当てはまるかもしれない。危機や異常事態のもとでは、通常と異なる心理的メカニズムがはたらくことを知り、そのような状況下での判断を抜きに、必要な行動がとれるような工夫や仕組みが必要なのである。

【課題】
　災害心理学の視点から指摘されているものの1つに、「同調バイアス」がある。どのようなものか、調べてみよう。

〈引用・参考文献〉
会田元明（1994）．子どもとむかいあうための教育心理学演習．ミネルヴァ書房
安藤瑞夫（1975）．産業心理学．新曜社
速水敏彦（2012）．感情的動機づけ理論の展開―やる気の素顔．ナカニシヤ出版
広瀬弘忠（2004）．人はなぜ逃げおくれるのか―災害の心理学．集英社新書　集英社
星野欣生（1992）．グループプロセスで何を見るか．津村俊充・山口真人（編）人間関係トレーニング―私を育てる教育への人間学的アプローチ．ナカニシヤ出版
鹿毛雅治（2013）．学習意欲の理論―動機づけの教育心理学．金子書房
木村道浩（2008）．内発的動機づけに及ぼす報酬の効果．弘前大学大学院教育学研究科平成 19 年度修士論文．http://hdl.handle.net/10129/631（2015 年 11 月 20 日）
正高信男（1998）．いじめを許す心理．岩波書店
Maslow, A. H. (1954). Motivation and Personality. N. Y. Harper & Row, Publishers, INC.（小口忠彦（訳）（1987）．［改訂新版］人間性の心理学―モチベーションとパーソナリティ．産能大学出版部）
森田洋司（1991）．「不登校」現象の社会学．学文社
森田洋司（2010）．いじめとは何か．中公新書　中央公論新社
森田洋司・清水賢二（1994）．新訂版いじめ―教室の病い．金子書房
豊嶋秋彦（1993）．個性変様的原理（共感的理解）と指導．小野直広（編）．生徒指導新教育心理学体系 3．中央法規
豊嶋秋彦（1993）．理解の歪み（バイアス）と教師の自己理解．小野直広（編）生徒指導新教育心理学体系 3．中央法規
豊嶋秋彦（2000）．生徒指導の基礎理論．仙崎武・野々村新・渡辺三枝子・菊池武剋（編）入門生徒指導・相談．福村出版
豊嶋秋彦・石永なお美・遠山宜哉（1993）．"いじめ"への対処と大学生期の適応（Ⅰ）．女子学生における過去の「いじめ・いじめられ体験」と適応感．弘前大学保健管理概要 15, 19-45.
豊嶋秋彦・清俊夫（1978）．社会心理学の課題と接近法―実践的ならびに理論的 Relevance をめぐって．年報社会心理学，19, 41-53.
津村俊充（1992）．プロセスとは何か．津村俊充・山口真人（編）人間関係トレーニング―私を育てる教育への人間学的アプローチ．ナカニシヤ出版
津村俊充（2012）．プロセス・エデュケーション―学びを支援するファシリテーションの理論と実際．金子書房
津村俊充・星野欣生（2013）．実践人間関係づくりファシリテーション．金子書房
柳原光（1992）．Creative O. D.：人間のための組織開発シリーズ vol. V．行動科学実践研究会・プレスタイム

第11章
臨床心理学

第1節＝臨床心理学の概要

1　臨床心理学とは？

　臨床心理学とは、社会的不適応や心理的問題に対する治療や問題解決の援助および予防、さらに心の健康や自己実現への過程を研究する心理学の一分野である。他の心理学と異なる点は、生きることに悩む人に直接かかわり、そのなかで得られたデータを集積し、研究に反映させ、治療や援助につなげていることである。

2　歴　史

　アメリカのペンシルヴェニア大学の心理学者ウィットマーが1896年に初めて「臨床心理学」という言葉を講演で用い、「心理クリニック」を開設した。このクリニックは、現在の心理療法とは異なり、主に知的障害や学習障害をもつ子どものアセスメントと教育支援を行なっていた。
　心理検査においては、ゴールトンの個人差の測定を端緒として、フランスのビネー（1905）が最初の知能検査の開発を行なった。その後、米国のターマン（1916）が知能指数（IQ）の概念とともに改訂したものが一般に普及し、個人の能力や人格を統計的に測定する研究領域が大きく進展した。
　一方、心理療法に関しては、フロイト（1895）が過去の心的外傷（トラウマ）体験の記憶の抑圧が、神経症・心身症をはじめとする精神疾患の原因になると考え、その抑圧された記憶を初期には催眠療法、のちに自由連想法や夢分析を用いて言語化（意識化）することで症状が改善するという精神分析理論を唱えた。
　1930年代になると、ナチスによるユダヤ人弾圧の影響を受け、多くの精神分析学者や心理学者がアメリカに移住し、またコロンビア大学に臨床心理学者育成コースが開設され、アメリカが臨床心理学の中心となった。
　精神分析は、心の中の諸機能がせめぎあうことに注目していることから力動

的心理学と呼ばれるが、1950年代から目に見えない心の中を対象とせず客観的で測定可能な「行動」に焦点をあてた行動療法が興ってきた。学習理論に基づき、望ましくない行動の「弱化」や、望ましい行動の「強化」といった行動の制御を目標とした。

さらに、第3の潮流として、1960年代に、人間は自由意志と目的をもち、主体的に選択を行なうことができるなど、人間の自己実現への可能性に信頼を置いた人間性心理学がアメリカで台頭した。

他には、家族の成員に問題行動や症状が現われた場合に、その家族個人の問題というより、家族というシステムに機能不全が生じていると捉え、システム・アプローチの視点から行なわれる家族療法が普及した。

現在は、ストレスに対して自分の考え方（認知）や対処行動を考えていく認知行動療法が短期に治療効果があるとのエビデンスを示し、広く普及している。

さらに、相互的な言語や主観的な認識が社会的な現実を構成していくという「社会構成主義」や、その影響を受けて人生を自分固有の物語的・対人関係的な流れの展開として解釈する「ナラティブ・セラピー（物語療法）」などの立場が出てきている。

このように、臨床心理学の歴史は「科学性・実証性」を重視する流れと、「実践性・経験性」を重視する流れの2つがある。

3　臨床心理学の求められる領域の広がりと国家資格化

現代は、身近に人を支える地域共同体が崩壊し、各人が社会や家族から疎外されやすい状況が生じている。そのため、心理的な支援の必要性が認識され、教育・福祉・医療・司法・産業など、各領域への臨床心理家の参加は広がりを見せている。

例えば、教育の領域では従来から教育相談所が開設されていたが、1995年よりスクールカウンセラー制度が導入され、現在では公立だけでなく私立の小中高の学校へもカウンセラー配置が広がっている。

このような状況のなかで、2017年施行をめざして、2015年に国家資格としての「公認心理師法」が制定された。

第2節＝アセスメント
人の心理特性を幅広く測定・評価する

1　アセスメントと診断の違い

　治療や援助を行なうには、問題の背景を理解するためのアセスメントが必要である。アセスメントという言葉は、アメリカで第二次世界大戦中に、軍部の特殊任務を遂行するためのリーダーシップや勇気などのポジティブな性格特性を見出す測定・評価法に初めて用いられた。

　このように、臨床心理学で用いられるアセスメントという言葉は、人の病理だけでなく、可能性や適性も含めた心理特性を測定・評価する点で、病理に焦点をあてた医学で用いられる診断という言葉より幅が広い。

2　アセスメントを行なう方法

アセスメントの方法としては以下のものがあげられる。
　（1）　面接法
　①臨床面接法——治療や援助を目的として面接を行ない、共感的に話を聴きながら被面接者を理解する情報を集め、治療や援助の可能性を探る方法。
　②調査面接法——調査目的のために構成された質問を系統的に行なうことにより、的確な情報収集を得る方法。
　（2）　観察法
　①自然観察法——学校場面での児童の行動など、観察対象の自然な状態を把握する方法。観察者の視点や能力によって得られる情報に差が生じやすい。
　②実験観察法——目的に応じて観察する条件を統制・操作する方法。観察場面の条件が対象に影響を与えやすい。
　③組織観察法——観察場面や時間を決め自然観察を効率的に行なう方法。観察内容や基準をあらかじめ明確にしておく。
　（3）　心理検査法
　臨床心理学は、アセスメントの手段として多くの心理検査を開発した。心理

検査は大きく分けると、その人の最大パフォーマンスを見る知能検査や発達検査と、パフォーマンスの特徴を見る人格（性格）検査に分けられる。その他、進路や職業の適性を調べる検査や、行動や社会性を調べる検査、親子関係を調べる検査、認知能力や記憶などを調べる検査など、目的に応じて数多くの心理検査が開発されている。

3　臨床心理学のアセスメントの基準

（1）　適応的基準

周囲によって問題視されている場合と、自分が社会に適応できていないと自覚し悩む場合がある。周囲と当事者の判断の食い違いが生じる場合もあるので、治療や援助に関わる臨床心理家は慎重な配慮が求められる。

（2）　価値的基準

道徳や社会通念など生活の規範に基づいて判断する場合と、法律や理論的な基準があるが、臨床心理家はそれに加えて各個人が独自に有している価値観に配慮する必要がある。

（3）　統計的基準

臨床心理家は、統計的に処理されて作成された心理検査の結果から、標準範囲内に入るか否かをアセスメントの基準とするが、自分の心理検査に対する習熟度や、どの検査を用いるかなどを意識しなければならない。

（4）　病理的基準

精神病理学に裏付けられた診断分類体系を学ぶことも、臨床心理家は必要である。現在は、アメリカ精神医学会が作成したDSM-5（精神疾患の診断統計マニュアル）が、日本の精神医学界でも広く使われている。今回の改訂によって、一部の精神疾患概念において使われていた「障害」の呼称に替わり「症（群）」の訳語も採用されるようになった。

【課題】

友だちを、自分がどのような視点や価値観から評価しているかを考えてみよう。

第3節＝心理検査

刺激への反応から、その人の特性や能力を知る

1 心理検査として成り立つための条件

心理検査は統計的な処理を経て作成されるが、表11-1のような条件を満たす必要がある。

表11-1 心理検査として成り立つための条件

標準化	検査の実施方法や採点方法等をどの検査者も厳密に守るよう規定すること。
妥当性	測りたい心理特性をより正確に測定できること。
信頼性	同一被験者に複数回試行しても、検査者が異なっても、同一結果になるように作られていること。

表以外に、実施時間が適切で、被験者が試行方法を容易に理解でき、検査にあまり負担がかからず、採点もしやすいことが望まれる。

2 心理検査の種類

大きく分けると、以下の2つに大別できるが、その他にも適性検査や鬱病のチェックリストなど、目的に応じて多くの心理検査が作成されている。

(1) 知能検査・発達検査

知能検査で広く使われているのは、ビネー式とウェクスラー式である。ビネー式では、年齢に応じた問題が難易度順に配列されており、できた年齢のレベルから「精神年齢（MA）」を出し、それを実年齢（CA）で割って100を掛けて「知能指数（IQ）」を算出する。改訂された田中ビネー式Vでは、14歳以上では全体を偏差値IQで出すとともに、結晶性、流動性、記憶、論理推理の4分野についても、それぞれ偏差値IQを出すことができるようになっている。

ウェクスラー式の知能検査は、いくつかの下位項目得点をプロフィールで示

すことにより、個人の知能構造の特徴を明らかにしようとするものである。偏差IQによって「全検査IQ」、「言語性IQ」、「動作性IQ」が算出される（WISC Ⅲ、WAIS Ⅲ）。また、改訂されたWISC Ⅳでは、「言語理解」・「知覚推理」・「ワーキングメモリー」・「処理速度」の指標を算出するとともに、全検査IQを出すかたちに変化した。ウェクスラー式知能検査は、知的には正常か境界域に入るが、知的発達に偏りの見られる発達障害の診断に欠かせない。

運動領域、言語領域、生活領域、社会性領域、遊び領域などの各領域の発達の程度を行動観察や保護者などからの問診でチェックし、全体の発達の程度を「発達指数（DQ）」として示す発達検査も、言語表現が十分でない乳幼児や発達の障害をもつ子どもを対象に利用されている。

(2) 人格（性格）検査

人格（性格）は、その人の基本的な気質や、内外からの刺激に対する反応傾向といえる。人格（性格）は、全体性、統一性、発展性、傾向性、社会性をもつことが仮定される。人格（性格）をどのように捉え、どこに焦点を当て、どのような方法で測定するかで、検査内容や方法は変化するが、検査方法と検査の種類を表にすると、以下の３つに分類できる。

表11-2　検査方法と検査の種類

質問紙法	測定したい人格（性格）に沿った質問に被験者が回答する方法。集団への実施が可能で採点も容易。被験者の回答の操作が可能	YG性格検査、エゴグラム、MMPIなど
投映法	あいまいな図や文を示し、答えた内容から被験者の特性や内的な世界を理解する方法。解釈に熟練が必要	ロールシャッハテスト、TAT、SCTなど
作業法	簡単な反復的な作業を課し、作業結果や作業態度から被験者の性格や行動特徴を診断する方法。集団で検査でき、診断基準も簡便。	クレペリン作業検査

3　テストバッテリー

例えば、学校の授業に集中できず席を立つ小２の男児のことで、保護者から

相談があったとしよう。この場合、知的な遅れがあって授業が理解できない、親子関係が原因で情緒が不安定で課題に集中できない、外の刺激に過敏に反応し授業から気がそれてしまう発達障害ではないかなど、多くの要因が考えられよう。そのいずれかを明らかにするために、目的に合わせて心理検査を組み合わせることをテストバッテリーという。

【課題】
　実際に心理検査を体験し、標準化・妥当性・信頼性を満たした検査であるかを検討してみよう。

第4節 精神分析
無意識を探る心理療法

1 精神分析とは？

フロイト（Freud, S., 1895）は、意識するには耐えられない体験や衝動は無意識の領域へ押し込められ、忘れ去られる（「抑圧」）一方、そのエネルギーは残っているので、不安や葛藤を引き起こしてさまざまな症状を形成すると考えた。そして、無意識にあるものに気づき意識化することで症状が消失することを報告した。

2 治療技法

フロイトは最初催眠療法を用いて、症状を緩和させる暗示を与えることを試みた。次いで催眠状態へ誘導し、退行させて症状の原因となった過去を語らせるようになる（「カタルシス」－発散・解放）。その後、患者の額に手を当てるだけで何でも思い出したことを語ってもらうことを行なうなかで、「自由連想法」にたどりつく。

患者を寝椅子に横たわらせ、治療者は患者の頭の後ろに坐り、何でも頭に浮かんだことを、そのまま語らせるのが自由連想法である。このような治療をつづけているうちに患者は「退行」し、治療者に両親に抱いた感情を向けたり（「転移」）、抑圧していた体験が当時の感情を伴って思い出されるようになる。トラウマとなった体験に触れることに「抵抗」が生じ、自由連想が停滞することもある。治療者は、転移や抵抗について、「直面化」・「明確化」・「解釈」を行ない、「自己洞察」を促していく。

精神分析療法は、1回50分、週に数回、長期に行なう濃密な治療者と患者の関係を基盤とした治療法である。現在は治療費や時間的制約から、週に1～2回の頻度で対面式で行なう精神分析的な治療法が一般的である。

3　精神分析における意識のレベルと自我構造モデル

フロイトは、図11-1のように、心は「意識」・「前意識」・「無意識」という3層によって成り立つと考えた。無意識には、抑圧された自分の気づかぬ本能的で生物的な衝動が存在し、われわれを基本的欲求を満たす行動へと駆り立てようとする。前意識は、無意識の衝動に気づいていないが、努力によって意識化できる部分である。意識はすでに気づいている心の部分といえよう。

フロイトはのちに、「エス（イド）」・「自我」・「超自我」から成る意識の新たな支配構造を考えるようになる。エスは本能的な衝動が占め「快感原則」にのっとって、即座に欲求を満たそうとする。超自我は、両親をはじめとする周囲のおとなによって組み込まれた道徳的・社会的な規範である。自我は「現実原則」に従い、現実とエスと超自我の調整をはかり、社会に適応した行動をとろうとする。

4　防衛機制

図11-1のように、葛藤の調整を行なう自我は、不快な状況に接してエスを満たすことができない場合に、無意識に自分を守るさまざまな方法を用いる。これを防衛機制という。上に挙げた「抑圧」や「退行」もその1つである。

他の例として、実際は自分の中に生じている不安や怒りなのに、相手がそう感じていると受け取ることを「投影」、欲求を抑圧し気持ちとは反対の行動をとることを「反動形成」、社会的に受け入れないような欲望を他のことを行ない解消する「昇華」などがあげられる。

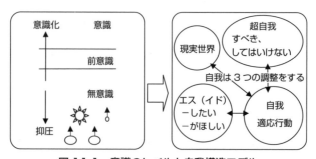

図11-1　意識のレベルと自我構造モデル

第5節 = 行動療法
不適応行動は誤った学習の結果であり、再学習によって改善される

1　行動療法とは

　行動療法とは、実験的に明らかにされている学習理論を用いて、不適応行動の改善をはかる治療方法であり、以下の考えに基づいている。
　①行動は「刺激→反応」の繰り返しのなかで学習される。②不適応行動は誤った学習の結果である。③治療対象は観察可能な行動である。④不適応行動の治療は、不適応行動を強化する刺激を減らし、不適応行動を起こすことを妨げる刺激を与える。また、適切な学習が促される刺激を与える。⑤反復再現性を、科学的療法として重視する。⑥治療効果は行動の変化の程度で測る。

2　理　論

(1)　古典的（レスポンデント）条件づけと系統的脱感作

　パブロフ（Pavlov, I. P., 1902）は、食べ物を見ると涎を垂らす犬に、本来は何の意味をもたないメトロノームの音を聞かせたあとに食べ物を与えることを繰り返すと、メトロノームの音を聞くだけで唾液が出ることに気づいた。人の不適応行動も、この古典的条件づけによる後天的に学習したものとして説明できる。
　ワトソン（Watson, J. B., 1920）は、恐怖症の実験として、白ネズミに触ろうとするたびに大きな音を聞かせているうちに、生後11カ月の男の子が、白ネズミを見るだけで怖がるようになったことを報告している。

(2)　オペラント条件付け

　スキナー（Skinner, B. F., 1938）は、古典的条件付けの先行する刺激に対して行動が形成されるという考え方に対して、行動の結果に注目した。実験でモルモットがたまたまバーを押すと餌が出ることを経験すると、餌を出すことを学習することを示した。そして、生体がたまたま行なった行動によい結果が生じれば、その行動は強化され、よくない結果や無反応は、その行動を弱めると報

告した。

　たまたま児童が廊下に落ちているごみを拾って教師に褒められ、その行動が習慣化したり、友達に意地悪をし、みんなから非難されて、そのような行動が抑えられるなど、オペラント条件付けは教育面で自然に用いられている。

(3)　モデリング

　親や教師、タレントなど、観察者が関心をもつ人の行動をモデルとして、新しい行動が形成されたり、望ましくない行動が抑制され、抑制されていた望ましい行動が解放される。このようにモデリングには適切な行動の獲得や不適切な行動の除去が認められる。

3　行動療法の諸技法

(1)　系統的脱感作法（古典的条件付けを根拠）

　不安や恐怖などの不快な反応に対し、それと相容れない反応を生じさせることにより、その不快な反応を除去する技法。具体的には、表11-3のように不安度を点数で表わす不安階層表を作成し、点数の低い場面からイメージさせ、不安が生じたら漸進的弛緩法や自立訓練法を用いて不安を鎮め、そのイメージを浮かべても不安が生じなくなったら、より不安度の高い場面へ進むことを行なう方法である。イメージだけでなく、段階的に実際に体験していく方法もある。

表11-3　不登校の症例対する不安階層表の例

場面		不安得点
教室に入る　　　　　　　　　不安得点大 ↑		100
保健室登校をする	場面を不安度の、	80
家の近くのコンビニで好きな雑誌を買う	低い項目から高い項目へ	50
自分の部屋でゲームをしている	10点刻みなど細かく配置	0

(2)　オペラント条件付け法

　望ましい行動が生じた場合に、その行動を強化するものを与える。具体的には、褒める・抱きしめるなどの社会的報酬、食べ物、施設内で使える貨幣（ト

ークン）を与える。逆に、特定の行動を減らすために、その行動が生じても無視したり、報酬を取り除き罰を与える。課題をやり遂げるなどの望ましい行動が生じにくい場合には、椅子に坐ったら報酬を与え、次のステップとして課題に触れたら報酬を与えるというように、段階を細かく分けて課題達成の目標に近づく方法が用いられる。

【課題】
　自分の直面しているストレスに対する不安階層表を、0点から100点までの得点で10段階に分けて作成してみよう。

第6節＝クライエント中心療法
対等な治療関係とクライエントの自己治癒力

1　クライエント中心療法とは

1940年代にロジャース（Rogers, C. R.）は、医療での「患者」や精神分析で「被分析者」と呼ばれる人を、自分の力で成長していく自己治癒力のある人であり、治療者とは対等な関係であると考え、「依頼人」「顧客」の意味である「クライエント」と呼んだ。そして、クライエントの主体性を尊重し、傾聴・共感・受容を中心とした療法を「クライエント中心療法」と名づけた（それ以前は非指示的療法と呼んだが、非指示の内容が誤解を生み、改名）。

2　セラピストの態度

ロジャースは、治療で重要な治療者の態度として、以下の3つの条件をあげている。

(1)　無条件の肯定的態度

「○○だったら認めるが、○○だったら認めない」などの条件をクライエントに設けることなく、治療者の価値観と異なるものであっても、クライエントの準拠している考えにそって話を聴き、クライエントを独自の価値ある人として受容し認める。

(2)　共感的理解

クライエントの体験や感情を、あたかも自分自身のように感じ、理解する。しかし、クライエントの混乱や苦悩に巻き込まれずに、クライエントの感じている世界を鏡のように「反射」させ明確化させていく。「反射」とはクライエントが自分の感情を表現した言葉をそのまま使ってフィードバックを行なうことである。

(3)　純粋性・自己一致・真実性

クライエントの前で、ありのままの姿を示し、自己の本音と建前が一致するように努める。クライエントに対する否定的な感情が持続し、治療関係を妨げ

ていると感じるときには、クライエントへの尊敬をもちつつ、その感情を注意深くクライエントへ表現するようにする。

3　自己概念の再体制化

自己概念とは、自分自身について抱く概念やイメージのことである。ロジャースは、自己概念と矛盾する経験を自己のものとして認めることができず、自己に組み込まれないといった不一致が生じることが不適応症状につながると考えた。

治療の過程とは、図11-2のように自己概念に組み込まれなかった経験を受け入れ、自己概念と経験がより一致した状態になるよう再体制化することである。例えば、失敗を許せぬ完璧主義の高校生男児が、授業中に教科書を読み間違えて級友に笑われる経験をするが、それを受け入れられず不登校になったとしよう。カウンセリングの過程では、人は失敗するのが当り前なことであり、失敗するのも自分であることを受け入れられるようになる。失敗が自己の成長にもつながるといった肯定的な視点も得るなど、自己概念と経験の一致を経て登校を開始する例などを考えると理解しやすいであろう。

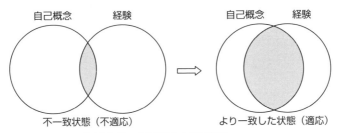

図11-2　自己概念の再体制化
(Rogers, 1951 を参考に作成)

4　体験過程療法とパーソンセンタード・アプローチ

ロジャースは、クライエントだけでなく治療者の体験過程にも焦点をあてたが、門下生のジェンドリン（Gendlin, E. T.）が「フォーカシング」や「体験療法過程」を生み出した。また、見知らぬ人が出会い、それぞれの思いを語り合

うなかで、深い交流や自己成長の生じるエンカウンターグループに関心を移した。個人のカウンセリングだけでなく、集団やコミュニティの成長を促す視点や哲学・生活のありようを考えるようになり、1970年代に「パーソンセンタードアプローチ」という言葉を用いるようになった。

【課題】
自己概念と異なる経験をしたときの、自分の反応を振り返ってみよう。

第7節 = 認知行動療法
自分の発想を変え、ストレス対処のレパートリーを増やす

1 認知行動療法とは？

認知行動療法は、ストレス状況に対する受け取り方・考え方・行動の仕方を変えたり、行動のレパートリーを増やすことによって、ストレスの対処法を身に付けさせる心理療法・心理教育法である。現在、もっとも短期間に効果のある治療法であると評価され、健康保険が適用されるようになった。行動に焦点をあてた「行動療法」、受け取り方や考え方に焦点をあてたエリス（Ellis, A.）の「論理療法」やベック（Beck, A. T.）の「認知療法」から発展した。

2 認知療法の基本モデル

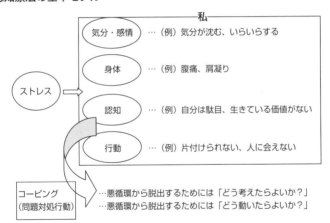

注）ストレス状況に対して、私の中で「気分・感情」、「身体」、「認知」、「行動」の4つの相互反応が生じるが、「認知」や「行動」は「気分・感情」や「身体」の反応に較べコントロールしやすく、考え方や行動を変え再構成することで、ストレスに対する対処がしやすくなる。

図11-3 認知療法の基本モデル

3 考え方（認知）を変えるために自分の「自動思考」を知ろう

自分の頭に瞬時に浮かんでくる考え方の癖が「自動思考」である。自分の

「自動思考」が客観的なものから離れて、否定的なものになりやすいかどうかをチェックしてみよう。自動思考が客観性から離れ否定的な悪循環に陥っているときには、表11-4のような記録表をつけてみることが有効である。自分が否定的に考えた根拠は何か、それに反証できる客観的事実がないかを書くのである。そして「反証」に基づいて、新たな考え方が獲得（「認知的再評価」）できたときに、「気分・感情」や「身体」や「行動」がどう変化したかをプロセスとして記録してみよう。「認知の再評価」ができると自分が変化することを知ることができる。

表 11-4　悪循環から抜け出す新しい考えと行動の記録表

①	状況	就職試験に続けて落ちる
②	認知（自動思考）	自分は駄目だ、生きていてもいいことがない
③	気分・感情	落ち込み80%、自己嫌悪70%、無気力60%
④	身体	涙があふれる、肩凝りと疲労
⑤	行動	朝起きれない、部屋が片付けられない
⑥	②の根拠	2度続けて、最終面接で落ちている
⑦	②の反証	倍率の高い会社ばかり応募したが最終面接までいった。友達は皆落ちている。
⑧	＊認知的再評価	自分はかなり良い所まで行ってる。好きな分野の仕事ができることが一番の目的なので、合格可能性を高めるために中小企業も応募してみよう。
⑨	気分・感情	落ち込み30%、自己嫌悪20%、無気力30%
⑩	身体	食欲の増加、肩凝り・疲労の減少
⑪	行動	早く起きる、応募会社の先輩と会い情報収集をする

＊「認知的再評価」とは、直面している問題に対して、見方や発想を変え、新しい適応の方法を探すことである。

【課題】

　自分の直面しているストレスに対して、表11-4のような表を作って、認知的再評価の練習をしてみよう。

第8節 = トラウマ
体験後の日常生活を変えてしまう心の傷

　現在は、災害や事故の規模も大きく悲惨なものになりやすい。それらを体験した人びとの心のダメージが大きいことから、「トラウマ」や「PTSD」という言葉が広く用いられるようになり、その支援のあり方や治療方法に関心が集まっている。

1　トラウマとは？

　広義のトラウマは、ある出来事をきっかけに、日常生活に支障をきたす継続的で苦痛な反応や症状を意味する。また、出来事それ自体を意味する。一方、狭義のトラウマは、出来事が本人または他者の生命を脅かすものであり、その出来事の最中や直後に強い恐怖感を与えるものである。

　心的外傷後ストレス障害（PTSD）は、狭義のトラウマを体験したあとに、「再体験」「回避と麻痺」「過覚醒」の状態が1カ月以上つづき、日常生活に支障をきたしている状態をいう。「再体験」とは、そのときの状況が想起され、当時と同じ恐怖体験をすることである。「回避」とは津波に遭った人が海に行くことを避けるなど、トラウマ体験に関連するものを避けることであり、「麻痺」とはトラウマ体験時の恐怖などの感情をシャットアウトし、感じないようにすることである。「過覚醒」とは、また同じような出来事が生じたときに身を守れるよう、つねに意識をはりつめて緊張している状態であり、すぐに目が覚めたり、周囲の刺激に敏感に反応することである。

　「回避・麻痺」と「再体験」は心の正反対のはたらきであるが、つらい当時の記憶に関連する状況を避けたり忘れようとする心のはたらきと裏腹に、フラッシュバックのように過去のトラウマとなった出来事が、突然、いままさにここで生じているような感覚で侵入してくるのがPTSDの苦しさである。

2　トラウマ体験のタイプ

　トラウマ体験には、災害や交通事故などのように多くは単発的なものと、虐

待やDVなどのように繰り返されるものがある。子ども時代からトラウマ体験が繰り返されると、トラウマが内在化され、自己イメージや他者イメージが歪み、感情がコントロールできなくなるなど、人格形成に深刻な影響を与える。

また、自己を守るために「解離」という現象が認められることも多い。「解離」とは、現実の体験によって生じる認知・感情・感覚から自分を切り離してしまうことであり、体験したことを覚えていない「解離性健忘」、体験している自分をそこから遊離したもう1人の自分が見ているような「対外体験」、苦痛を受けている人格を切り離し複数の人格が生まれる「解離性同一障害」などが認められる。

3　トラウマの治療

トラウマを体験した者にとって、いちばん重要なことは同じような出来事が二度と生じないと実感できる、安心かつ安全な場所に身を置くことである。

トラウマの治療には、認知行動療法の一種である「暴露療法（Exposure Therapy）」がよく用いられる。トラウマとなった出来事について、そのときに見たもの、考えたこと、感じたことを、視覚・認知・情緒・臭覚・聴覚の要素を含めて詳細に話せるようセラピストは援助する。このように、トラウマに直面し、言語化の作業を繰り返して行なうなかで、いままで現実のように侵入してきたトラウマ性の記憶を処理できるようになる。いまは脅かされることはなく、過去の出来事であるという認知の再構成が生じる。

他には、メカニズムについては解明できていないが、左右に動くセラピストの指を目で追いながらトラウマ体験を想起する「EMDR（眼球運動による脱感作と再処理法）」がトラウマの治療に効果のあることが報告されている。これらの治療法は、トラウマ性の記憶に直面化させるために苦痛を伴い、悪化する可能性もあるので、安心できる治療室やセラピストへの信頼感が不可欠である。

継続的に虐待を受けてきた子どもに対しては、日常生活場面における環境療法が児童養護施設などで行なわれている。①安心感・安全感の再形成、②保護されているという感覚の再形成、③人間関係の修正、④感情コントロールの形成、⑤自己イメージ・他者イメージの修正、⑥問題行動の理解と修正、を目的に環境を構成するものである。

セラピストが継続して子どもとかかわることが可能であれば、安全に深い自己表現ができ、自己変容を遊びの中で能動的に体験できる遊戯療法も子どものトラウマの治療に非常に有効である。

【課題】
　トラウマの概念の歴史について調べてみよう。

第9節 = アイデンティティ
自分らしく生きる

1 アイデンティティとは？

「いまの自分が嫌」「これからどう生きていったらよいかわからない」など、いまの自分を肯定できず、生き方に悩む人は多い。臨床心理学の実践的な目標の1つは、人が自分を肯定でき、自分の生きる方向性が明確になり、自分らしく生きることができるように援助することともいえる。

エリクソン（Erikson, E. H., 1959）は、「自分らしさ」や「自分が自分であること」をアイデンティティと呼び、青年期の発達課題としてあげている。「自分は○○であり、ここにいる自分以外の何者でもない」という確信をもてる状況は、これからの生き方の方向性を示す力となろう。

2 アイデンティティを成り立たせているもの

アイデンティティは、他者との相互作用や社会的な活動によって肯定的なフィードバックをもらうことによって形成される。心理療法やカウンセリングにおいても、クライアントはそのままの自分をセラピストにまず受容してもらうことから、アイデンティティが形成されていくともいえよう。

アイデンティティを成り立たせているものには表11-5のようなものがあるが、これらは欧米の個の確立を重視した文化の中で生まれたものなので、集団への帰属意識を強くもっている日本人にとっては、②の「能動性・主体性」や④の「自他の境界」などは弱い面がある。欧米の概念をそのまま日本文化に採り入れていくことの是非も含めて、日本人としてアイデンティティをどう考えていくかは今後の課題であろう。

表11-5 アイデンティティを成り立たせているもの

①所属感・役割	自分が日本人であることや女性であること、今の家族や学校に所属していることを肯定でき、ある役割を果たしている実感のあること。⇔性同一性障害、帰国子女の学校不適応
②能動性・主体性	進路や好みの服、時間の使い方など、自分自身で選択し行動ができているとの実感があること。⇔親や周囲の期待に沿って就職や結婚や進学をする。統合失調症のさせられ体験。
③時間の連続性	小学校の時の自分、中学校の時の自分、今の自分が時間的につながっていて今の自分を形成していると実感できること。⇔虐待を受けている子の解離性健忘、
④自他の境界	自分にも他人にも、理解・責任・能力に限界があるとともに、自分の意思と相手の意思が異なることを受容できること。⇔相手に依存する自己愛性人格障害、相手の立場を理解できない発達障害
⑤単独性・単一性	私はこの世にただ一人存在するという実感。⇔虐待を体験した人の解離性同一障害、ドッペルゲンガー現象

3 ライフサイクルとアイデンティティ

　エリクソンは、青年期の発達課題としてアイデンティティの確立をあげたが、「モラトリアム」期間の長い青年にとって、どのように自分が社会参加していくかという点においてアイデンティティは重要な概念であろう。しかし、一方でエリクソンは、人生を乳児期から老年期まで8つの段階に分け、それぞれの段階の発達課題を述べているので、ライフサイクルに応じたアイデンティティがあるとも考えられる。実際、人は生きていく過程で常に自己変容し新たな自己像を形成しているといえよう。

4 自己認知とアイデンティティ

　図11-4のように自己を4つの窓として表わしたものを「ジョハリの窓」という。アイデンティティの確立には自己認知の幅を広げることが大切である。そのためには自ら「秘密の窓」を開くことや、他者からのフィードバックをもらい自己探求をすることで「盲点の窓」や「未知の窓」の領域を小さくすることである。これらは「開放の窓」の領域を広げることにつながる。

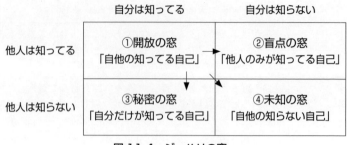

図11-4 ジョハリの窓
(Joseph & Harry, 1955を参考に作成)

【課題】
アイデンティティという言葉がどのように使われているか調べてみよう。

〈参考文献〉

アメリカ精神医学会（APA）監修（2012）．日本精神神経学会日本語版用語監修　髙橋三郎・大野裕監訳（2014）．DSM-5　精神疾患の診断・統計マニュアル．医学書院

カール・R.ロジャーズ著（1951）．保坂亨・末武康弘・諸富祥彦訳（2005）．クライエント中心療法（ロジャーズ主要著作集）．岩崎学術出版社

エドナ・B.フォア，エレンス・M.キーン，マシュー・J.フリードマン著（2000）．飛鳥井望・西園文・石井朝子訳（2005）．PTSD治療ガイドライン．金剛出版

エリクソン，エリク・H.著（1957）．西平 直・中島 由恵訳（2011）．アイデンティティとライフサイクル．誠信書房

伊藤絵美・向井谷地編著（2007）．認知行動療法　べてる式．医学書院

小林芳郎編著（2013）．生きる力を育てる臨床心理学．保育出版社

小林芳郎編著（1998）．臨床心理学．保育出版社

キャサリン・コーリンほか著（2012）．小須田健訳　池田健用語監修（2013）．心理学大図鑑．三省堂

中島義明・繁桝算男・箱田裕司編（2005）．「第12章　臨床・障害」新・心理学の基礎知識．有斐閣

西澤哲（1999）．トラウマの臨床心理学．金剛出版

下山晴彦編（2003）．よくわかる臨床心理学．ミネルヴァ書房

第12章
家族心理学

第1節 = 家族心理学の概要

 いうまでもなく、家族は、人の育ちや発達、人間形成にとって大きな存在である。家族心理学は、こうした家族に関する心理学的な現象をカバーする心理学の一領域である。アメリカ心理学会（American Psychological Association：APA）には、2015年現在、54の部門があるが、夫婦・家族心理学部門は43番目の部門であり、APAが発行する家族心理学に関する学術雑誌である Journal of Family Psychology は1987年に刊行されている。また、わが国では、1984年に、岡堂哲雄先生を初代理事長として日本家族心理学会が創設され、『家族心理学研究』や『家族心理学年報』といった学術雑誌が刊行されている。ヴントがライプチッヒ大学に心理実験室を開設した1879年以降、心理学が歩んだ約140年の歴史からすれば、家族心理学は、さまざまな心理学の中でも比較的新しい学問領域といえよう。
 本章では、家族心理学について概説するにあたり、まず家族の定義について考えることから始めるが（第2節）、一口に家族といっても、家族形態やあり方、家族の雰囲気などはさまざまである。また家族は時代や社会によっても変わりうる存在であり、家族は定義すること自体が困難な概念ともいわれている。さらに、家族は、従来、家族固有の機能や役割を有してきたが、近年、こうした家族の伝統的な機能や役割は縮小しているともいわれている（第3節）。
 ところで、家族心理学には2つの側面がある。1つは、数量的かつ実証的な心理学の側面であり、もう1つの側面は、臨床の学としての側面である。
 前者の実証的な心理学としての家族心理学では、母子関係をはじめ、夫婦関係やきょうだい関係といった家族関係や家族の構造、家族内コミュニケーション・パターン、家族役割など、家族システムのさまざまな変数について検討されている。母子関係や親子関係に関する研究領域は、発達心理学と重複する領域でもあるが、家族心理学では、母子関係や親子関係にとどまらず、夫婦関係やきょうだい関係も含めた変数が検討されている。また心理学において、知能やパーソナリティーなど、個人を測定する尺度やアセスメント技法があるよう

に、家族に関する変数を測定するための尺度やアセスメント技法も開発されている（第4節）。さらに、個人の発達段階や発達課題同様、家族にも発達段階や乗り越えるべき課題があり、これらは個人のライフサイクルに対して、家族ライフサイクルと呼ばれている（第5節）。

　もう1つの側面である臨床の学としての家族心理学は、さまざまな心理的な問題に対する支援の学である。家族臨床において扱われ多岐にわたるが、家族固有の問題に、児童虐待、ドメスティック・バイオレンス、高齢者虐待といった家族間暴力の問題がある（第6節）。また、これらに加えて、家族との離婚、再婚に伴う問題、1人親家庭、ステップファミリー、養子など、家族形態に関する問題もある。さらにアルコール依存症や摂食障害のように家族因の影響が大きいと考えられている問題や、予後に家族が影響すると指摘されるものもある。また、さまざまな家族病因論の中でも、ベイトソンらによるダブルバインド理論は広く知られている（第7節）。

　家族支援を行なうさいに、中心となるアプローチが家族療法である（第8節、第9節）。家族療法は、1950年代から70年代にアメリカで生まれたアプローチであり、その後もさまざまな展開をみせている。

　精神分析的心理療法やクライエント中心療法、認知行動療法といった個人療法では、問題を個人に帰属し、問題を抱えるクライエント本人に対して心理療法が行なわれる。一方、家族療法では、問題は、家族システムをはじめとする個人間の問題として規定される。来談時に主訴としてクライエント家族が訴える問題を抱えた家族成員は、家族によって問題とみなされた患者（Identified Patient：IP）と呼ばれ、来談した家族成員であるクライエントとは区別される。家族療法ではIP本人の来談を必ずしも必要としないため、IPの来談がないままクライエントとの面接が進むことも少なくない。ひきこもりや不登校などIP本人の来談が難しいケースでも面接が可能である点は家族療法の利点の1つである。

　先述したように、家族のあり方や家族のかたちも時代とともに変化していく。近年、同性婚や不妊カウンセリングなどは、家族心理学における新たなテーマとなりつつある。時代や社会が変われば家族も変わる、そして家族心理学も変化、進化していくのである。

第2節＝家族とは？
家族・世帯・定位家族・生殖家族・核家族・拡大家族

1 家族（family）と世帯（household）

「家」という漢字は「宀（＝屋根）」＋「豕（＝いのしし・ぶた）」から成る会意文字であり（図12-1）、本義は豚小屋であるという。豚が子どもを多く産むことから転じて「人の集まり居るところ」を意味するようになり、そこにいる人びと（「族」）を家族と呼ぶようになったものと思われる。

ところで、「あなたの家族は何人家族ですか？」と尋ねられたら、どのように答えるだろうか？　そんなことはわかりきっていると思われるかもしれない。しかし、年に一度会う祖父母、単身赴任の父親、他地域で1人暮らしをしている未婚の兄や姉、同じ敷地に住んでいるが別棟で暮らす祖父母、離婚は成立していないが数年間会っていない父（あるいは母）、可愛がっているペット、これらは家族に含まれるであろうか、あるいは含まれないだろうか？

家族は「夫婦・親子・きょうだいなど、少数の近親者を主要な成員とし、成員相互の深い感情的かかわりあいで結ばれた、第一次的な幸福追求集団」（森岡，2000）と定義される。しかし、家族がどこまで家族かという認識は、私たちの主観的な判断によるところが大きく（主観的家族論、あるいは主観的家族境界）、家族の定義は学術的にも難しいとされている。

一方、世帯とは「居住及び／あるいは生活、家計を共にする集団、あるいは独立した単身者（独居世帯）」を指す。他地域に暮らす兄や姉は、家族であるかもしれないが、別世帯となる。世帯は、家族と違い、その範囲は明確であるため（図12-2）、国の重要な統計指標となる国勢調査や定額給付金の申請・受給手続き、NHKの受信料などは、この世帯を単位としている。

2 定位家族（family of orientation）・生殖家族（family of procreation）・核家族（nuclear family）・拡大家族（extended family）

定位家族とは、いわゆる原家族であり、子どもとして生まれ、育てられる家

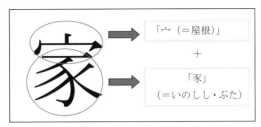

図 12-1 「家」という漢字の成り立ち

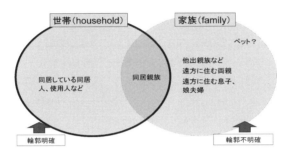

図 12-2 家族と世帯

族である。この定位家族は、子にとって選択の余地のない運命的なものでもある。他方、生殖家族は、自らの選択により配偶者（その他のパートナー）を得て形成する家族であり、生殖家族の形成は選択的なものとなる。

また、核家族とは、1組の夫婦とその未婚の子供からなる家族であり、拡大家族とは、拡張家族とも呼ばれ、親と、結婚した子供の家族などが同居する家族形態である。核家族という言葉は、わが国では1963年に流行語となっているが、現在、核家族世帯よりもむしろ1人暮らし世帯化が進んでいる。

【課題】
　自分の家族はどんな家族か（核家族か拡大家族か、本家か分家か、家族の力関係、正月・お盆の過ごし方などなど）、グループで話し合ってみよう。

第3節 = 家族の機能とその変遷
時代と共に変わる家族

1　伝統的な家族の機能と家族機能の縮小（外部（委託）化）

　バージェスとロック（Burgess & Locke）は、家族の変遷を「制度や伝統などの圧力によって成立する村落型の制度的家族から家族成員相互の愛情により成立する都市型の友愛的家族」としたうえで、家族の機能を本来的機能（①愛情・②生殖・③養育）と歴史的機能（①経済・②保護・③教育・④娯楽・⑤宗教）に分類している（表12-1）。またオグバーン（Ogburn）は、産業化以前の家族は「経済・地位付与・教育・保護・宗教・娯楽・愛情」という7つの機能を果たしていたが、産業化の進展に伴い、愛情以外の6つの機能は学校など専門的な制度体に吸収され、失われるか弱体化すると指摘している（家族機能縮小論）。いわゆる家族機能の外部化、あるいは外部委託化である。たしかに、家事労働は白モノ家電によって機械化が進み、外食、内食、冷凍食品、家事代行サービスなど、外部（委託）化している。また、子どもの教育に関しても、学校をはじめ塾や習い事、地域クラブへと取って代わられ、娯楽や冠婚葬祭などの祭祀、高齢の親の介護や世話に関しても外部委託化が進行している。

2　ホテル家族化・個電化・居住スペースの個別化（個室化）

　ホテル家族とは「家庭を何でも思うようなサービスを受ける高級ホテルとみなし、自分たちはみんなお客様と思い込んでいる家族であり、それぞれがそれぞれの好きな時間に食事をとり、会話も団欒もなく、互いにただそこで寝泊まりしているだけの家族」（小此木，1983）を指す。また、家族のパーソナル化も進行している。こうしたパーソナル化を支え、また象徴しているのは、家電の個電化と、居住スペースの個別化である個室化である。個電とは、個人が使用する電化製品を指し、一家に1台を標準とする家電と対をなす概念であり、この数十年の間、テレビ、ラジオ、音楽プレーヤー、電話、コンピュータやゲームなどの個電化が進んだが、近年普及したスマートフォンはさまざまな機能を

表 12-1 伝統的家族機能

Burgess & Locke(1945)		Ogburn & Nimkoff(1955)	
本来的機能	①愛情	主機能	①愛情機能
	②生殖	副機能	②経済機能
	③養育		③教育機能
歴史的機能	①経済		④宗教機能
	②保護		⑤娯楽機能
	③教育		⑥保護機能
	④娯楽		⑦地位賦与機能
	⑤宗教		

内包し、個電機能の集約化も進んでいる。また、従来の日本家屋は、そもそも壁で区切られた個室は限られており、障子や襖で区切られたスペースか、共有スペースが中心であったが、現代家屋においては個室化が進み、各自が自分の部屋で過ごすことも多くなっている。

3　家族ステレオタイプ

　家族ステレオタイプとは、私たちがもつ「あるべき家族のイメージ」「自明の家族イメージ」である。私たちは家族を眺めるときに、自分の家族や、マスメディアなどで語られる「あるべき家族イメージ」「伝統的家族イメージ」から形成された、この「家族ステレオタイプ」を使うことが多い。しかし、とりわけ家族は時代や地域によって大きく異なる。われわれ世代のあるべき家族、あたりまえの家族と現代の家族との間にはギャップが存在する。家族を支援するうえで、「家族ステレオタイプ」に自覚的であること、またより柔軟な「家族イメージ」をもつことは重要なことと思われる。

【課題】
　伝統的な家族機能や家族機能の縮小をテーマに、高齢者の方にインタビューし、その結果をグループで話し合おう。

第4節 = 家族アセスメント

 心理アセスメントの多くは、個人のさまざまな属性（例えば、知能、パーソナリティー、症状）を測定するものである。一方、家族に関するアセスメントも開発されている。本節では、まず家族の表記法であるジェノグラムに触れ、その後、さまざまな家族アセスメントについて概観する。

1　ジェノグラム（genogram）

 ジェノグラムは家族構成や家族関係について図示したものである。ここではマクゴルドリックとガーソン（McGoldrick & Gerson）による表記法を紹介する（表12-2）。

表12-2　ジェノグラムの表記法
（McGoldrick & Gerson, 1985）

①男性は□、女性は○をつける
②死亡している場合□及び○の中に×を入れる。
③IPには□及び○をそれぞれ二重線で記述する。
④夫婦関係はコの字実線、同棲関係はコの字点線、親子関係は垂直実線、養子関係は垂直点線で表記する。
⑤夫婦間の二重斜線は離婚を示し、単一の斜線の点線は別居を示す。
⑥きょうだい関係は水平実線で結び、長子から順に左側から記入する。
⑦二卵性双生児は斜線で両親と結ぶ。一卵性双生児の場合はさらに兄弟間に水平実線で結ぶ。
⑧妊娠は小さな3角形で表し、下に妊娠期間を記入する。
⑨流産は、自然流産は小さな黒丸、人工流産は×で表す。死産は小さな□及び○に×を書き込んだもので表す。

2　さまざまな家族アセスメント

 質問紙法による家族アセスメントのうち代表的なものに、FACES（Family Adaptability and Cohesion　Evaluation Scale）がある。これは、オルソン円環モデル（Circumplex model）に基づき、家族を、家族成員が互いに対してもつ感

情的統合と定義される「きずな（凝集性）」と、家族のシステムとして状況に応じて力関係、役割分担、関係の中の規則を変化させていく能力と定義される「かじとり（順応性）」の２次元で捉えるものである。きずなはバラバラ・サラリ・ピッタリ・ベッタリ、かじとりは融通なし・キッチリ・柔軟・てんやわんやの各４段階で示され、得点が中庸である場合にバランス型と判断される。

　また、投映（影）法による家族アセスメントも開発されている。例えば、水島（1978）によって考案された家族単純図式投影法は、家族成員を表わす１円玉大の円形駒を用いて、直径12cmの円（家族の枠を表わす）が描かれているB5判の台紙に、自分の家族の①物理的な家族関係、②現実の（心理的）家族関係、③理想の（心理的）家族関係について表現させるものである。また、FIT（Family Image Test）は、秋丸・亀口（1988）がクヴェバック（Kvevack）のFST（Family Sculpture Technique）をもとに、独自にアレンジした技法で、四角い枠の中に、各家族成員に見立てた円形のシールを貼り、その後、結びつきを示す線でそれぞれのシールを結んでいくというものである。各シールは黒から白のグラデーションの５パターンがあり、色の濃さは、発言力、影響力、元気の良さなどの「力」を示す。また各シールには鼻に見立てた矢印（＞）が描かれており、成員がどの成員の方向を向いているかを表わせるよう工夫されている。

　この他、家族にロールシャッハテストの図版を見せ、何に見えるか話し合わせる家族ロールシャッハ法などもある。さらに、描画法として、バーンズとカウフマン（Burns & Kaufman）が考案した動的家族画（KFD：Kinetic Family Drawing）がある。これは、A4用紙に、鉛筆（もしくはクレヨン）で、「家族みんなが何かしている」ところを描いてもらう技法である。「あなたを含めて、あなたの家族みんなが何かしているところを絵に描いてください。棒のような人は描かないでください。立っているところではなく、何かしているところを描いてください」と教示するものである。

【課題】
　自分の家族のジェノグラムを書いてみよう。また、FACESの項目に回答し、自分の家族をアセスメントしてみよう。

第5節 家族ライフサイクル論
家族のさまざまなステージを知る

1 家族ライフサイクルとは？

　個人の生涯を8つの発達段階に分け、それぞれの段階における課題について指摘したエリクソン（Erikson, E. H.）によるライフサイクル理論はよく知られている。一方、家族にさまざまな発達段階があり、これは家族ライフサイクルと呼ばれている。カーターとマクゴルドリック（Carter & McGoldrick）は、家族の発達段階を6つのステージに分けた家族ライフサイクル論を提唱している（表12-3）。

2 家族ライフサイクルの移行期と家族の危機

　家族ライフサイクルにおいて、各ステージから次のステージへの移行期は家族にとっての危機にあたり、家族ルールや役割の変更など、家族システムを柔軟に変化させていくことが求められる時期である。この移行期をうまく乗り越えられない場合、家族にさまざまな問題が生じると指摘されている。

　例えば、子どものいない夫婦からなる第1段階の家族は、第1子の誕生を機に第2段階へと移行するが、そのさい、それまでの夫・妻の役割に加え、父親・母親としての役割が求められることとなる。こうした変化は、それまでのライフスタイルや行動様式を一変させることとなろう。また、子どもが就職し、実家を離れる第5段階の家族においては夫婦で旅行に出かけたり、夫婦共通の趣味をもったりと、家族は再び夫婦関係を中心としたものとなる。さらに親子関係も、大人と大人の成熟した親子関係となり、自身の親の介護に向き合う時期でもある。

　このように、家族は置物のように黙ってそこに存在しつづけるものではなく、つねに変化をしながらも、あるまとまりを保ちつづける有機的な存在である。その意味で、「家族は名詞ではなく動詞である」と表現することができるかもしれない。

表 12-3 カーターとマクゴルドリックによる家族ライフサイクル
（岡堂，1992をもとに筆者が再編成したもの）

第1段階	親元を離れ、独立しているが、未婚の若い成人の時期
課題	・源家族（生まれ育った家族）から独立すること ・親密な仲間関係を構築すること ・職業における自己を確立すること
第2段階	新婚夫婦の時期
課題	・夫婦関係を築きあげること ・二つの家族の親戚関係を含めた関係の再構築をはかること ・友人との関係を再構築すること
第3段階	幼児を育てる時期
課題	・子どもの誕生に伴って夫婦関係を見直し、再構築をはかること ・親としての役割行動を身につけること ・父母、祖父母を含めた役割の関係を再編成すること
第4段階	青年期の子どもを持つ家族の時期
課題	・青年の自立に伴い、家族のあり方を変えていくこと ・中年の夫婦関係、職業上の達成に再び焦点を合わせること ・老後への関心を持ち始めること
第5段階	子どもの出立と移行が起こる時期
課題	・二者関係としての夫婦関係の再調整をはかること ・親子関係から成人同士の関係に発達させること ・配偶者の親、きょうだいや孫を含めて関係の再編成を行うこと ・父母（祖父母）の老化や死に対応すること
第6段階	老年期の家族
課題	・自分及び夫婦の機能を維持しながら、生理的な加齢に伴う変化に直面し、新しい家族的、社会的な役割を選択すること ・中年世代が一層中心的な役割をとれるように支援すること ・経験者としての知恵で若い世代を支援するが、過剰介入はしないこと ・配偶者やきょうだい、友人の死に直面し、自分の死の準備を始めること ・ライフレビューによる人生の統合

　いずれにしても、家族ライフサイクル論は、家族を理解するうえで重要な視座を提供するものであり、家族支援においても必要不可欠な視点といえよう。

【課題】
　家族ライフサイクルの各段階にある方にインタビューを試み、それぞれのステージについて詳しく調べ、理解を深めよう。

第6節 = 家族間暴力
児童虐待・DV・家庭内暴力・高齢者虐待

1 児童虐待

　平成12年に児童虐待の防止に関する法律（児童虐待防止法）が施行され、すべての国民に対して児童虐待の通告義務が明記された（児童虐待防止法第6条）。平成25年度の児童相談所における児童虐待相談対応件数は73,765件となっており、統計をとりはじめた平成2年に比べると、70倍以上の数値となっている。児童虐待には、身体的な暴力である①身体的虐待（32.9%）、言葉による暴力である②心理的虐待（38.4%）、わいせつ行為の強要などの③性的虐待（2.1%）、食事や世話をしない④ネグレクト（養育の拒否）（26.6%）の4種がある（カッコ内の数字は虐待種別対応件数のパーセンテージ）。平成25年度の被虐待被害者の年齢別対応件数は、小学生が35.3%と最も多く、次いで3歳から学齢前（23.7%）、0歳～3歳未満（18.9%）となっている。

　また、加害者である虐待者別割合を見ると、実母（54.3%）が最も多く、次いで実父（31.9%）、実父以外の父親（6.4%）、実母以外の母親（0.9%）の順となっている。虐待を受けた被虐待児童は、低身長・低体重、不定愁訴などの身体症状や、不登校、衝動統制の問題、反社会的行動といった行動面の症状、さらには情緒発達の遅れ、言語発達の遅れ、睡眠障害、落ち着きのなさ、不安・抑うつ、強迫、対人恐怖などの神経症的症状、対人関係の問題など、広範な障害を抱えることが指摘されており（岩田, 1998）、保育士や教員は、こうした虐待の早期発見、早期対応に努めなければならない。

2 DV（Domestic Violence）

　DVは夫婦間暴力を指す言葉であり、①身体的虐待（いわゆる暴行）、②精神的虐待（罵り・蔑み・脅迫など）、③性的虐待、④社会的隔離（通信手段を奪う・軟禁）がある。平成13年に「配偶者からの暴力の防止及び被害者の保護に関する法律」（DV防止法）が施行されて以降、全国の婦人相談所等に新たに配偶

者暴力相談支援センターが設置され、DV被害者に対する相談や情報提供に加え、シェルター等一時保護施設における一時保護など、さまざまな支援が行なわれるようになっている。

　また、同法は、裁判所によるDV加害者に対する接近禁止命令や退去命令等の保護命令についても規定している。DV被害者は、加害者の許を離れることに対して、自責感や罪悪感をもつことが知られており、「あなたは悪くない」といったメッセージをきちんと伝達し、こうした自責感や罪悪感を軽減することが大切である。

3　家庭内暴力

　家庭内暴力は、思春期、青年期にある子どもから親に対する暴力を指し、わが国においては1970年代後半前後に社会問題化した。暴力のエスカレートから子どもが親を殺害する事件や、逆に子どもの暴力を苦にした親が子どもを殺害する事件が世間の耳目を集めた。とりわけ実話をもとにした穂積隆信による『積木くずし』はテレビドラマ化・映画化され、話題となった。

4　高齢者虐待

　平成18年、「高齢者虐待の防止、高齢者の養護者に対する支援等に関する法律」（高齢者虐待防止法）が施行され、家族や施設職員の暴力から高齢者を守る仕組みが整備された。高齢者虐待には、身体的虐待、介護・世話の放棄・放任、心理的虐待、性的虐待、経済的虐待があるが、平成25年度高齢者虐待の防止、高齢者の養護者に対する支援等に関する法律に基づく対応状況等に関する調査結果によれば、自治体が家族や親族からの虐待と判断した虐待判断件数は15,731件となっており、高齢化が進む現代の日本において、看過できない問題となっている。

【課題】
　家族間暴力に関する事件を取り上げた新聞記事を調べ、その経緯などについて考え、その問題点や解決策をグループで話し合おう。

第7節 = 精神障害と家族
ダブルバインド理論

1950年代、主に精神医学の領域で、統合失調症の家族因に焦点をあてる研究が注目され、さまざまな家族病因論が提唱されるようになる。例えば、「統合失調症を作る母親」(Fromm-Reichmann, 1948)、「分裂と歪み」(Litz et al., 1957)、「偽相互性」(Wynn et al., 1958)、「ダブルバインド」(Bateson et al., 1956) である。ここでは「ダブルバインド」を取り上げ、概観する。

1 ダブルバインド（二重拘束）仮説とは？──奇妙な振る舞い＝コミュニケーション・モードの振り当ての問題？

文化人類学者のベイトソンらは、統合失調症患者と家族のコミュニケーションに関する研究をまとめた「統合失調症の理論化に向けた試論（Toward a theory of schizophrenia. 1956）」で、患者が示す一見奇妙な振る舞いは、患者が他者とのコミュニケーションの中で交わされるメッセージに対して適切なコミュニケーション・モードを振り当てることができないために生じると仮定した。

コミュニケーション・モードには「遊び」「非遊び」「空想」「神聖」「比喩」などがあるが、コミュニケーション・モードとはメッセージを理解するうえで必要な枠組み（コンテキスト（文脈）／メタ・メッセージ（メッセージに関するメッセージ））を指す。例えば「ムカつく」という言葉を、①本気で言った場面（「ムカつく！！！」）と、②冗談で言った場面（「ムカつく（笑）」）の２通りの場面を想像してほしい。これらはどんな点が異なっているだろうか？ ①は「！！！」によって、「ムカつく」というメッセージが本来意味する（字義どおりの）意味を有することを含意しており、「非遊びのモード」である。一方、②は「（笑）」というメッセージによって、このメッセージは、「ムカつく」というメッセージが本来意味するものを意味しないこと（「これは遊びだ（冗談だ）」）を含意しており、「遊びのモード」といえる。

こうしたコンテキストやメタメッセージといった枠組みは、通常、会話場面では表情や声のトーンといった非言語チャネルで伝達される。メールや手紙の

書き言葉の場合には「(笑)」「♥」といった記号や「顔文字（「(o^∇^o)」」などで表現されることとなろう。このように、私たちがコミュニケーションのさいに互いに送り合うメッセージは、「メッセージ」と「そのメッセージを枠づけるメタメッセージ（メタメッセージ）」から成り立っており、メッセージの意味を正確に受け取るためには、メッセージそのものに加えて、メタ・メッセージ（状況、文脈、声調、表情）の理解が前提となっている。こうした理解が困難な場合、相手から発せられたメッセージが、本気なのか、冗談なのか、あるいは比喩や例え話なのか、わからなくなってしまい、混乱することになる。

2 ダブルバインドの成立条件

それでは、上述のコミュニケーション・モードの振り分けの問題はどのような経緯でもたらされるのであろうか？ ベイトソンによれば、6つの条件があるという（表12-4）。一言でいえば、親子関係のような重要な関係のある他者から、矛盾したメッセージ（ダブルバインド）に曝されつづけることによってこうした問題が生じるとした。

ベイトソンは、ダブルバインドの例として、「この棒が現実にここにあるというなら、これでお前を打つ。この棒が実在しないというのなら、これでお前を打つ。何も言わなければ、これでお前を打つ」という師匠から弟子に対して与えられた禅の公案を挙げている。また、母が子どもに対して、「早く休みなさい、あなたは疲れているんだから……」と冷ややかな口調で伝えるといった事例や、統合失調症患者と青年の事例（表12-5）を挙げている。

3 メッセージの受け取り方と統合失調症の3類型との関連

統合失調症には、妄想型、破瓜型、緊張型の昏迷状態の3つの型が知られているが、①あらゆる言葉の裏に「隠された真の意味」を探すことに没頭する場合には妄想型、②言葉の真の意味の理解を断念し、ひたすら字義通りに理解しようとする場合には破瓜型、③周囲のあらゆるコミュニケーションを一切拒絶する場合には緊張型の昏迷状態となると指摘している。

表12-4 ダブルバインドの成立条件
(Bateson, et al., 1956)

1　2人以上の人間の間で
2　繰り返し経験され
3　最初に否定的な命令＝メッセージが出され
4　次にそれとは矛盾する第二の否定的な命令＝メタメッセージが、異なる水準で出される
5　そして第三の命令はその矛盾する事態から逃げ出してはならないというものであり
6　ついにこのような矛盾した形で世界が成立しているとして全体をみるようになる

表12-5 ある統合失調症の青年と母親の例

「ダブルバインド状況を浮彫りにする出来事が、分裂症患者とその母親との間で観察されている。分裂症の強度の発作からかなり回復した若者のところへ、母親が見舞いに来た。喜んだ若者が衝動的に母の肩を抱くと、母親は身体をこわばらせた。彼が手を引っ込めると、彼女は「もうわたしのことが好きじゃないの？」と尋ね、息子が顔を赤らめるのを見て「そんなにまごついちゃいけないわ。自分の気持ちを恐れることなんかないのよ」と言いきかせた。患者はその後ほんの数分しか母親と一緒にいることができず、彼女が帰ったあと病院の清掃夫に襲いかかり、ショック治療室に連れていかれた」

(『精神の生態学』)

【課題】

　ダブルバインド的なメッセージの例を5つ考え、グループで話し合い、共有しよう。

第8節 = 家族療法(1)
さまざまな学派の理論・主要概念

1　家族療法とは？

　心理療法やカウンセリングは、通常、クライエンと呼ばれる何らかの問題や困難を抱えた本人に対する支援であり、一般的には個人療法が中心である。一方、家族療法では、例えば子どもの問題行動について母親が来談するなど、問題とみなされた人（IP：Identified Patient）と来談者であるクライエンとは異なることも少なくない。家族療法は1950年代にアメリカで誕生した心理療法であるが、家族を個人の集合体としてではなく、有機的な家族システムとみなし、家族システムに介入することでIPの問題解決をはかる点に特徴がある。家族療法は、1980年代以降、解決志向アプローチ（Solution focused approach）やナラティブ・セラピー（物語療法）へと発展を遂げている。ここでは、1980年代以降の展開も含め、家族療法の諸学派について概観したい。

2　家族療法の各学派1（1980年以前・第一世代家族療法）

　家族療法にはいくつかの学派がある（表12-6）。例えば、家族療法の家族内の精神力動に着目する精神力動的家族療法や、多世代伝達過程を重視する多世代派家族療法、また問題を維持する家族内コミュニケーション・パターン（悪循環）に介入するコミュニケーション派家族療法（図12-3）、母－子、父－祖母といった家族内サブシステムなどの家族構造や勢力（パワー）に焦点をあてる構造派家族療法がある。さらに、コミュニケーション派家族療法や構造派家族療法に深く関わったハレー（Haley, J.）による戦略派家族療法も広く知られている。これらは1950年代～70年代にかけて米国で発展を遂げた学派であるが、こうした米国における家族療法に学びイタリアで発展をみた学派としてミラノ派がある。

第12章　家族心理学

3　家族療法の各学派（1980年代以降の展開・第二世代家族療法）

1980年以降、問題を家族システムの所産としてみなすシステム論から、問題は家族の語りの中で構成されるものとみなす考え方にシフトする潮流の中で、新たなアプローチが生み出されていった（表12-7）。

例えば、問題ではなく例外や良循環を中心とした解決に焦点をあてる解決志向アプローチ（図12-4）や、問題の染みついた「ドミナント・ストーリー」から、新たな物語である「オルタナティブ・ストーリー」へとクライエンとの物語を導くナラティブ・モデル、リフレクティング・プロセスと呼ばれる構造で治療者チームと面接室の間の垣根を取り払ったリフレクティング・モデル、「クライエントこそが専門家である」という「無知（not-knowing）の姿勢」でクライエントの物語が拡がることをめざす協同的言語システムアプローチなどがある。

表12-6　家族療法の諸学派
（1980年以前・第一世代家族療法）

学派	提唱者（中心メンバー）	主要な概念・技法
①精神力動的家族療法	Ackerman, N.	「全体としての家族」
②多世代派家族療法	Bowen, M.	「分化と融合」「三角関係化」「家族投影過程」「多世代伝達過程」
③コミュニケーション派家族療法	Jackson, D., (Bateson, G.), Haley, J., Weakland, J., Fisch, R., Watzlawick, P.	「家族ホメオスタシス」「悪循環（偽解決）」「コミュニケーション理論」「第一次変化と第二次変化」「インタラクショナル・ヴュウ」「パラドックス」「リフレーミング」
④構造派家族療法	Minuchin, S.	「世代間境界」「勢力」「再構造化」「エナクトメント」
⑤戦略派家族療法	Haley, J., Madanes, C.	
⑥ミラノ派（システミック・アプローチ）	Palazzoli, S., Chechin, G., Boscolo, L., Prata, G.	「カウンターパラドックス」「サーキュラー・クエスチョン（円環的質問法）」

表 12-7　家族療法の諸学派
(1980 年以降・第二世代家族療法)

学派	提唱者	主要な概念
解決志向アプローチ	de Shazer, S., Berg, I. K.	「例外」「良循環」「解決構築」「リソース」「治療的会話」「スケーリング・クエスチョン」「ミラクル・クエスチョン」「コーピング・クエスチョン」
ナラティヴ・モデル	White, M., Epston, D.	「ユニークな結果」「ドミナント・ストーリー」「オルタナティブ・ストーリー」「問題の外在化」
リフレクティグ・プロセス	Andersen, T.	「無知 (not-knowing) の姿勢」「dis-solving」
協働的言語システムアプローチ	Goolishian, H., Anderson, H	「リフレクティング・チーム」「リフレクティング・プロセス」

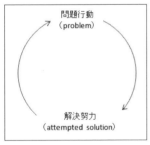

図 12-3　問題行動と解決努力の悪循環

図 12-4　良循環と悪循環に対する介入方針

【課題】

　家族療法の各学派について、主要な概念や技法を中心に、それぞれ詳細に調べ、発表しよう。

第 12 章　家族心理学

第9節 = 家族療法(2)
面接形態、面接構造、面接の流れ、諸技法

1 家族療法の面接形態——家族並行面接・家族合同面接・家族継時面接

とくに子どもの問題で来談されるケースにおいて、家族療法で用いられる面接形態には、次の3つがある。1つは家族並行面接であり、IPと保護者を2つの部屋に分け、2人のセラピストが各面接を担当するものである。2つ目は家族合同面接であり、保護者とIPを合同で面接を行なうものである。3つ目は家族継時面接であり、IP面談と保護者面談を1人のセラピストが時間を分けて担当する面接形態である。また、不登校やひきこもりなどのケースなど、IPの来談が困難な場合、保護者のみを対象とした保護者面接（親面接）を行なうことも少なくない。

2 家族療法の面接構造・面接の流れ・諸技法

図12-5に示すように、家族療法では、セラピスト（およびCoセラピスト）とクライエントが面接を行なう面接室の隣に観察室が設けられるのが通例である。面接室には観察室には治療チームのメンバーが複数名控えており、セラピストと観察室の治療チームと共同で面接が進められる。面接室と観察室の間の壁にはワンウェイミラーが設置され、さらに面接に設置されたビデオカメラによって面接の様子が録画されるとともに、観察室で視聴できるようになっている。また、面接室と観察室はインターホンで結ばれ、面接中に観察室からさまざまな指示が送られることもある。

また、面接の終盤、セラピストは面接を一時中断し（ブレイク）、観察室に移動し、その後の面接の進め方や、クライエントに提示する介入課題について、治療チームとの話し合いを行ない、その後面接室に再び戻り、治療チームの意見を踏まえ面接を再開する。こうした空間的・時間的な面接構造は、家族療法の特徴の1つとなっている。ただし、わが国において、こうした構造を備える相談室は、一部の大学の相談室や専門機関に限られる。

また、家族療法で用いられる技法には、以下のようなものがある。

①ジョイニング——文字通り、セラピストが家族システムの仲間に加わることを示す。ジョイニングはその後円滑に面接を進めるための前提となる。

②リフレーミング——例えば、夫婦関係に葛藤を抱える両親の子どもに問題行動が生じた場合、「お子さんは、自らが問題を起こすことで家族がバラバラになるのを防いでいる家族の守護神である」といったように、フレーム（文脈・枠組み）を変えることで、肯定的な意味に変える技法である。

③パラドックス——家族療法では、面接の最後に、クライエント家族に対して、次回の面接までの課題を提案するが（「介入」「ホームワーク課題」）、こうした介入の中で代表的なもののひとつにパラドックスがある。パラドックスとは逆説的介入とも呼ばれ、症状や問題行動を積極的に（意図的に）起こすよう指示するものである。次回までに症状が起きた際の状況を詳細に報告することを求める観察課題はパラドックス課題の代表的な例である。

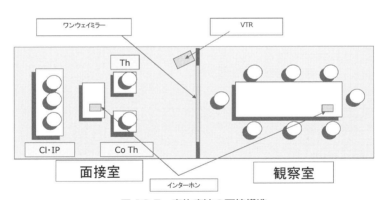

図12-5　家族療法の面接構造

【課題】

グループごとに家族療法の事例論文や書籍を調べ、それらを参考に家族療法の疑似面接のロールプレイをしてみよう。

〈参考文献〉

Bateson, G. (1979). Mind and nature. New York: Brockman Inc.(佐藤良明訳(1982).精神と自然.思索社)
長谷川啓三・若島孔文(編)(2002).事例で学ぶ家族療法・短期療法・物語療法.金子書房
長谷川啓三(2005).ソリューション・バンク ブリーフセラピーの哲学と新展開.金子書房
平木典子・中釜洋子(2006).家族の心理―家族への理解を深めるために.サイエンス社
亀口憲治(2009).家族療法的カウンセリング.(21世紀カウンセリング叢書) 駿河台出版社
柏木惠子(2003).家族心理学―社会変動・発達・ジェンダーの視点.東京大学出版会
柏木惠子(2010).よくわかる家族心理学.(やわらかアカデミズム・わかるシリーズ) ミネルヴァ書房
柏木惠子・平山順子・大野祥子(2009).家族心理学への招待―今、日本の家族は?家族の未来は?.ミネルヴァ書房
中釜洋子・布柴枝・無藤清子・野末武義(2008).家族心理学―家族システムの発達と臨床的援助.有斐閣
日本家族研究・家族療法学会(編)(2013)家族療法テキストブック.金剛出版
日本家族心理学会(1999).家族心理学事典.金子書房
岡堂哲雄(1991).家族心理学講義.金子書房
岡堂哲雄(編)(1999).家族心理学入門.陪風館
岡堂哲雄(2000).家族カウンセリング.金子書房
岡堂哲雄(2006).家族というストレス―家族心理士のすすめ.新曜社
高橋靖恵(編)(2008).家族のライフサイクルと心理臨床.金子書房
若島孔文・長谷川啓三(2000).よくわかる!短期療法ガイドブック.金剛出版

第13章
福祉心理学・医療心理学

第1節 = 福祉心理学・医療心理学の概要

　臨床心理学は、時代とともに求められる領域が広がり、各領域で深化しており、領域ごとに「福祉心理学」や「医療心理学」のように個別に呼ばれることもある。以下に、「福祉心理学」と「医療心理学」の歴史や、その対象としている領域について簡単に説明する。

1　福祉心理学

(1)　歴　史

　「福祉」という言葉が用いられるようになったのは、戦後の日本国憲法が初めてである。それまでは福祉に関する心理学的研究は教育の領域で行なわれていた。日本国憲法施行後、身体障害者福祉法、児童福祉法、老人福祉法など、福祉に関する法律が相次いで施行され、福祉という言葉は広く一般に使用されるようになった。

　福祉利用者に対する心理的なケアの必要性については、20世紀後半から認識が高まってきた。そのため1992年に日本で初めて福祉心理学科が東北福祉大学に設置され、2010年には福祉心理学科を設置している大学は15に達している。また、2003年に日本福祉心理学会が創設され、2009年には「福祉心理士」の学会認定制度がつくられた。しかし、まだ普及には程遠く、「臨床心理士」という汎用資格を得て福祉現場で働く者が多い。

(2)　福祉心理学の対象

　福祉心理学は、誕生から死に至るまでのすべてのライフサイクルにおける福祉を必要とする人びとを対象とする。近年、とくにかかわりを求められている分野としては、母親への子育て支援、被虐待児のケア、引きこもりの若者の自立へ向けての支援、発達障害やその他の障害をもつ児・者へのアセスメント・治療・サポート・自立支援、高齢者の認知症に対するアセスメントやケアなどがあげられよう。

2 医療心理学

(1) 歴　史

　臨床心理学を学んだ者が、医療にかかわった最初の事例は、近接領域である精神医学の分野であろう。その後、身体症状と心理的要因との関連性を研究する心身医学への関心が高まり、臨床心理家もその領域に参加するようになった。日本では、1961年に初めて九州大学が精神身体医学研究施設をもち、1963年に心療内科を開設した。また、1959年に日本精神身体医学会が発足し、1975に日本心身医学会と改称された。学会認定の「医療心理士」制度も2004年に創設されている。

　しかし現在では、すべての科で扱う病気に、心と体の相互作用は当然認められることや、細分化され、高度化・システム化された医療環境の中で医療トラブルも頻発し、患者への全人的なアプローチが叫ばれるようになっている。そのため臨床心理家は精神科や心療内科だけでなく全科にかかわるようになり、医療心理学と呼ばれる分野が生まれている。

(2) 対　象

　精神科や心療内科だけでなく、ほとんどの科やセンターで、臨床心理学的なアプローチを必要とする患者や、その家族のいることが認められている。具体例をいくつか示してみよう。糖尿病などの生活習慣病に悩む患者や、その家族に対する病気の心理的メカニズムや生活管理に関する心理教育やカウンセリング、終末期の癌患者が人生を総括し日々の生活を悔いなく生きていくためのサポート、HIV感染患者へのカウンセリング、病で家族を亡くした遺族の喪の作業、脳外傷や脳血管障害患者への高次脳機能検査や障害への治療的なかかわり、低出生体重児や障害児の発達に関するアセスメント、出産後の抑鬱や育児不安を示す母親やその家族へのカウンセリングなど、いくらでも例をあげることができる。

　また、医療チームの一員として医師をはじめとした他の医療者と患者や家族をつなぐ重要な役割も求められている。

第2節 = 子育て支援と入所施設の子どものケア
家族機能の衰退

1　家族機能の衰退と子育て支援

　現代は少子高齢化、核家族化が進み、さらに離婚その他で単親による子育ても増えている。また、出産後も母親が仕事を継続することが当たり前になっている。一方、地域とのつながりが薄れ、子育てを支援する機能は低下している。
　このような環境のなかで、育児家庭は孤立し、育児に1人で悩む母親が抑うつ的になったり、両親や同居者が子の虐待に至る例があとを絶たない。とくに家庭で育児に専念している母親は働く母親に較べて育児にストレスを強く感じていることが報告されている（佐々木，1996）。行政は保育所入所数の拡大など母親が就労しながらも育児ができるような支援策だけでなく、育児に専念している主婦をも対象に広げた育児支援を行なっている。
　臨床心理家は、従来から児童相談所において子どもの心理学的な診断や相談・治療を行なっている。また、保健所において健診時に子どもの発達検査や育児相談を受けるなどの役割を担ってきた。最近では、保健所での虐待防止を目的とした、育児の悩みを定期的に話し合える母親グループ（MG）づくりにもかかわっている。その他、保育所・幼稚園・児童館・療育センターなど子育て支援にかかわる機関や場に参加することが増えている。

2　虐待を受けた子どもの施設への入所

　不幸にして親が子どもを養育できない状況に陥ったり、親の養育態度の問題から家庭では子どもが健全に育つことが困難であったり危険であると判断された場合や、子どもに心身の問題が認められ親だけでは養育が難しいと判断された場合には、児童福祉施設に子どもが入所して生活を行なう場合もある。
　厚生労働省の平成25年の調査では、児童養護施設入所児童数は29,979人で、このうち虐待を受けた経験のある児童の割合はじつに59.5％（前回、平成20年53.4％）である。他の施設でも虐待は高率で、大きな社会的問題となっている。

表13-1　子どもの入所型福祉施設

乳児院	1歳未満の乳児が対象だが、必要に応じて就学前までの児童まで養育できる。虐待、婚姻外出産、母親の病気、離婚や母親との死別、子どもの障害が主な入所理由。
児童養護施設	保護者のいない児童、虐待されている児童、その他養護を要する児童を養育し、退所後の相談や自立支援を行なう。
障害児入所施設	障害児を入所させて支援を行なう。福祉型と医療型がある。
情緒障害児短期治療施設	軽度の情緒障害が認められる児童の短期間の入所や通園を受け入れ、その治療を行なう。児童心理療育施設とも言う。
児童自立支援施設	不良行為をした児童やその恐れのある児童を入所させ必要な指導を行ない自立を支援する。

（児童福祉施の入所は原則18歳まで。満20歳まで可）

3　虐待による入所した子どものケア

　虐待を受けて施設へ入所している子どもには、「不安」「抑うつ」「怒り」「ポスト・トラウマ・ストレス反応」「解離」が顕著に見られる（第11章第7節参照）。厚生労働省は、2006年から全国の児童養護施設などの子どもの入所施設に心理療法担当職員を配置するようになり、個人的な心理療法も試みられているが、これ以上に虐待を受けることはないという安心・安全で治療的な環境を施設全体として提供していく「環境療法」がとても重要である。「環境療法」は以下のプロセスを目的とする。
　①安心感・安全感が安定して形成されたあとには、②保護されているという感覚の再形成、③人間関係の修正、④感情コントロールの形成、⑤自己イメージ・他者イメージの修正、⑥問題行動の理解と修正を、目的に環境を構成していく。
　また、子どもによっては、養育者や養育の場が何度も変わり、自己の生育の記憶が断片化し、肯定的に自分の思い出を振り返ることができず、アイデンティティ形成が困難な場合もある。このような場合に、職員と一緒に関係者に会ったり、思い出すことを絵に描いて語ったり、持っている写真から自分の生育歴をつなげていく「ライフストーリーワーク」も試みられている。

第3節＝障　害
社会モデルから理解する視点

1　障害者とは

障害者基本法では、障害者を「身体障害、知的障害、精神障害（発達障害を含む）、その他の心身の機能の障害（以下「障害」と総称する）がある者であって、障害及び社会的障壁により継続的に日常生活又は社会生活に相当な制限を受ける状態にある者をいう」と定義している。「社会的障壁」の文言には、以下に述べる社会モデルの考えが採り入れられている。

2　世界保健機構の障害の社会モデル

世界保健機構（WHO）は、1980年に障害を疾患・変調が原因となって「機能・形態障害」が起こり、それが「能力障害」を起こし、「社会的不利」につながるというモデルを発表した。このモデルは社会的な視点が採り入れられ、画期的なものであった。その後、障害者の苦しみなどの主観的側面や障害体験のプラス面を採り入れることが求められ、2001年に図13-1のようなモデルを発表した。

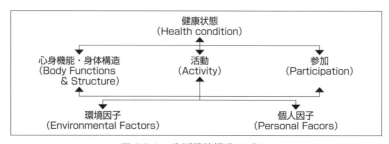

図 13-1　生活機能構造モデル
（ICF 国際生活機能分類）

障害を3つのレベルで理解する視点に変わりはないが、マイナス面よりプラス面を重視し、健常者も障害者になりうるという考えのもと、「機能障害」は「心身機能・構造」、「能力障害」は「活動」、「社会的不利」は「参加」となり、

これらが障害されると「機能・構造障害」、「活動制限」、「参加制約」となるとした。これは、すべての人を対象とした生活機能と障害の分類といえる。

3 臨床心理学的アプローチ

(1) 障害の当事者へのアプローチ

それぞれの障害の特性と障害の程度を理解したアプローチが必要である。視覚障害を例にあげると、日本では障害の程度は1～6級に分けられているが、重度の場合にはさまざまな手段で情報障害を補う援助をする必要がある。3歳以降に途中失明した者は視覚表象の記憶を有しており、それ以前に失明し視覚表象のない者と療育や教育方法も異なってこよう。弱視は視覚活動が可能であるが、さまざまな眼疾患により低視力、透光体混濁、視野狭窄、中心暗点などの見え方があり、その特性に応じた情報の補い方を考えていかねばならない。また、視覚障害だけでなく知的障害など障害が重複している場合もあり、適切なアセスメントが求められよう。

また、障害を抱えて生きていくアイデンティティ形成を助けるカウンセリングや心理療法も求められる。

(2) 家族へのアプローチ

家族に対しては、障害の特性や程度についての正しい情報提供と障害児・者へどのようにかかわっていったらよいかのカウンセリングや教育を行なう。また、家族への心理的なサポートを土台に障害に対する受容の過程に寄り添うことも重要な役割である。

ドロータ（Drotar, D., 1975）は、わが子が先天性奇形で誕生した場合の受容に至る親の心理過程を、ショック→否認→悲しみと怒り→適応→再起の5段階で述べている。この受容過程が障害受容モデルとしてよく用いられるが、専門家による障害の告知の仕方と、その後の継続的な支援や周囲のサポートの有無が、親のわが子に対する障害受容の過程に大きな影響を与える。

また、障害の受容ができているように見えても、小学校入学や卒業時などに健常児との差に直面し抑うつ的になることも見られる。このような親の心理を、臨床心理家は理解している必要がある。

第4節 = 発達障害
特性を理解した関わりや環境の提供が適応の幅を広げる

1 発達障害の定義

　最近、知的には遅れているとは思えないのに、運動がぎこちない、集団での遊びができない、コミュニケーションがうまくとれない、こだわりが強いなどの理由で園や学校での集団生活に支障をきたし、発達障害を疑う子どもが増えている（文部科学省が小中学校を対象とした 2002 年の調査では出現率は 6.3%）。

　発達障害という言葉は、本来子どもの発達上の機能の障害や遅滞について用いられてきたが、2005 年に施行された発達障害者支援法において、もっと内容が限定されて定義された。この障害をわかりやすく述べると、①自閉症やアスペルガー症候群その他の広汎性発達障害、学習障害、注意欠陥多動性障害を代表とした、②育て方の問題より脳の機能障害に原因があり、③知的には正常か境界域であるが、④認知、言語、社会性、運動などのいずれかの機能の獲得が障害され発達に偏りがあり、⑤通常幼児期に明らかになる障害となる。広汎性発達障害とは、自閉症に近い特徴をもつ発達障害の総称である。①のそれぞれの障害の特性を図 13-2 に示す。

2 発達障害児・者の心理学的支援

　発達障害者支援法の施行とともに、発達障害児・者を総合的に支援する目的で、「発達障害者支援センター」が各都道府県に設置され、臨床心理家は早期発見・早期支援、ライフステージに対応した支援、保育所等の巡回指導、家族支援、母子通所訓練施設での相談や訓練などにかかわっている。

　発達障害に対する療法はさまざまあるが、不適応行動がどのような理由から生じ強化されているかを、記録・分析する「行動分析」を行ない、支援プログラムを考えていく行動療法は一般的である。自閉症は、情報を関連付け秩序立てることが困難なことから、それを補うような構造を提供して支援を行なう「TEACCH 自閉症プログラム」もよく用いられる。一般に聴覚からの情報処

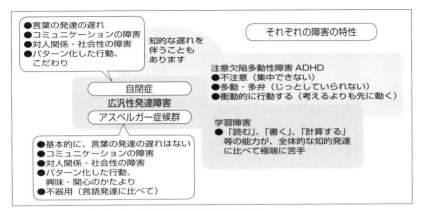

図 13-2 発達障害の種類とその特性
(厚生労働省社会・援護局障害保健福祉部, 2008)

注) 2013年にアメリカ精神医学会が改訂したDSM5（精神障害の診断と統計の手引き）では、自閉症やアスペルガー障害を含む広汎性発達障害が「自閉症スペクトラム障害」という1つの診断名に統合されたが、厚生労働省はICD10（世界保健機構による「疾病及び関連保健問題の国際統計分類」）に準拠している。

理よりも視覚からのほうが得意なので、今、何をするべきかを、室内をエリアに分けて理解できるようにしたり、絵・写真・文字を使用したタイムテーブルをわかりやすく掲示するような構造化が、その例である。

　親が求めるような行動を示さない発達障害児に対して親がポジティブにかかわれるように、日常生活の子どもの当たり前ともいえる行動をピックアップして褒める（認める）スキルを学ぶ「ペアレンティング」も普及している。社会行動を習得するソーシャルスキルトレーニング（SST）も効果的である。

【課題】
　発達障害の特性を、具体的な事例を読んで理解しよう。

第5節 = チーム医療と臨床心理学
医療は各専門家がチームを形成し全人的に行なう

1 現代医療の問題点

　現代の医療は、臓器から細胞・遺伝子という、より微細な研究が進み、最新の科学技術を応用した検査法や治療法も次々と開発され、病院の規模も巨大化・システム化している。しかし、そのため患者はコード化され全人的なかかわりが減り、医療ミスも頻発し、医療不信が増大している。

　以上の反省から、医師を中心に、看護師、薬剤師、検査技師、医療ソーシャルワーカー、栄養士、理学療法士、作業療法士、聴覚言語士、視能訓練士など、各専門家がチームを組み、患者の医療を包括的に診ていく方向にあるが、「人間理解」の専門家として臨床心理家が参加することにより、全人的な医療が可能になると思われる。

2 チーム医療における臨床心理家の役割

　(1) 患者に対するかかわり

　①アセスメント——患者の精神症状や精神障害の鑑別、症状と他の要因の因果関係、精神症状の改善度、性格や社会への適応度、知的能力や高次脳機能障害の評価など、患者の直面している問題を中心に、支援やケアを行なうために必要なアセスメントを実施する。

　②心理的なケアと心理教育——病気の治療・予後や社会復帰の不安、いままで抱えてきた心理的な問題、医師や看護師とのコミュニケーションのトラブルなど、さまざまな患者の抱える心理的な問題に対し、サポートやカウンセリング、情報提供や心理教育などを行なう。

　③家族のケア——家族の一員が病気になったことに対する、他の家族の心理的苦痛、経済的・社会的負担、病気の予後への不安、医師や看護師とのコミュニケーションの問題、家族が亡くなった場合の喪の作業へのサポートなど、家族を支える多くの役割が求められる。

(2) チーム医療への専門家としての参加

①コメディカルスタッフとしての役割——チームの一員として、臨床心理学の専門家の立場から患者にかかわり、患者についてのアセスメント結果や、患者の現在抱えている不安や葛藤などの心理的な問題などについて、他のチームメンバーに報告し、情報を共有し、よりよい治療やサポート計画を立てていく。

②媒介者としての役割——医師や看護師による病気に対する検査法・治療法に関する説明の仕方や患者に対するかかわり方などについて、患者の気持ちや意見を聴き、医療者との認識や感情に齟齬がないかを確認する。患者に不満があった場合には、どの点に不満があるかを明確にし、改善すべき点は医療者側に伝え、患者と医療者がスムーズに連携できるように、媒介者としての役割を果たす。

③コンサルタントとしての役割——すべての患者の心理的な問題に臨床心理家がかかわるのは物理的に不可能である。医師や看護師やその他の専門家が直接患者にかかわったほうがよい場合も多い。しかし、患者の心理を理解できずにトラブルが生じたり、関係がうまくいかなくなることも生じる。その場合に、患者とのトラブルに悩む他の医療職からの相談を受け、問題解決に向けての助言を行なうことをコンサルテーションという。

【課題】
医療の分野には、どのような専門家が、どのような仕事を行なっているかを調べてみよう。

第6節 精神医療・心身医療
臨床心理学の近接領域

1 精神医療

(1) 精神科における臨床心理家の現状と役割

臨床心理学が医療にかかわるようになった最初の領域は、当然近接の精神医療といえよう。現在でも、医療にかかわる臨床心理家の半数以上が、精神科に所属している（宮脇, 2004）。

精神科では、臨床心理家は心理検査（患者のアセスメント）や個人的な心理療法や集団的精神療法、心理教育、社会的スキル訓練（Social Skill Training; SST）などを行なっている。また、医師や看護師、作業療法士、精神保健福祉士とチームを組み、患者を理解する視点を他のスタッフへ提供している。さらに、総合病院の精神科では、他の診療科から依頼のあった患者や家族の心理・社会的側面のアセスメントや支援の仕方について助言を行なう。

(2) 精神科における治療対象

周囲との対人関係が希薄化した現代社会では、さまざまな心身の症状に悩む人が増えており、精神科受診への敷居も低くなっている。そのため、精神科で出会う疾患も、以前に中心であった統合失調症、鬱病、躁鬱病、てんかん以外に、認知症、薬物・アルコール依存、パニック障害などの不安障害、摂食障害、引きこもり、人格障害、発達障害、PTSD（心的外傷後ストレス障害）など多岐にわたっている。

(3) 精神医療の最近の動向

患者の疾患に応じた治療や支援法が吟味されるようになり、その治療成果のエビデンス（科学的根拠）が求められるようになってきた。また、ファンクショナル MRI や PET などを用いた脳科学的研究が進められ、精神症状を生物学的な視点から理解する傾向が顕著となっている。

2 心身医療

(1) 心身症と心身医療

　心身医療が対象とする疾患は高血圧や胃潰瘍、過敏性腸症候群などの「心身症」である。日本心身医学会は心身症を「身体疾患の中でその発症や経過に心理社会因子が密接に関与し、器質的ないし機能的障害が認められる病態をいう」と述べるとともに、「ただし神経症やうつ病など、他の精神障害に伴う身体症状は除外する」としている。

　現在は「心身医療科」や「心療内科」を標榜するクリニックや科が増えている。しかし一方で、医療全体が心身医学的な視点から患者を診ることが広がっており、「心身医学」としての独自性が曖昧になってきている面も認められる。

(2) 心身医療における臨床心理家の役割

　「心身医療科」や「心療内科」の受診患者の中には、幻覚妄想などの症状を呈し、精神科へ紹介される例もめずらしくないことから、心身医療で扱うべき症例かどうかを的確にアセスメントを行なうことが重要となる。アセスメントはこのような精神病のチェック以外に、心理社会的観点と医学的観点の両面からアプローチし、心身の関連性を統合的に把握する必要がある。そのためには医師の所見と照合するとともに、臨床心理家にも心身の関連性に関する深い知識が求められる。

　心身症患者の多くは、身体症状と心理社会的な要因の関連性を自覚していないことが多い。そのため、身体感覚に対する気づきを促す技法（自律訓練法など）や、身体症状の捉え方の変化を促す方法（ディストラクション法など）や、心理社会的な問題を身体化させないためのテクニック（SSTなど）も用いられる。これらを包括する心理療法として、認知行動療法も広がっているが、箱庭や絵画などのイメージを媒体として心と体をつないでいくアプローチもよく用いられている。

【課題】
　自分の感情の動きと、身体反応の関連性について記録してみよう

第7節 = 母子医療
親子の成長・発達の過程にかかわる

1 産科・周産期医療

(1) 周産期医療

「周産期」とは、妊娠22週から生後7日未満までの出産の可能性の高まる期間をいい、合併症妊娠や分娩時の新生児仮死など、母親や生まれる子どもへの危険が発生する時期でもある。そのため、ハイリスク妊婦を管理する「母体胎児集中治療室（MFICU）」や、低出生体重児や重い病気の子どもを治療・ケアする「新生児集中治療室（NICU）」の設備を備えた周産期医療が重視されるようになった。

周産期医療の対象になった母子は出産直後から分離され、それが長期間に及ぶこともあり、その後の安定した母子関係形成のためにも、医療的なフォローだけでなく心理的な支援が必要である。そのために、母親との個別的なかかわりだけでなく、親子が集い、一緒に遊ぶことや、親同士が話し合うプログラムを用意している医療機関もある。また、子どもの発達の定期的なアセスメントやかかわり方についての助言なども臨床心理家に求められる役割である。不幸にも子どもを失った保護者の喪の作業に寄り添うことも生じる。

(2) その他の産科医療

子どもの妊娠・出産は多くの親にとって嬉しい出来事であるが、未成年であったり、結婚後の夫婦関係が破綻したあとの妊娠であったり、さまざまな理由で望まぬ妊娠を体験し、出産するか否かを含めて今後の自分たちの生き方を模索するためにカウンセリングが求められることもある。また、産後すぐにうつ症状（マタニティブルー）を呈する母親のケアが必要な場合もある。

一方、不妊治療を望む例については、非配偶者間生殖医療や再生医療技術など医学の進歩とともに複雑さが増し、選択肢の多さやすぐに妊娠に至らず戸惑いや葛藤をもつ患者も多い。このような患者の心理を理解し、丁寧に寄り添い、意思決定を助け支えることも役割として期待されている。

2 小児医療

小児医療は、予防接種や抗生物質をはじめとした治療法の進歩とともに死亡率は低下したが、長期に服薬や治療が必要な子どもが増えている。そのため表13-2のような事例やその他の親子の心理的な問題に臨床心理家がかかわっている。

表13-2 小児科において臨床心理家がかかわる事例

①医療処置による痛みや苦痛	子の採血や手術などの恐怖や不安
②慢性疾患の自己治療管理不履行	親の怠慢知識不足、子の意欲低下や人の目を意識
③家族の心理的問題	親の罪障感不安疲労、患児のきょうだいの疎外感
④-1 長期入院の問題	友人関係の切断、勉学の遅れなどの学校復帰問題
⑤-2 長期入院の問題	乳幼児の母子分離不安、社会的刺激の減少
⑥死への直面や自己変容	癌などによる終末期や容姿の変化への苦痛。不安
⑦子の障害の問題	子の知能・行動・認知の問題に対する親の不安
⑧子の病死	子を失った家族の悲しみ・怒り・罪障感
⑨親の育児不安	親子関係、不登校などの集団適応などの悩み

臨床心理家は、親や子どもの心理教育やカウンセリング以外に、自分のことを上手に言語化できない子どもに対して遊戯療法を行なうことも多い。

また、痛みの表現については、フェイススケールや痛みの温度計など、視覚的な媒体を用いることもある。病児への親のかかわりが長期に及ぶ場合には、病児のきょうだいにもさまざまな心理的な問題が生じることがあるが、きょうだいへの個別のアプローチ以外にサポートグループを運営することもある。家族全体への支援としては、認知行動療法や家族療法もよく用いられる。学習の遅れには院内学級で対応し、教師と連携して臨床心理家が心理的問題を抱える親や子どもにかかわる病院もある。

【課題】
　生殖医療で産まれた子どものアイデンティティについて調べてみよう。

第8節 = 癌医療と終末期医療
終末期を意識した闘病生活

1 癌医療

長寿社会となった現在は、生涯で男性の2人に1人、女性の3人に1人が癌になるという報告がある。癌の告知は、人に衝撃を与え、その後の治療過程も長く、終末期医療へ至る場合もめずらしくない。身体的にも心理的にも、治療の各ステージで負担を与える。そのため、臨床心理家の関与が求められる。

2 サイコオンコロジーと緩和ケア

サイコオンコロジーは、心の研究を行なう心理学（Psychology）と癌の研究をする腫瘍学（Oncology）を組み合わせたものである。「精神腫瘍学」と訳されるが、精神と癌の相互作用の研究を行ない、癌患者へのサポートを目的として緩和ケアに貢献している。

緩和ケアは、以前は終末期医療と同じ意味で用いられたが、現在は生命を脅かす疾患に起因した諸問題に直面している患者と家族の生活の質（QOL）の改善をめざすと定義されている。そして、厚生労働省は地域がん診療連携拠点病院の指定要件として、緩和ケアチームに薬剤師のほかに臨床心理家の参加が望ましいことを記している。

3 癌患者の抱える心理的問題

癌患者においては、癌の告知によるショックや、疼痛、倦怠感、吐き気などの化学療法の副作用による身体症状が精神症状に大きく影響を与える。

多く見られる精神症状をあげると、適応障害、鬱病、せん妄である。適応障害とは、癌という病気に直面して不安などの反応を示し社会生活に支障をきたすことである。鬱病は、抑うつ的な気分・意欲や興味の減退・睡眠障害・食欲低下あるいは増加・思考集中力の低下・疲労や気力低下・希死念慮・焦燥感や精神運動の停止・無価値観や自責の念のうち5つ以上が2週間以上持続した場

合に診断される。

　希死念慮は、癌患者のとくに終末期には多く見られるので、注意が必要である。せん妄は、癌の初期治療時や進行期から終末期に多く見られる意識の混濁や精神運動興奮、錯覚や幻覚などの認知障害を伴う意識の障害である。

4　癌患者への臨床心理学（医療心理学）的なアプローチ

　①心理教育——癌の治療や疾患に対する情報を提供するとともに、日常生活の過ごし方やストレスに対する対処方法などの教育を行なう。
　②目標設定・問題解決療法——患者が積極的な日常生活を送り、社会適応を促進することを目的に、患者自ら目標を設定し、その目標達成に取り組むことを支援したり、患者の抱えている問題の解決方法について具体的に話し合う。
　③リラクセーション・イメージトレーニング——自律訓練法などを用いてリラクセーションを体験したり、癌細胞と共存するイメージを浮かべたり、怒りをコントロールするワークを行なうなど、患者が自分自身の心身に直接はたらきかける体験を行なう。
　④認知行動療法——つねに癌を意識せざるをえない日々の生活の中で、不合理な不安や否定的な認識の仕方を合理的で肯定的な認識に修正し、ストレス対処のスキルを増やし向上させる。
　⑤支持的・表現的心理療法——自分の抱えている心理的問題を臨床心理家に個人的に話し、受容され支持してもらう体験をする。また、同じ癌患者同士のグループで話し、おたがいの発言や存在を尊重し受容しあうことで、自己肯定感や自己表現を促進する。
　⑥実存心理療法——死の不安や、人生の振り返り、闘病に対する無力感・自己無価値観などの実存的なテーマについて、臨床心理家に話したり、グループで話し合う。

【課題】
　キューブラーロス（Kubler-ROSS）の「死の受容過程のプロセス」について調べてみよう。

第9節 = 高次脳機能障害・高齢者医療
脳の機能を理解したアプローチ

1 高次脳機能障害

　脳出血や梗塞などの、脳血管障害や交通事故などによる頭部外傷による脳への器質的な損傷は、麻痺などの身体障害だけでなく、認知機能や感情調節の障害や社会への不適応行動など、深刻な後遺症をもたらす。しかし、後述の認知症は知能の障害が進行していくのに対し、高次脳機能障害は脳の損傷部位によって障害の内容や程度が異なり、進行することなくリハビリによって改善することも多い。臨床心理家は以下のようなことを行なう。

　①アセスメント——神経心理学的な検査を行ない、記憶や注意能力・認知能力・遂行能力・感情調節や社会適応能力・病識（自己の障害を認識しているか）・言語能力などを評価する。

　②認知リハビリテーション——検査結果と障害のメカニズムについて説明し、家族や患者の障害に対する理解を深めてもらう。そして、認知面・感情面・行動面の障害の回復を試み、患者の社会生活への復帰を援助する。また、家族へは、患者に対してどのような支援や環境調整が必要かの心理教育を行なう。

　③カウンセリング——障害の受容や社会復帰の試みの過程の中で生じるさまざまな葛藤や不安を受けとめ、一緒に考えていく。患者だけでなく、家族のサポートも臨床心理家の役割である。認知や社会行動の障害その他によるトラブルが生じる場合には、環境調整や周囲への心理教育を行なう。また、患者本人の不適応行動が改善されるような認知行動療法が行なわれる。

2 高齢者医療

（1）　高齢者医療の特徴

　日本は世界でも最も高齢化率の高い国になったが、高齢者の半数は何らかの疾患を抱えている。高齢者の疾患の特徴は、慢性疾患であり、多臓器障害であり、加齢に伴う脆弱化である。そのため、高齢者の生活の質（QOL）を考えた

場合、健康面だけでなく、心理面や社会生活など多方面からのケアが求められ、各専門家のチームアプローチが不可欠である。

臨床心理家は心の専門家として、高齢者の闘病生活に対し心理的なサポートを行ない、豊かな時間を提供できるようにしたい。そのためには、①高齢者に多い疾病とその生活への影響、②高齢者を支える社会資源、③コミュニケーションの特徴（情報処理や会話の理解が遅くなるので、明瞭にゆっくりと具体的に話す）、④高齢者が直面する喪失体験などによる感情（身体機能・友人知人・社会的役割・環境などの喪失からくる抑うつ、子どもとの葛藤など）、⑤高齢者が育った時代の価値観や生活様式、⑥結晶性知能（経験や言語能力を介して結晶化していく総合的な判断力は60歳代をピークに、健康なら加齢が進んでも高い状態が維持される）などについて的確な知識や理解をもつことが高齢者の支援を実りあるものにする。

（2）認知症

日本では高齢化に伴い認知症と認められる者が急増している。2015年の厚生労働省の発表では、2025年の認知症患者は現在の1.5倍の700万人を超えるという。このような現状に直面し、認知症の心理や支援の仕方への理解も深まっている。

認知症とは、「脳の後天的な障害によって正常な知能が低下し、日常生活に支障をきたす状態」をいう。原因としては、脳にアミロイドベータが溜まり、脳萎縮の起こる「アルツハイマー型認知症」などの脳変性タイプ（ほかにレビー小体病・ピック病など）と、脳梗塞や脳出血・くも膜下出血などによる脳血管障害型に大きく分類される。アルツハイマー型は、記憶障害から始まり、思考・言語・運動・感覚など脳の活動すべてに機能低下が現われ、末期には全身の衰弱に至る。脳血管障害型では、脳の梗塞や出血の部位や広さによって、四肢の麻痺・失語・失認・失行・構音障害・感情失禁などが出現する。知的機能の障害は部分的なことも多く、日によって変動しやすい。

認知症に関しては、回想法、リアリティ・オリエンテーション法、バリデーション法、認知訓練法などがあるが、認知症患者の情緒が安定するような日常生活の中での受容された他者とのかかわりや、落ち着いて安心できる環境設定が重要である。

【課題】
　回想法、リアリティ・オリエンテーション法、バリデーション法について調べてみよう。

〈参考文献〉
岩坂英巳．中田洋二郎．井潤知美編著（2004）．AD／HDのペアレント・トレーニングガイドブック．じほう．
厚生労働省社会・援護局障害保健福祉部（2008）．発達障害の理解のために．http://www.mhiw.go.jp/dl/17b.pdf（2014年2月10日）．
黒澤貞夫・石橋真二・是枝祥子・上原千寿子・白井孝子編集（2013）．介護職員初任者研修テキスト．全2巻　中央法規
宮脇稔（2004）．国家資格はなぜ必要か．精神医学，46(1), 21-24.
楢原真也（2010）．児童養護施設におけるライフストーリーワーク—子どもの歴史を繋ぎ，自己物語を紡いでいくための援助技法．大正大学大学院研究論集 34. 248-258.
永井　亮（2005）．児童養護施設における被虐待児への支援—児童ソーシャルワーカーによる専門的支援の技法．テオロギア・ディアコニア No. 39. 89-101.
西村健監修　小林敏子・福永知子著（1995）．痴呆性老人の心理と対応．ワールドプランニング
佐々木正美（1996）．育児不安の解消は、孤独・孤立の解消から．こども未来，96(2) 2-17.
佐藤晃暁・小西淳子（2007）．発達障害のある子の保育の手だて．岩崎学術出版社
佐藤泰正・中山哲志・桐原宏行編著（2011）．福祉心理学総説．田研出版株式会社
進藤貴子（2010）．総説　高齢者福祉と高齢者心理学．川崎医療福祉学会誌増刊号．29-44.
鈴木伸一編著（2008）．医療心理学の新展開．北大路書房
社会・援護局障害保健福祉部企画課（2002）．国際生活機能分類—国際障害分類改訂版．（日本語版）の厚生労働省ホームページ掲載について　http://www.mhlw.go.jp/houdou/2002/08/h0805-1.html（2015年11月11日）．
山口加代子（2011）．心理学的アプローチ（特集　高次脳機能障害治療・支援最前線）．地域リハビリテーション 6 (10), 767-772.

第14章
産業・組織心理学

第1節＝産業と心理学
産業組織における心理学研究の芽ばえ

　企業をはじめ、NGO・NPOなど、人為的に形成された組織と人とのかかわりについて実証的で科学的な心理学の立場からの研究は、1913年のミュンスターバーグ(Münsterberg, H.)の『心理学と産業効率』までさかのぼることができる。彼は、ハーバード大学の教授として、1890～1910年ごろにかけて、ボストン市近郊で電話交換手、市電運転士、フェリーボートの操舵手をはじめ、実際に現場で働く人びとの個人差や適性に関する実験的研究を行なった。そのなかで、心理的・社会的要因と労働効率・仕事の関係から、仕事への注意の向け方や単調さ・倦怠感などの影響につて考察した。

　さらに、職務と労働者のマッチングが労働効率へ与える最大の要因と考えた。職務と労働者を適合させることにより、単に労働者の満足だけでなく労働の質の維持や高い生産性も確保できるとした。これは、のちにホランド(Holland, J. L.)の職業選択理論やキャリア教育などにも大きな影響を与えた。

　また、ミュンスターバーグは、広告の心理的効果についても研究し、経済心理学への道筋を拓いた。1913年に彼は、「われわれの目標は新しい科学の概要を示すことです。新しい科学とは、現代的な実験心理学と経済学的問題を仲介することです。産業心理学は学者によって異なる経済学説とは独立した、実験的見地による異論の余地のないものにならなくてならなりません」と述べている。このような業績から、ミュンスターバーグは産業心理学や応用心理学の父と呼ばれている。こうした、さまざまな実験心理学的研究を基盤として、心理学を人びとの生活と、とくに経済生活向上の問題解決に応用すべき科学技術の学問として形成しようとした。

　ミュンスターバーグは、1913年の『心理学と産業能率』の中で、①最適の人（職業と適性、職業指導と科学的管理法、必要な実験心理学的方法論、

ミュンスターバーグ

仕事と集団、適性研究の応用事例)、②最良の仕事(学習と訓練、心理的条件と物理的条件の適合化、動作の経済性、単調・注意・疲労、労働力に関係する物理的・社会的影響)、③最高の効果(経済的要求の充足、広告の効果、購買・販売活動、宣伝広告における不法な模倣行為の事例)について言及した。これらは、現在では、①人事心理学、②人間工学、③市場心理学として研究や実践・応用がすすめられている。

　人間の行動は、生産活動だけではなく、仕事を離れた生活場面、休息などよって構成される。かつては、職業生活への自我関与が高い時代には、職業生活への適応が社会生活の適応へとつながると考えられた。そのため、かつては労働生活の質(QWL: Quality of Work Life)が生活全体の質(QOL: Quality of Life)を規定すると考えられていた。しかし、近年ではライフスタイルの多様化や、平均寿命の延びに伴う定年退職後の生活が強く意識されるようになった。

　そこで、従来の職業生活全般の充実だけでは不十分であり、生涯発達の立場からの研究が求められるようになった。その1つとして、産業・組織心理学においても、エリクソン(Erikson, E. H. 1902-1994)のライフサイクル理論が取り上げられるようになった。つまり、人は、社会や他者とのかかわりの中から生涯を通じた発達課題をゆきながら、生涯にわたって発達をつづけ、幸福の道を探求する過程における職業生活の位置づけが重要視されるようになった。産業・組織心理学においてQOLを基盤として研究を行なう場合は、仕事や社会とのかかわりを長期スパンで採り入れてゆく必要が考えられた。

　しかし、エリクソンの理論は米国社会における男性を中心に考えられたもので、女性や性的マイノリティにはあてはまらないとされる。そこで、わが国の社会的嗜好性や社会的風土の中で人間のQOLモデルについて、今後は考える必要がある。生産場面や職業場面での人的要因から始まった産業・組織心理学は、人の職業生活だけではなく生活全般を要因として採り入れつつ、生涯発達という観点から、個人の幸福を追求することが目的となっていった。

【課題】
　QWLとQOLの関係について考えてみよう。

第2節＝産業・組織心理学の発展
個人差研究から集団行動・動機づけ・目標管理へ

　個人差研究に始まった産業心理学は、人びとがもつ能力やパーソナリティの差異に着目し、もっともよく適した人を仕事内容に適合して配置する人事心理学の場面で応用されるようになった。さらに、多くの職場が機械装置を設置していることから、マン・マシン系のインターフェースを考慮する必要にも迫られ、人間工学として実験心理学的研究がすすめられた。人事心理学では職務に適した人を見出すことだが、むしろ人間工学（Ergonomics）では職務に人を適合させるかにあった。とくに第二次世界大戦を挟んだ時期にオートメーション機器、航空機などの爆発的な技術進歩があったにもかかわらず、人間の能力は急激には変化しないため、対応できず事故が多発した。そのため、機械設計にかかわる工学に対して、心理学、医学、建築、デザインなどの領域に協力が求められ、新しい人間工学（Human Factors）の方向へと発展した。

　古典的なメイヨー（Mayo, G. E. 1880-1949）らのホーソン実験では、当初は物理的な作業条件と従業員の作業能率の関係を分析する目的で、社内的に照明実験が行なわれ、次いでリレー組み立て実験が開始された。しかし、結果は、労働者の作業能率は物理的な作業条件よりも職場における個人の人間関係や目標意識に左右されるのではないかという仮説が導き出された。

　ホーソン実験から出発した動機づけに関する考察は、さらに集団の力、社会的動機づけなどが重視されるようになった。仕事への動機づけに関する、マクレガー（McGregor, D. M. 1906-1964）の「X理論、Y理論」やハーズバーグ（Herzberg, F. 1923-2000）の「動機づけ衛生要因理論」などが誕生した。こうした背景から、日本でも1970年代から目標管理、ZD運動、

エスタン・エレクトリウック社
（「ホーソン工場の実験」1924年頃）

QCサークル活動をはじめとする小集団活動が生産性向上の手段として企業内で奨励された。このような自我欲求の充足機会を仕事に採り入れるための職務管理方法が拡大した。このようなアプローチは、動機づけ、態度、モラール、人間関係、コミュニケーション、リーダーシップなどを中心課題として発展してきた。

　近代以降の産業場面では生産活動が組織的に行なわれる。そこで1960年代後半からは、組織内に働く人びとと、組織に関係する人びとの行動が研究対象として取り上げられるようになった。つまり、企業など組織という枠組みに置かれた個人の仕事への動機づけが主要なテーマとなった。

　ここでは、組織過程と組織構造の問題、組織と成員の相互作用、組織と市場環境との相互作用、組織間のコミュニケーション、組織における意志決定とコンフリクト、組織の有効性、組織における生きがいや人間疎外などがテーマとなった。さらに生産性の追求だけではなく、産業ストレスの軽減や防止なども研究されるようになった。

　これらの流れが融合して、現在では産業心理学よりもむしろ産業・組織心理学として取り上げられるようになった。日本では、1985年に産業・組織心理学会が設立され、組織的研究体制が整った。現在では経営学との境界領域として大学など研究機関だけではなく、企業内研究も盛んである。

　経営学の立場からの産業・組織心理学に求められる課題は、企業の利益を拡大するための効率や、生産性を高めるための人間行動を研究するものである。その一方、心理学的な観点からの課題は、仕事を自己実現に生かすこと、職場と個人のかかわり、従業員に対して不快感をもたらす職場における諸要因の排除などに関心がもたれている。つまり、多くの人にとって、仕事とは第1に収入を得るための手段ではあるが、どのような条件が整えば人びとは仕事を通じて自己成長を促し、人的ネットワークを拡大できるかなどの研究が好まれる。そのため、効率や生産性よりも、満足感や快適性、職業的パーソナリティの成長などが心理学の立場からの関心となる。

【課題】
　産業・組織心理学の研究テーマを列記してみよう。

第3節＝産業・組織心理学の対象領域
個人を知ることから組織を知ることへ

1　個人差研究から組織研究へ

　現代の産業・組織心理学では、人事考査・作業心理学・組織行動・マーケティングが主要領域となっている。このうち、マーケティングは経営学との境界領域でもあり、心理学に重きを置いた広告心理学から経営学に重きを置く市場調査など、幅が広い。このうち、一般的な心理学でよく取り上げられる領域は、組織行動を中心としたリーダーシップ理論である。

　人事心理学は、仕事や職場を定数として、人間を変数と考える。仕事と人間の適合性を追求する伝統的な分野である。仕事側が要求する条件に人間側を適合するように配置するという考えに基づいている。これらは、①仕事は人間にどのような条件を求めているかという職務分析、②その条件を備えた人を探し出す方法という適性検査、③条件を満たすように適切な訓練を施す教育訓練、④仕事の成果を査定する人事考査、これらの4側面から成り立っている。

　作業心理学は、人事心理学とは逆に、人間の能力を定数として、仕事や作業環境を変数として捉える。この分野で扱う仕事や作業環境は、職場の物理的環境や化学的状況が中心であって、職場の人間関係のような社会的環境ではない。人間の機能や能力に注目し、機械の設計を人間の特性に合わせることを1つのシステムとして考えるマン・マシンシステムなどが、これに該当する。また、最近では、機械の設計そのものを体力的弱者とされる高齢者や女性に合ったものに見直すなどの職務再設計のニーズも高まっている。

　組織心理学は、仕事・人間ともに変数と考える。産業社会が市場や社会的背景の変化によって激しく変動するなかで、人間と人間の組み合わせが有効に機能するための条件が探求される。これらは、リーダーシップ理論に代表されるように、組織と個人の相互作用や、組織をとりまく外的環境との関連についても研究が進められる。

　マーケティングは、生産者としての行動と、消費者としての行動の両側面か

ら考えなければならない。このうち消費者としての行動は消費者行動とも呼ばれ、マーケティングの柱となっている。体系化されたわかりやすい理論の1つに宇野政雄による「ABC理論」がある。ABC理論では、A（After service）、B（Before service）、C（Communication）の3過程から消費行動を考える。円滑なマーケティングのためには、この過程が、A→B→C→A…のように循環することが重要とされている。

2　組織行動学と人的資源管理

人的組織のマネジメントには、部下の管理やリーダーシップなどを扱う組織行動と、人員配置や評価制度などを扱う人的資源管理がある。これらは、心理学を基盤とした人間の行動特性への研究に基づいて提唱された。組織行動に基づいた人的資源管理を行なうことで、組織は活性化され、生産性が向上すると考えられている。一般的に、企業では組織行動と人的資源管理とを組み合わせて従業員やその人的組織のマネジメントを行なうが、組織行動と人的資源管理での具体的な仕組みとの間で整合性がとれていることが求められる。これらの間で矛盾があると、従業員は企業で働くための企業活動における個人としての目標を見失い、長期的な業務目標が達成されないこともある。

古い組織や企業体質では、従業員や組織のマネジメントは人事部門の専管事項とみなされることが多かった。しかし、企業の競争優位の源泉となる人材と、個々の従業員がもつ知識や専門性の重要性が増してくるにつれ、人事以外の部門でも組織行動と人的資源管理を理解することが求められている。

3　組織行動

人の行動は、個人・目的をもった個人の集団・目的をもった集団の集合である組織によって異なる。例えば、意思決定をする場合、要する時間や矛盾や葛藤場面の状況などに違いが生じる。また、個人や組織にはたらきかけるときには、その場の状況を認識し、それから自分がとるべき行動と、それが他者や組織に与える影響について十分に考慮したうえで行動を起こす必要がある。このような、組織行動の視点から組織の中で働く場合に求められる個人の行動特性が研究される。

4 人的資源管理

　人的資源のあり方として、企業の経営理念をもとに企業の戦略を遂行し、将来展望を実現していくために、組織と人がどうあるべきかを示すもので、企業の経営理念、ビジョン、戦略によって決定される。また、組織構造として、個々の構成員をどのように組み合わせて企業戦略を遂行させるかを決めなければならない。人的資源は、単に企業の業態や業務内容によって求められる従業員の特性を決めるだけではない。体系的に、従業員に個々の構成員をどのように活用・管理していくかを決めなければならない。

　これらは、人員配置、報奨、評価、能力開発によって構成される。企業などの組織には、役員や従業員が共有する信念、価値観、行動規範の集合体としての企業文化と呼ばれる組織風土がある。組織風土は厳密ではないが、従業員や組織の行動に影響を与える重要な要素である。企業などの組織では、経営理念やビジョン、人事管理の施策などを通して、組織風土に間接的な影響を与え目的に応じてコントロールする。

【課題】
　組織行動と人的資源管理の整合性について考えてみよう。

第4節 = リーダーシップ理論の変遷
リーダーの個人特性か、組織の機能としてのリーダーシップか？

　リーダーシップに関する議論は、古くから論じられてきたテーマであり、つねに時代や生産システムによっても変遷をつづける非常に新しいテーマでもある。研究者の数だけリーダーシップ理論が存在するといわれるほど、視点や背景の違いによって多様性もある。

　古代ギリシャ時代から1940年代ころまで長く主流だったのが、リーダーシップ特性論である。この考えは、リーダーの個人特性に焦点をあてたものである。リーダーシップ特性論では、優れたリーダーに共通する身体や性格、あるいは行動特性に関する研究で、「リーダーは作られるものではなく、生まれながらもつ特質である」という考え方が前提となっており、偉大なリーダーには共通する特性があるという前提に立って、過去の優れたリーダーがもっている特性を明らかにしようとした。しかし、人びとの特性の測定・評価が不十分であり、特性はもっているが成果を出していないリーダーのケースなどもあり、理論的な限界と破綻を迎えた。

　一方、組織の中でのリーダーシップ行動からリーダーシップを捉えたのがリーダーシップ行動論である。第二次世界大戦後のアメリカにおいて、組織活動や産業活動が急激に盛んになり、多数のリーダーを発掘し、育成する必要に迫られた。そこで、リーダーを作り上げる行動という前提に立ち、どのような行動が有効なリーダーを作り上げるのかを発見しようとした。しかし、リーダーの行動だけが、組織の成果に影響するとはかぎらず、調査した時点で有効だったことが、時間の経過、状況の変化にかかわらず有効であるとはかぎらず、状況によってリーダーシップ行動が一定しないなどの問題点が指摘された。

　代表的な理論に、ストッグディルの特性論がある。ストッグディルの特性論とは、1930年代にアメリカの心理学者ストッグディル（Stogdill, R.）が、リーダーのもつ特性、あるいはリーダーシップと高い相関関係がある特性を調査し、以下の特性を挙げている。「公正」「正直」「誠実」「思慮深さ」「公平」「機敏」「独創性」「忍耐」「自信」「攻撃性」「適応性」「ユーモアの感覚」「社交性」「頼

もしさ」である。しかし、それぞれの特性の定義、測定、因果関係ははっきりしなかった。

1960年代になって、置かれている状況が異なれば、求められるリーダーシップも変わってくるという、リーダーシップ条件適応理論が提唱されるようになった。すべての状況に適応されるリーダーシップを否定し、人は適切な状況に置かれればリーダーシップを発揮できるという立場をとった。その後、1970年代から1980年代のアメリカの長期的な経済低迷のなかで、希望的観測のようなカリスマ的リーダーシップ論なども生まれた。

現在では、リーダーシップをリーダー個人の特性や能力とは考えず、組織がもつ機能として捉えられるようになっている。リーダーシップは個人のカリスマ性や能力ではなく、組織行動を円滑かつ効率的に機能させるための一連の行動と考えるようになった。有効なリーダーと、そうでないリーダーを区別する行動を発見することで、どのような行動が有効なリーダーを作り上げるのかを発見しようとした。

これは、リーダーシップ特性論とは逆の考え方で、リーダーシップ行動と、その他の行動の違いに着目した。リーダーシップ行動論ではリーダーシップの機能を、課題達成（Task）機能と、人間関係（Relation）の2つの機能で説明している。何らかの課題を達成することを目的した集団が成り立つためには、課題が達成されていく機能（課題・Task志向）と、集団を維持し、人間関係に配慮するという機能（人間関係・Relation志向）が必要であるという前提がリーダーシップ行動論に共通する考え方である。

【課題】

　個人としてのリーダーの特性と、組織機能としてのリーダーの特性について考えてみよう。

第5節 = リーダーシップ理論
組織を維持するはたらきと、成果を求めるはたらき

1　PM理論

　日本の社会心理学者、三隅二不二によって製造業場面での行動観察をもとに、1966年に提唱されたPM理論は、リーダーシップ行動を目標達成機能であるパフォーマンス（Performance）と、集団維持機能であるメインテナンス（Maintenance）の2軸による能力要素で構成されるとした。

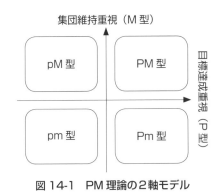

図 14-1　PM理論の2軸モデル

　目標設定や計画立案、メンバーへの指示などにより目標を達成する能力（P）と、メンバー間の人間関係を良好に保ち、集団のまとまりを維持する能力（M）の2つの能力の大小によって、4つ型のリーダーシップ（PM型、Pm型、pM型、pm型）を提示した。PとMが共に高い状態（PM型）のリーダーシップが望ましいとした。
　PM型（P・M共に大きい）は、目標を明確に示し、成果をあげられるとともに集団をまとめる力もある理想型とされた。Pm型（Pが大きく、Mが小さい）は、目標を明確に示し成果をあげるが、集団をまとめる力が弱く、成果はあげるが人望がないタイプとした。pM型（Pが小さく、Mが大きい）は、集団をまとめる力はあるが、成果をあげる力が弱い。人望はあるが、仕事はできないと

いうお人好しタイプとした。pm型（Pが小さく、Mも小さい）は、成果をあげる力も、集団をまとめる力も弱い、リーダー失格タイプとした。

2　条件適応理論

条件適応理論とは、ある状況のもとでは、あるリーダーシップ・スタイルが適切だったが、他の状況においては、より適切な異なったリーダーシップ・スタイルが存在するという考え方のことである。代表的な理論としては、フィドラーのコンティンジェンシー・モデル、パス・ゴール理論、SL理論がある。

このうち、フィドラーの条件即応モデル（Contingency Model）は、フィドラー（Fiedler, F.）が1964年に提唱したリーダーシップ条件適応理論である。リーダーシップとは、リーダーの資質ではなく、状況に応じて役割を変える必要があると考えた。リーダーにとって有利な状況から不利な状況までを整理した。フィドラーはリーダーのもっとも苦手な同僚をLPC（Least Preferred Coworker）という指数で計測し、苦手な同僚を好意的に評価するリーダーを「高LPC」、苦手な同僚を避けようとするリーダーを「低LPC」と定義した。

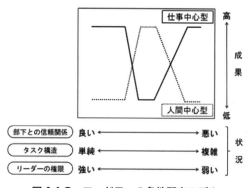

図14-2　フィドラーの条件即応モデル

高LPCは行動アプローチ論における課題志向、低LPCは人間関係志向に近いが、フィドラーは従来の行動論に見られる類型ではなく、状況統制力という結果という従属変数に対する独立変数と考えた。状況変数として、①リーダーが組織の他のメンバーに受け入れられる度合い、②仕事・課題の明確さ、③リ

ーダーが部下をコントロールする権限の強さの3つをあげた。

そこで、結果である業績は、リーダーのLPCと状況変数の交互作用であると主張した。これら、3つの変数が高ければ高いほど、リーダーによってリーダーシップを発揮しやすい状況となり、低い場合にはリーダーシップを発揮するには不利な状況になる。つまり、成果としての結果は、LPCで与えられるリーダーシップスタイル状況変数である集団との関係、課題の明確さ、権限の強弱の交互作用で決定されるとした。

3　SL理論

SL理論とは、ハーシィ（Hersey, P.）とブランチャード（Blanchard, K. H.）が1974年に提唱したリーダーシップ条件適応理論である。部下の成熟度によって、有効なリーダーシップスタイルが異なるという考えに基づいている。フィドラーのコンティンジェンシー・モデルの状況要因を掘り下げて、部下の成熟度に着目し、発展させた。

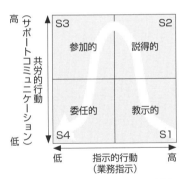

図14-3　状況対応のSL理論

SL理論では、縦軸を協労的行動（S）、横軸を指示的行動（L）の強さとして4象限に分け、それぞれの状況でリーダーシップの有効性である、指示決定の指導の強弱、説得・参加型スタイルなどを高めていくにはどうすればよいかを示している。SL理論において有効なリーダーシップは、部下の成熟度のレベルによって、次のように規定される。

S1（教示的）では、リーダーは具体的に指示し、こと細かに監督する。タス

ク志向が高く、人間関係志向の低いリーダーシップで、部下の成熟度が低い場合に有効と考える。

　S2（説得的）では、リーダーが自分の考えを説明し、部下からの疑問に応える。タスク志向・人間関係ともに高いリーダーシップで、部下が成熟度を高めてきた場合に有効と考える。

　S3（参加的）では、リーダーは部下が考えを合わせて決められるように仕向ける。タスク志向が低く、人間関係志向の高いリーダーシップで、さらに部下の成熟度が高まった場合に有効と考える。

　S4（委任的）では、仕事遂行の責任をゆだねる。タスク志向・人間関係志向ともに最小限のリーダーシップで、部下が高度な専門性を有し、完全に自立性を高めてきた場合に有効と考える。

【課題】
　リーダーシップ行動に影響を与える組織環境には、どんなものがあるかを考えてみよう。

第6節=職業興味と職業適性
職業への指向性と職業場面での人のあり方

1 職業興味

　職業興味によって動機づけられる職業選択や決定は、社会的環境の多様化や複雑化に影響される傾向がある。最近では、雇用形態の変化から正規の就業形態だけではない進路選択をする人も増加している。一方で、仕事への適合性である職業適性は個人の能力的な側面に負うところが多い。

　ところが最近では、職場環境が生産場面だけではなく、事務・管理部門でも機械化されるとともに職場の物理的環境が特殊な職種を除いて人間への可塑性が高くなった。そのため、従来の能力面に注目した職業適性よりも、職業場面での個人の心理特性との適合性が注目されるようになった。

　1995年以降は、急激に情報化社会がすすみ、企業や大学ではもちろんのこと、一般家庭にも当たり前のようにネットワークに接続されたコンピュータの使用が見られる。このように、簡単に情報が手に入るようになり、職業や職業と社会へのかかわりに関する表面的な知識が得やすくなったために、自分がもっている能力と、自分自身が認知している能力感は異なる場合がある。職業に就くとき、この社会的・職業的スキルといった能力と認知された能力感が一致しているときは職場への適応も早く、業績も高くなると考えられる。

　しかし、大学生など青年期における就職活動では、職業への知識はあっても職業的スキルが少ないために、能力と「できるであろう」という能力感が隔たっている場合が多い。このような場合には、職業に就いても、ただちに職場的満足や安定性を得ることが難しい。これらのことから、職業興味と職務内容の関係は、以下のように要約される。①青年期の職業に対する選択や決定は社会的環境の多様化や複雑化に影響される。②雇用形態の変化から正規の就業形態だけではない進路選択をする人も増加している。③自分の職業的パーソナリティと合致した職業に就いている者は職務満足度が高い。

2　職業的パーソナリティ

　ホランド（Holland, 1965）は、職業への興味をパーソナリティ表現の1つであると考えることができる、とした。さらに、同じ職業に就いている人は似たパーソナリティ特性をもっているとし、その類似性によってパーソナリティを6つの領域に分類している。これは、現実的（R）、研究的（I）、社会的（S）、慣習的（C）、企業的（E）、芸術的（A）領域であり、このパーソナリティ特性と職業環境の一致度が高いほど、職業的な満足、安定性や業績を得る度合いが高まる、とした。ホランドは、同じ職業に就いている人は、似たようなパーソナリティをもっていると考えた。

　ここでいうパーソナリティとは、個人が自分をとりまく環境のうち、職業場面で発揮されるパーソナリティを意味している。職業場面や職業指向性で類似性したパーソナリティは、現実的（R）、研究的（I）、社会的（S）、慣習的（C）、企業的（E）、芸術的（A）の6領域に分類された。これらの6領域を6つの特性と考えて測定することができれば、個人の職業的パーソナリティを摑むことができ、これに基づいたキャリア教育が可能になると考えた。

　これら6つの特性は、次のような特徴をもつことが知られている。

R：現実的（Realistic）
・身体的・運動的・技術的な活動を好む
・抽象的なものより具体的な問題を扱うことを好む
・機械や物を相手にしたりすることを好む
・野外活動を中心とする仕事に向いている

　このタイプは、自動車整備士、航空管制官、測量技師、農業従事者、電気工のような機械や物を対象、あるいは屋外活動を中心とする実際的な仕事を好む。能力面では、物をつくる能力や機械的能力に優れているが、社会的接触（対人関係）技術に乏しい。パーソナリティは現実的で、落ち着いていて実際的で、控え目なところがある。

I：研究的（Investigative）
・行動するよりも考えをまとめるような活動を好む
・具体的なことより抽象的な考えを好む

・物事に対して分析的に接することを好む
・身の回りのことについて原因と結果を知りたがる

　このタイプは、生物学者、化学者、物理学者、人類学者、地質学者、医療技術者のような探索的・研究的な仕事を好む。数理的・科学的能力に優れているが、指導性・統率性（リーダーシップ）は弱い。パーソナリティは合理的・分析的で独立心が強く、几帳面で内向的なところがある。

A：芸術的（Artistic）
・人との接触は間接であることを好む
・音楽や芸術などの創作的な自己表現を好む
・感情の表現は直接的で、対人的な問題は嫌う
・芸術表現をともなう職業に向いている

　このタイプは、作家、作曲家、音楽家、演出家、俳優、画家のような芸術的・創造的な仕事を好む。小説や詩を書くこと、音楽的なこと、美術的なことなどの、いわゆる芸術能力を有しているが、書記的技量（事務的）には欠けている。パーソナリティは感受性が強く、直観的・独創的・衝動的な傾向を持ち合わせている。

S：社会的（Social）
・人に教えることや、世話をするような役割や活動を好む
・言葉による表現と対人接触に優れた人が多い
・人道的・宗教的なものに重きをおく傾向が強い
・対人接触をするサービス的な職業に向いている

　このタイプは、対人的・社会奉仕的仕事に携わる人たち、すなわち教員、カウンセラー、臨床心理学者、ケースワーカー、言語治療専門家のような言葉を交わす社会的な仕事を好む。社会的接触（対人関係）技術能力をもつが、数学的・科学的能力に欠ける。パーソナリティは協力的で、洞察力と責任感があって、温かくやさしいところが見られる。

E：企業的（Enterprise）
・他の人を指導・監督することを好む
・言語によるプレゼンテーションに優れた人が多い
・巧みな言語技術で人を惹きつける能力がある

・販売的・経営的な仕事に向いている

　このタイプは、セールスマン、管理者、事業経営者、テレビ番組プロデューサーのような企画や組織運営にかかわる企業的な仕事を好む。指導性や説得的な能力を十分にもっているが、科学的能力には欠ける。パーソナリティは表現力あり、積極的で社交的・支配的なところがある。

　C：慣習的（Conservative）
・几帳面で細かいことを好む
・一定の規則に従った言語活動や仕事を好む
・数的な計算活動に好みを示す
・正確さが求められる事務的な仕事に向いている

　このタイプは、弁護士や裁判官、経理係、速記者、会計士、税理士、銀行員、見積り係のような定まった方式や規則に従って動いていく、事務的色彩の強い仕事を好む。とくに、書記的・算数的能力を持ち合わせているが、芸術的能力に劣る。パーソナリティは自制心に富み、几帳面で粘り強く、従順なところを持ち合わせている。

【課題】
　職業的パーソナリティと、個人の特性としてのパーソナリティは、どのような面で異なっているかを考えてみよう。

第7節 ホランドの六角形
職業的パーソナリティの発達

　パーソナリティ・タイプの各領域間、あるいは仕事（職業環境）の間の類似度を6角形のモデルで示すことができる。図14-4 に示すように、隣接している領域は密接であり、関連が深い。また、1つ置いて隣りにある領域は、関連性が少し弱くなるが、反対の位置にある領域よりは、かなり共通している。

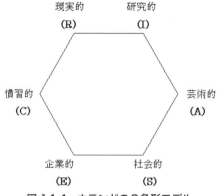

図14-4　ホランドの6角形モデル

　これらの6タイプを、それぞれがパーソナリティ特性と考え、これをRIASECと呼ぶこともある。これらは、1人の人が1つのタイプに固定されるとはかぎらない。同じ企業的（E）タイプでも、研究的（I）なものを伴うなら商品企画や市場調査などの職種を好むことが考えられるし、社会的（S）なものを伴うなら、接客を伴う営業や労務などを好むことが考えられる。さらに職業経験の充実に伴って、RIASECの6タイプをそれぞれ自分の中で発達させることが考えられる。

　一例として、同じ現実的（R）なタイプでも、程度の差があり、強い興味の強さが職業経験などや職務能力や技能の発達に伴って高まることも考えられる。逆に、不確かな職業への知識やイメージからのあこがれによって形成されたものが、実体験を通じた知識の獲得により逆に低くなることも考えられる。

　「個々人を特徴づけるパーソナリティ・タイプは、その人の生得的資質と発

達過程で体験する人的・文化的・物理的諸環境からの力との相互作用を経て形成される」とホランドは考えている。そして、その発達の過程には図14-5に示されるような段階があると仮定される。最初に人は、自分の好きな活動、興味を引く活動、とくに、より好む活動を他の活動から区別することを学ぶ。次に、他のものよりも好きな活動に従事する過程で、いろいろな人とのかかわりや環境からの影響を受け、自らの興味領域を形成する。次いで、強い興味や関心が動因となり、環境からの力に強化されて能力を伸長させていく。そして最後に、その人独自の興味と能力があいまって、その人独自の傾向、自己概念（Self Concept）が形成される。その個人的傾向が、その人なりのものの見方、考え方、行動の仕方となって現われる、と仮定される。

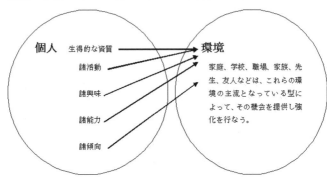

図14-5　職業的パーソナリティの発達

　すなわち、個人が成長するにつて、家庭環境、教育や社会環境による発達に伴って、「自分とは一体何か？」「どのような性格か？」「どのような性格と思われているのか？」「能力は？」「価値観は？」「興味は？」「社会の中で、職業の世界で、どのような役割を演じられるのか？」の疑問が生じてくる。これらの疑問は、発達の過程として図で示す現実的な諸活動から諸傾向へ進むとされている。

【課題】
　職業興味の発達を促す要因について考えてみよう。

第8節＝個人とキャリア形成
個人の指向性と「こころ」の知能指数

1 指向性の多様化

21世紀に入り、早や15年が経過したこんにち、働く人たちにとっては、企業の構造改革のなか、これまでとはかなり異なった社会・経済環境のもとで仕事にかかわる重要性が、よりいっそう高まりつつある。

また、次代を担う青年にとっては、社会の動きと連動してキャリアに対する欲求は多様化してきており、しかも行動的である。この行動的な多様化された欲求は、青年、あるいは働き盛りの人たちのシンボルとして望ましいことである。他方、かつてモラトリアム人間といわれていた青年の生き方の問題が、こんにち別なかたちでフリーター、ニートとして社会問題化され、彼らを社会としてどのように吸収するかなど、サポートを含む問題が深刻さを増している。

青年期の前期・中期・後期と、年齢が進むにつれて、これから仕事に就こうとする若い世代の人たちの欲求は、洞察がすすむなか、社会あるいは職業についての理解が深まりつつ成熟していくものである。これが正常に発達していくためには、自己を十分に知り、自己をさまざまな職業のどの座に据えるのがもっとも適合しているか、を理解しなければならない。青年層だけにかぎらず、現実に仕事をもつ壮年層の人たちも、この手立てを求めている。

2 EQ（Emotional Quotient）

EQ（Emotional Quotient）は、こころの知能指数といった意味をもち、日本語では「感情知能指数」と訳される。EQとして定義される能力は、自分の感情をコントロールすることや、対人関係を円滑に保つ能力で、いわゆるIQ（Intelligent Quotient）にはあてはまらない「情と意」の能力として定義されている。

一般的に、EQとIQとの間には相関はないとされている。「EQ」ということば自体が注目され、大きく取り上げられるようになったきっかけは、雑誌

「TIME」(1995年10月9日号)の記事である。その号には「EQ」の記事が掲載されており、表紙に「What's your EQ ?」と見出しがつけられていた。とくに「EQ ?」という部分は表紙の半分を超える大きさで表現されていたのである。この記事が掲載されたきっかけは、1995年に出版されたゴールマン(Goleman, D. 1995)による「Emotional Intelligence -Why it can matter more than IQ-」(土屋京子訳「EQ ―こころの知能指数」講談社)の出版である。ゴールマン自身が用いたことばは「Emotional Intelligence」であり、「EI」と略称されるものであるが、雑誌「TIME」の記事は「IQ」に相対していることばとして「EQ」を用いたのである。その後、「EQ」ということばが頻繁に使われるようになった。

ゴールマン(1996)は、EQを大きく2つにわけ、自分の感情的な特性を理解してコントロールする「対自己」と、他者が抱いている感情に配慮して他者とうまくやっていくための「対他者」としている。EQが注目されるようになったのは、人生における成功はIQでは測りきれない能力によって左右されているのではないか、という考えからである。変化の激しい現代では、ストレス的要素も多い。そのなかで、自分の能力を最大限に発揮するための能力として注目されてきのである。例を挙げると、EQの能力の1つである感情をコントロールする力は、訓練によって高めることができるといわれている。ゆえに、いわゆる「キレる」という状況を防ぐことができる能力の1つとも考えることができる。

アメリカの私立学校の例では、セルフ・サイエンスという科目で、自分の感情を言葉にして表出させることや、ゲームやロールプレイングを通して意見や感情の行き違いを解決するといた取り組みが行なわれている。チームワークや円滑なコミュニケーションが必要とされる場面では、このEQ能力が高い人が好ましいとされるため、日本でも、ビジネスマン向け自己啓発のための書籍の多くに、EQが取り上げられるようになってきた。

【課題】
　IQとEQは相関がないといわれるが、その理由について考えてみよう。

〈参考文献〉

Münsterberg, H. (1913). American Patriotism: And Other Social Studies. Moffat, Yard.

篠木　涼（2012）．心理学史再読　映画による心理テスト，可視化：ボストン公共図書館ヒューゴー・ミュンスターバーグ・コレクション調査報告（国際研究調査報告）．生存学：生きて存るを学ぶ，5, 264-267.

安藤朗子（2006）．エリクソンのライフサイクル理論．チャイルドヘルス，9 (3), 8-11.

田中堅一郎・林洋一郎・大渕憲一（1998）．組織シチズンシップ行動とその規定要因についての研究．経営行動科学，12 (2), 125-144.

岡村一成（1997）．適性検査によるアセスメント（特集 人事アセスメント）人事管理，2-7.

堀江常稔・犬塚篤・井川康夫（2007）．研究開発組織における知識提供と内発的モチベーション．経営行動科学，20 (1), 1-12.

Stogdill, R. M. (1948). Personal factors associated with leadership: A survey of the literature. The Journal of psychology, 25 (1), 35-71.

三隅二不二・武田忠輔・関文恭（1967）．組織体のPM式リーダーシップ条件が，生産性とモラールとくに達成動機におよぼす効果に関する実証的研究．教育・社会心理学研究，7 (1), 27-42.

三隅二不二・関文恭・篠原弘章（1974）．PM 評定尺度の再分析．実験社会心理学研究，(1), 21-30.

Fiedler, F. E. (1964). A contingency model of leadership effectiveness. Advances in experimental social psychology, 1 (1), 149-190.

Fiedler, F. E., & Garcia, J. E. (1987). New approaches to effective leadership: Cognitive resources and organizational performance. John Wiley & Sons.

Hersey, P., & Blanchard, K. H. (1974). So you want to know your leadership style?. Training & Development Journal.

Hersey, P., & Blanchard, K. H. (1993). Management of organizational behavior: Utilizing human resources. Prentice-Hall, Inc.

Holland, J. L., & Richards Jr, J. M. (1965). Academic and nonacademic accomplishment: Correlated or uncorrelated?. Journal of Educational Psychology, 56 (4), 165.

Tracey, T. J., & Rounds, J. (1995). The arbitrary nature of Holland's RIASEC types: A concentric-circles structure. Journal of Counseling Psychology, 42 (4), 431.

森下高治・松田浩平・銅直優子（2009）．Minor study: A study of Holland's theory using the SDS Vocational Aptitude Test: utility and application（国際応心英文特集号）．応用心理学研究，34, 54-64.

Goleman, D. (1995). Emotional intelligence: Why it can matter more that IQ. ISBN:

0-553-09503-X.

ダニエル・ゴールマン（著），土屋京子（訳）(1996). EQ—こころの知能指数，講談社

内山喜久雄 (2001). 心の知性・EQ を高めるために（特別企画 心の時代へ）. 潮, 132-139.

内山喜久雄・島井哲志・宇津木成介・大竹恵子 (2001). EQS マニュアル.

〔執筆者名と所属〕(50音順)

石井康智　第3章担当
（早稲田大学文学学術院　教授）

今泉岳雄　第11章・第13章担当
（東北文教大学人間科学部子ども教育学科　教授）

小関　賢　第1章・第5章担当
（福島学院大学短期大学部保育科第一部　教授）

佐藤宏平　第12章担当
（山形大学地域文化学部地域教育学科児童教育コース　准教授）

永盛善博　第4章・第6章担当
（東北文教大学短期大学部子ども学科　准教授）

花屋道子　第9章・第10章担当
（弘前大学教育研究院人文社会・教育学系教授　2016年4月より東北文教大学
　人間科学部子ども教育学科　教授）

福田真一　第2章・第7章担当
（東北文教大学人間科学部子ども教育学科　准教授）

松田浩平　第8章・第14章担当
東北文教大学短期大学部人間福祉学科　教授

心理学のエッセンス

2016年4月5日　第1版第1刷発行

編　者——東北文教大学心理学研究会

発行者——串崎　浩

発行所——株式会社 日本評論社

　　　　　〒170-8474　東京都豊島区南大塚3-12-4
　　　　　電話 03-3987-8621(販売) -8598(編集)　振替 00100-3-16

印刷所——港北出版印刷株式会社

製本所——牧製本印刷株式会社

装　幀——図工ファイブ

検印省略　Ⓒ TOHOKU BUNKYO COLLEGE 2016　ISBN 978-4-535-56348-3　Printed in Japan

JCOPY ＜(社)出版者著作権管理機構 委託出版物＞

本書の無断複写は著作権法上での例外を除き禁じられています。複写される場合は、そのつど事前に、(社)出版者著作権管理機構 (電話03-3513-6969、FAX03-3513-6979、e-mail: info@jcopy.or.jp) の許諾を得てください。
また、本書を代行業者等の第三者に依頼してスキャニング等の行為によりデジタル化することは、個人の家庭内の利用であっても、一切認められておりません。